"十二五"职业教育国家规划教材
经全国职业教育教材审定委员会审定

Shangpinxue Jichu

商品学基础

（第四版）

主　编　曹汝英
副主编　李　珊　孙晓君　罗晓彤

高等教育出版社·北京

内容提要

本书是“十二五”职业教育国家规划教材，经全国职业教育教材审定委员会审定。

本书在此前各版的基础上，对结构进行了调整，对内容作了更新和补充，围绕商品质量这一中心，选取了商品质量以及与商品质量有关的商品属性、商品分类与代码、商品标准与检验、商品包装与养护等商品共性的重要内容和五个典型的商品大类的案例。

本书结构体例采用的是“项目、任务”形式。每个项目下提出职业能力目标和典型工作任务；每项任务都由“任务引例”开篇，用“知识准备与任务分析”来阐述和解析引例问题，并有“做中学”“提示”“小知识”等穿插其中；由“任务设计”“项目小结”来完成和实现该项目任务的内容，结束该项任务。

本书适合高等职业院校市场营销等商贸类专业的学生使用，同时，本书编写结合了五年制高职学生的实际情况和教学要求，也可作为五年制高职教学用书。

图书在版编目(CIP)数据

商品学基础 / 曹汝英主编. —4版. —北京：高等教育出版社，2014.8（2019.7重印）

ISBN 978-7-04-039086-5

Ⅰ. ①商… Ⅱ. ①曹… Ⅲ. ①商品学—高等职业教育—教材 Ⅳ. ①F76

中国版本图书馆CIP数据核字(2014)第169335号

策划编辑 毕颖娟 陈 铭 **责任编辑** 陈 铭 **封面设计** 吴 昊 **责任印制** 高忠富

出版发行 高等教育出版社
社 址 北京市西城区德外大街4号
邮政编码 100120
印 刷 上海天地海设计印刷有限公司
开 本 787mm×1092mm 1/16
印 张 15
字 数 357千字
购书热线 010-58581118
咨询电话 400-810-0598
网 址 http://www.hep.edu.cn
http://www.hep.com.cn
http://www.hep.com.cn/shanghai
网上订购 http://www.hepmall.com.cn
http://www.hepmall.com
http://www.hepmall.cn
版 次 2003年7月第1版
2014年8月第4版
印 次 2019年7月第8次印刷
定 价 34.00元

物 料 号 39086-A0

出版说明

2012年12月，教育部职业教育与成人教育司启动了“十二五”职业教育国家规划教材的选题立项工作。作为全国最大的职业教育教材出版基地，高等教育出版社认真贯彻执行《教育部关于“十二五”职业教育教材建设的若干意见》（教职成〔2012〕9号）文件精神，按照“统筹规划、优化结构、锤炼精品、鼓励创新”的原则，整合全国的优质出版资源，积极参与了该项工作。目前，已获立项的教材相继完成了编写工作，经教育部组织专家审定并公示后，陆续出版。

高等教育出版社国家规划教材的作者中有参与制定高等职业教育新专业教学标准的专家，有高等职业教育国家专业教学资源库建设项目的主持人，有学科领域的领军人物，有企业的技术人员，他们是保证教材编写质量的基础。

高等教育出版社国家规划教材主要突出以下五个特点：

1. 执行新标准

以《高等职业学校专业教学标准（试行）》为依据，服务经济社会发展和人的全面发展。教材内容与职业标准对接，突出就业能力培养。

2. 构建新体系

教材整体规划、统筹安排，注重系统培养，兼顾多样成才，突出产教融合。遵循技术技能人才培养规律，构建服务于中职高职衔接、职业教育与普通教育相互沟通的现代职业教育教材体系。

3. 找准新起点

教材编写遵循易用、易学、易教的原则，强调以学生为中心，符合职业教育的培养目标与学生认知规律。

4. 推进新模式

在高等职业教育工学结合、知行合一的人才培养模式下，改革教材编写体例，创新内容呈现形式，推进“任务驱动”“项目化”“工作过程导向”“理实一体化”“做中学、做中教”等教学模式的实施。

5. 配套新资源

秉承高等教育出版社打造数字化教学资源的传统与优势，教材内容与高等职业教育国家专业教学资源库紧密结合，同时配套建设课程教学资源，为教学提供全面支持和增值服务。

为了更好地为教学服务，高等教育出版社将以国家规划教材为基础，组织教师培训和教学研讨活动，通过与教师互动以及滚动建设立体化教学资源，把教材建设提高到一个新的水平。

高等教育出版社

2014年7月

出版说明

第四版前言

本书是“十二五”职业教育国家规划教材，经全国职业教育教材审定委员会审定。

本书在原《商品学基础》(2003 年出版、2007 年出版和 2012 年出版)的基础上作了进一步修订。本次修订对原教材在结构和项目上都作了精心的调整，对整体内容作了更新和补充。使教材的结构和内容更加适合高等职业教育的教学需求。

本书结构上的调整，主要有将原教材的“章、节”结构调整为“项目、任务”形式。每个项目下提出职业能力目标和典型工作任务；每项任务都由“任务引例”开篇，用“知识准备与任务分析”阐述和解析引例问题，并有“做中学”“提示”“小知识”等穿插于其中；由“任务设计”“项目小结”来完成和实现该项目任务的内容。

本书内容上的选择，仍然是围绕商品质量这一中心，选取了商品质量以及与商品质量有关的商品属性、商品分类与代码、商品标准与检验、商品包装与养护等商品共性的重要内容和五个典型的商品大类的案例。

本书修订人员有高等职业和中等职业院校的教师，有来自科研院所的技术人员，还有来自企业的高管。本书由曹汝英(山东商业职业技术学院)任主编，由李珊(山东省济南市历城区农业质量检测检验中心技术员)、孙晓君(山东大学国家糖工程技术中心博士生)、罗晓彤(四川城市职业学院)任副主编。陈件辉(山东商业职业技术学院)、张琳(山东商业职业技术学院)、乔骏(山东商业职业技术学院)、樊艳玲(山东商业职业技术学院)、高雅(山东商业职业技术学院)、彭坤(山东商业职业技术学院)、朱新枝(郑州工业贸易学校)、许亚娟(山东银座商城股份有限公司高新区总经理)、奚源(山东银座商城股份有限公司珠宝公司总经理)任参编。

本书适合高等职业院校市场营销等商贸类专业的学生使用，参考学时为 60 学时左右。

由于编者学识、水平及经验有限，书中不妥之处在所难免，敬请读者批评指正。

编　者

2014 年 7 月

第一版前言

商品知识是高职高专学校经济专业学生必修的专业课程。本次新编的《商品学基础》教材在编写中力求体现《中共中央国务院关于深化教育改革全面推进素质教育的决定》精神，积极落实教育部《面向21世纪教育振兴行动计划》中提出的职业教育课程改革和教材建设规划，注重培养学生必需的职业技能，使之成为第一线工作的高素质的劳动者和高级职业技术人才。具体表现在：

本书的总体结构分为两个部分：一是商品学的概论部分，即商品知识共性的理论知识；二是商品知识的分论部分，即大类商品的主要内容。本书将上述两部分内容结合，使全书内容体现了理论与实践的有机结合。由于大类商品种类较多，该部分定为选学内容，并以"*"号作为标记，各学校可以根据各自情况进行选择。

本书引进了大量的新技术、新知识和新工艺。在教材内容上，基础知识侧重在商品的基本概念和基本理论；实践内容侧重在各大类商品的识别、质量鉴别、商品的使用及维护等技术内容。每章后面都设有思考、实验或实训题。

本书理论教学内容具有较强的实用性，实践教学内容具有较强的可操作性，符合高职高专教育教学的特点和要求，适合高职高专经济管理类专业的学生使用。

通过对本书商品知识的学习，掌握商品质量及与商品质量有关的商品属性、商品分类、商品标准、商品检验、商品包装和商品养护等商品共性的重要内容和各大类商品的质量属性及质量要求，树立全面质量管理的意识，提高分析和解决商品质量问题的能力和水平。通过对本课程的理论学习和必要的技能训练，掌握分析和鉴别商品质量的基本技能，具有依据商品标准对商品质量进行检验、评价和评级的基本能力，并能将其应用于商品质量的监督和管理之中。

本书由曹汝英主编，刘敏主审，副主编为孙慧、陈建明、张雅彦。参加本书编写的有曹汝英、孙慧、陈建明、张雅彦、肖涧松、吴海若、李望、石丽珠和孙丽英等。

由于时间仓促，加上编者水平有限，书中难免存在谬误，请广大读者批评指正。

编　者

2003年2月

目　录

项目一　商品与商品学的认知

职业能力目标

1. 理解商品的概念；
2. 明确商品学的研究对象和内容。

典型工作任务

1. 商品认知；
2. 商品学认知。

任务一　商 品 认 知

任务引例

一种商品生产出来，其基本理由就是因为有需求。人们购物是因为这些物品对他们有用。像勺子、叉子这样的基本用品不断生产出来，是因为人们不断地需要它们。只要勺子能安全有效地把食物送进嘴中，使用者便会感到满意，并在众多可选择的品种中选择适合其具体需要的那种。

请问：什么是商品？什么是商品的使用价值？

【知识准备与任务分析】

商品是人类社会发展到一定历史阶段的产物，是用于交换的劳动产品。商品具有使用价值和价值两个因素。

商品的使用价值是指商品满足人们某种需要的属性。商品的这些属性主要是由它的物理、化学、生物等性质决定的。不同的商品因为具有不同的属性，所以具有不同的使用价值。有的商品可以满足人们物质生活的需要，有的商品可以满足人们文化生活的需要，有的商品可以作为生产资料满足生产的需要。同一种商品往往有多方面的使用价值，可以满足人们的多种需要。

商品的使用价值和一般物品的使用价值一样，都是构成社会物质财富的物质内容。两者的不同点在于：商品的使用价值是通过交换满足他人的需要，是商品交换价值的物质承担者。一般物品的使用价值则是个永恒范畴。

商品的价值是指凝结在商品中的一般的人类劳动。价值是商品的内在因素，是交换价值的基础，交换价值是价值的表现形式。人们之间互相交换商品体现着互相交换劳动的经济关系。价值体现着商品生产者之间相互交换劳动的关系，因此价值是商品社会属性的体现。

商品的使用价值和价值具有不同的性质。同时，商品的使用价值和价值具有不同的表现形式，商品的使用价值是通过商品本身的自然形式来表现的，而价值则是通过商品的社会形式即交换价值来表现的。

任务引例解析

消费者购买勺子、叉子等商品，是由于这些商品有用，它们具有满足人们某种需要的属性，如勺子能安全有效地把食物送进嘴中，因此，这些商品具有使用价值。

任务二 商品学认知

任务引例

消费者在购物时往往会在同类商品中进行比较，然后作出选择。除了价格因素，消费者比较的是哪个商品满足其需求的程度更高些。因此，消费者不仅重视其所购买的商品有没有使用价值，更重视该商品使用价值的大小。商品的使用价值仅表示商品有用，能够满足人们的某种需求，但不能反映满足的程度。

请问：商品使用价值的高低用什么来衡量？商品学研究的中心内容是什么？

【知识准备与任务分析】

一、商品学研究的对象

商品学是研究商品使用价值的科学。

商品具有价值和使用价值。商品的价值属于经济学研究的领域，商品的使用价值是商品学研究的范畴。

商品的使用价值是由商品体本身的属性所形成的。商品体的属性构成了商品使用价值的物质基础。因此，研究商品的使用价值就必须研究与商品有用性相关的各种属性。

二、商品学研究的内容

商品学研究商品的使用价值，主要是研究商品使用价值的高低，而商品质量是衡量商品使用价值高低的尺度，因此，商品质量是商品学研究的中心内容。商品学围绕商品质量这一中心研究商品质量以及与商品质量相关的一系列的问题。商品学的研究内容如图 1－1 所示。

（一）商品属性

商品属性是指商品的成分、结构和性质，商品的属性是构成商品使用价值高低的主要因

1

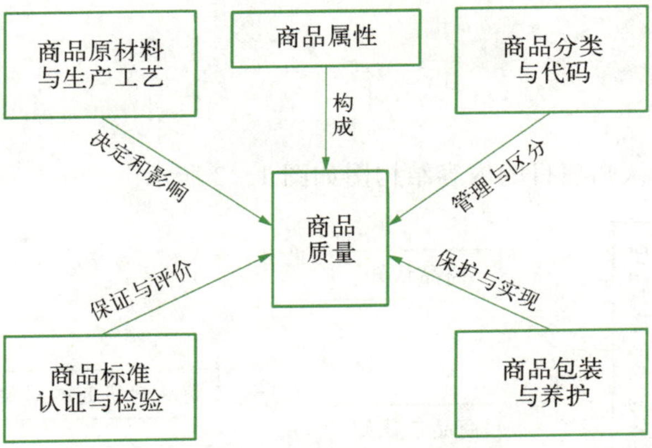

图 1-1 商品学的研究内容

素，因此，商品属性构成了商品的质量。

（二）商品的原料和生产工艺

商品的原料是构成商品的物质基础，在其他条件相同的情况下，原料的质量直接决定着商品的质量。商品的各种有用性是在生产过程中形成和固定下来的，生产工艺在一定条件下对商品质量起着决定作用。因此，商品的原料和生产工艺决定和影响了商品的质量。

（三）商品分类与代码

商品的种类繁多、特征多样、价值不等、用途各异，它们对包装、运输、储存的要求也各不相同，只有将商品进行科学的分类，从生产到消费的各个环节的管理工作才能顺利进行。商品代码是商品分类体系和商品目录的一个重要组成部分，是商品进行科学分类的一种手段。因此，商品分类与信息编码是正确区分和管理不同类别的商品质量的前提。

（四）商品标准、认证与检验

商品标准是对商品的质量以及与质量相关的各个方面所做的统一规定，它是从事工农业生产的一种共同技术依据，也是部门之间交接验收商品的共同准则，是衡量商品质量优劣等级的依据。商品认证是由认证机构证明产品、服务、管理体系符合相关技术规范的强制性要求或者标准的合格评定活动，从而保证了商品质量。商品检验是根据商品标准规定的各项质量指标对商品进行的检验工作，通过对商品各项指标的检验，确定商品是否符合标准。因此，商品标准、认证与检验是对商品质量的评价与保证。

（五）商品包装与养护

商品包装对商品具有保护性、装饰性、宣传性等重要功能，是商品与商品生产的一个重要组成部分。商品包装本身具有价值和使用价值。商品养护主要是在储运过程中和流通过程中对商品进行的保养和维护。因此，商品包装与商品养护是为了保护与实现商品的质量。

任务引例解析

商品质量是指商品的一组固有特性满足消费者需求的程度。因此，商品使用价值的高低可用商品质量来衡量。商品学研究商品的使用价值，不仅要研究商品是否具有使用价值，重要的是研究商品使用价值的高低，因此，商品质量是商品学研究的中心内容。

项 目 小 结

商品与商品学的认知项目的内容结构图如图 1 - 2 所示。

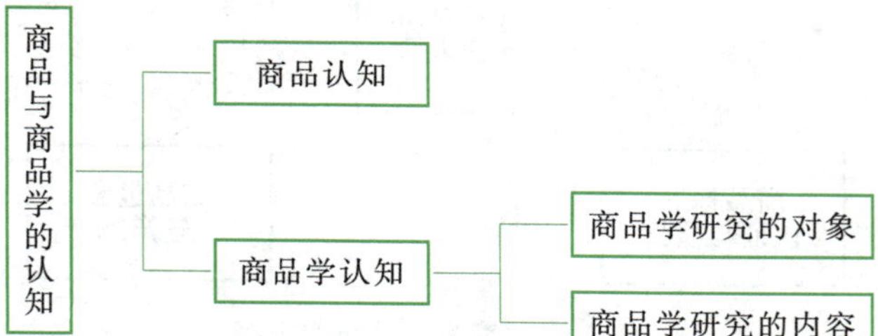

图 1 - 2 商品与商品学的认知项目的内容结构图

主 要 概 念

商品　使用价值　价值

习 题 与 训 练

(一) 名词解释

使用价值　价值

(二) 选择题

1. 单项选择题

(1) 商品学研究的对象是商品的(　　)。

A. 质量　　B. 使用价值　　C. 价值　　D. 交换价值

(2) 商品的(　　)是商品学研究的中心内容。

A. 质量　　B. 使用价值　　C. 价值　　D. 交换价值

(3) 商品的使用价值是由它的(　　)属性决定的。

A. 自然　　B. 社会　　C. 经济　　D. 政治

2. 多项选择题

(1) 商品的自然属性主要指商品的(　　　)。

A. 成分结构　　B. 物理化学性质　　C. 装潢　　D. 消费心理

(2) 商品的社会属性主要指商品的(　　　)。

A. 成分结构　　B. 物理化学性质　　C. 装潢　　D. 消费心理

(3) 商品学研究的主要内容有商品的(　　　)等。

A. 属性　　B. 分类与代码　　C. 标准与检验　　D. 包装与养护

（三）判断题

（1）商品是使用价值和价值的对立统一体。（　）

（2）商品的属性构成了商品使用价值的物质基础。（　）

（3）商品质量是衡量商品使用价值高低的尺度。（　）

（四）简答题

（1）什么是商品？商品的两个因素是什么？

（2）为什么说商品质量是商品学研究的中心内容？

（3）研究商品的使用价值为什么要研究商品的属性？

（五）论述题

（1）根据商品学研究对象分析商品学的研究内容。

（2）结合专业谈一谈学习商品学的重要性。

项目二　商品质量的认知与分析

职业能力目标

1. 理解质量与商品质量的含义和特性；
2. 掌握商品质量的基本要求；
3. 明确影响商品质量的因素。

典型工作任务

1. 商品质量的认知；
2. 商品质量的基本要求分析；
3. 商品质量的因素分析。

任务一　商品质量认知

任务引例

在超市销售奶粉的货架上摆满了各种各样不同品牌、不同配方、用于不同消费对象的奶粉，超市营业员介绍“这些奶粉的主要区别是奶粉的营养成分的种类和含量以及其他质量属性，其中蛋白质的含量是评价奶粉的使用价值和质量的一项重要指标。特别是以奶粉为主食的婴幼儿，若奶粉中的蛋白质含量不足，不能满足其生长发育的需要，就会出现营养不良的状况，甚至会出现孩子长成‘大头娃娃’的严重后果”。

请问：如果其他各项指标合格，而蛋白质含量不能完全满足婴幼儿生理需要的婴幼儿奶粉，有没有使用价值？这样的奶粉的质量又如何？

【知识准备与任务分析】

一、质量的含义

质量是企业的生命，在市场经济条件下，企业加强质量管理，重视商品质量至关重要。

（一）质量的概念

根据国际标准化组织在 ISO 9000《质量管理体系基础和术语》中的定义，质量是指“一组固有特性满足要求的程度”。

定义中并没有将质量限定于产品或服务，而是泛指一切可单独描述和研究的事物，它可以是活动或过程，可以是产品，也可以是组织、体系或个人以及上述各项的任何组合。因此，质量概念既可以用来描述产品和活动，也可以用来对过程、人员甚至组织进行描述。这个概念突出反映了质量概念的广泛包容性。

2

定义中的“要求”既可以是明确表述出来的，如商务活动中买卖双方通过契约所作的约定，也可以是隐含的，如人们对绝大多数消费产品的需要一般不特别明示出来，为了有效地满足这种隐含的需要，应当尽可能地对之加以明确和定义。

定义中的“特性”是指事物可以区分的特征。固有特性是指事物本来就有的，尤其是永久的特性。质量特性包括功能性、准时性、可靠性、安全性等。正是由于事物具有各种特性才使得它能够满足顾客以及其他利益相关方的要求。

（二）质量特性

质量是对顾客需要的反映，而顾客需要的表述常常是感性的、含混的，为了使满足顾客需要的质量得以实现，就必须用清晰的、理性的、技术的或工程的语言表述出来，这就是质量特性。在 ISO 9000 标准中，质量特性的定义是：产品、过程或体系与要求有关的固有特性。

提示：几种质量特性类型的比较如表 2－1 所示。

表 2－1　　质量特性的类型

<table>
<tr><th colspan="2">质量特性的类型及含义</th><th>实　例</th><th>质　量　特　性</th></tr>
<tr><td rowspan="3">技术或理化方面</td><td rowspan="3">构成产品对所有用户的“适用性”，可以用理化检测仪器精确测定，对质量进行更加客观的判断</td><td>机械零件</td><td>刚性、弹性、耐磨性等</td></tr>
<tr><td>汽　车</td><td>速度、牵引力、耗油量、废气排放量等</td></tr>
<tr><td>手　表</td><td>防水、防震、防磁等</td></tr>
<tr><td rowspan="3">心理方面</td><td rowspan="3">构成产品对每一具体用户的“适用性”，难以用准确的技术指标来加以衡量</td><td>服　装</td><td>花色、款式、工艺等</td></tr>
<tr><td>食　品</td><td>色、香、味、形等</td></tr>
<tr><td>汽　车</td><td>颜色、车型、内饰、外饰等</td></tr>
<tr><td>时间方面</td><td>同“产品使用寿命”相联系</td><td>耐用品</td><td>可靠性、可维修性、精度保持性等</td></tr>
<tr><td rowspan="2">安全方面</td><td rowspan="2">同“是否能对顾客造成伤害和事故”相联系</td><td>家电商品</td><td>漏电、静电</td></tr>
<tr><td>汽　车</td><td>安全气囊、防盗报警、制动系统等配置</td></tr>
<tr><td rowspan="2">社会方面</td><td rowspan="2">同“是否能对社会整体利益造成损失”相联系</td><td>洗涤用品</td><td>生物降解能力等</td></tr>
<tr><td>汽　车</td><td>噪声、废气排放量等</td></tr>
</table>

1. 有形商品的质量特性

构成有形商品质量的特性很多，它们对质量都有一定的贡献，但其重要程度有所不同，而且因产品用途不同而变化。在分析和评价产品质量时，要区分众多特性的重要程度，权衡轻重，尽量简化，选择少数对质量起决定作用的特性，按其重要程度分别赋予不同的权重。对于一般有形商品来说，通常其质量特性包括性能、寿命、可靠性、安全性、经济性等几个方面。

2. 服务质量特性

相对于有形商品来说，服务质量特性具有一定的特殊性。有些服务质量特性顾客可以观察到或感觉到，如服务等待时间的长短、服务设施的好坏等。还有一些顾客不能观察到，但又直接影响服务业绩的特性。有的服务质量特性可以定量地考察，而有些则只能定性地描述。服务质量特性一般包括功能性、时间性、安全性、经济性、舒适性、文明性等几个方面。

3. 商品的魅力特性和必需特性

根据不同类型的质量特性与顾客满意度之间的关系，可将主要质量特性分为魅力特性和必须特性。

(1) 魅力特性。指如果充分的话会使人产生满足，但不充分也不会使人产生不满的那些特性。例如：民航客机中向旅客提供酒就可看作是属于魅力特性，有这项服务会使顾客感到喜悦，但如果没有一般也不会有人提出投诉。在其他条件相同的情况下，具有充分的魅力特性的产品或服务无疑会更容易吸引顾客的注意，从而形成竞争优势。

(2) 必需特性。指那些即使充分提供也不会使顾客感到特别的兴奋和满意，但一旦不足却会引起强烈不满的那些质量特性。这一类特性是顾客认为理所当然应当具备的特性。

【做中学 2-1】 家用空调的质量特性主要有：

① 压缩机、风扇应运转正常，制冷(或制热)良好，一般开机运转 10 分钟即应感到有冷风(或热风)吹出；② 空调器运转应平稳无震动，各部件无松脱与摩擦；③ 运转噪声低，分体式空调室内机组的噪声不应超过 40 dB，即距离空调 1 米远便基本上听不到运转声；④ 消费者购买空调，应免费赠送挂机或电磁炉、微波炉之类的赠品；⑤ 经销商或生产商应负责送货上门，安装调试；⑥ 当用户搬家时，经销商或生产商应负责免费移机或充装制冷剂等。试问：在上述空调的质量特性中，哪些属于必需特性？哪些属于魅力特性？

上述空调的质量特性中，①②③⑤属于必需特性，④⑥属于魅力特性。

商品的必需特性比魅力特性一般更容易确定，随着时间的流逝和竞争的加剧，有些魅力特性会逐渐演变为必需特性。

二、商品质量的概念

商品质量习惯上称为商品品质，它是指商品与其规定标准技术条件的符合程度。它以国家标准、行业标准、地方标准、企业标准或订购合同中的有关规定作为最低技术条件。例如，加工精度、操作性能、使用寿命、安全性、外观要求等。商品质量分为外观质量和内在质量。

(一) 商品的外观质量

商品的外观质量主要指商品的外表形态，如商品的艺术造型、形态结构、花纹图案、式样规格以及气味、光泽、声响、包装等。在商品众多的质量中，有些质量特性难以用仪器准确测量，需要直接从外观上凭借人的视觉、触觉、味觉、嗅觉、听觉等器官的感觉反应来辨别和判断，如纺织品的表面疵点、表面光洁性、纹路的清晰性、色泽、毛型感等特性，这些通常称为外观质量，用以评价商品的质量。

（二）商品的内在质量

商品的内在质量主要指商品在生产过程中形成的商品体本身固有的特性，如化学性质、物理性质、机械性质以及生物学性质等。有些质量则需要通过穿用或使用或再加工才能表现出来，对它们的评价除了实际穿用或使用外，常常要借助模拟各种穿用或使用条件的仪器来测量。如纺织品的强力、耐磨、抗皱、抗起球、抗静电、耐燃、保温、色牢度、尺寸稳定、缝纫等特性，这些称为商品的内在质量特性，用于评价商品的内在质量。

商品质量是其外观质量与内在质量的统一。为了具体地表明某一商品质量的优劣，一般都要有对具体商品规定技术要求的质量指标。相对于商品的外观质量和内在质量，商品质量指标分为感官指标和理化指标两大项。商品质量指标反映的是某个时期生产的技术水平和人们对商品的不同要求。

提示：牙膏的感官指标和理化指标比较如表 2－2 所示。

表 2－2 牙膏的质量指标

项　目	质　量　指　标
感官指标	1. 牙膏膏体应细腻、无结粒、无气泡、无裂纹，在保管期内牙膏的膏体无明显分离现象
	2. 牙膏应洁净无明显杂质。香味应与所标称的香型一致，不得有皂片、摩擦剂等原材料的气味及其他异味
	3. 牙膏软管应端正，管尾的封扎应牢固整齐、无磨损、无渗漏现象。帽盖螺纹应与软管紧密配合，不得歪斜滑牙
	4. 包装纸盒图案印刷清晰，不得破裂，中包装纸盒及大箱须干燥，尺码须内外大小适宜
理化指标	1. pH。牙膏的 pH 以接近中性为宜。pH＝10 以上则碱性过大、对口腔有刺激，对唾液酶反应起抑制作用，pH＝5 以下酸性过大也不适宜
	2. 室温黏度。这是表示牙膏膏体在室温下稠度是否适宜的指标。黏度过大，使用不方便，黏度太小，过于稀薄会产生渗漏、膏体分离等现象
	3. 挤膏压力。室温下挤膏压力越大，使用起来越不方便，因此规定挤膏压力不能超过一定数值
	4. 耐热黏度、耐热挤膏压力、耐寒挤膏压力。这些指标是为了测定牙膏经受一定的温度变化后，其膏体黏度、稠度是否仍然稳定。好的牙膏经过一定温度的变化，其稠度和黏度在室温下仍能恢复原来的状态。膏体稳定性不好，在受热以后往往产生气胀、分离出水、变色变味等现象
	5. 泡沫量。牙膏中的洗涤剂含量不宜太多，含量太多降低摩擦力，反而影响洁齿效果，因此，牙膏的发泡量被控制在一定数值以下

商品质量具有动态性。质量要求不是固定不变的，随着技术的发展、生活水平的提高，人们对产品会提出新的质量要求，以满足变化的质量要求。

商品质量具有相对性。不同国家、不同地区因发达的程度不同，消费水平和风俗习惯等的各异，会对产品提出不同的要求，产品要具备这种对环境的适应性。

任务引例解析

本“任务引例”中，该婴幼儿奶粉具有实用价值，但是不具有合格的质量。因为该婴幼儿奶粉能满足婴幼儿的某些需求，故有使用价值；因其蛋白质含量不足，不能完全满足婴幼儿生理需求，即该奶粉满足婴幼儿需求的程度不够，故其不具备合格的质量。

任务二 商品质量的基本要求分析

任务引例

2012 年 3·15 晚会的现场，曝光了一些生产企业与零售企业生产和销售质量不合格的产品，其中有食品、塑料儿童玩具、玉石首饰、灭火器、液化石油气等，这些产品不仅使用价值低或没有使用价值，甚至会危害到使用者的身体健康和生命、财产的安全，令现场的观众和电视机前的观众震惊和愤怒。主持人在问，观众也在问：难道生产者和经营者不知道其生产经营的产品应该具备什么样的属性吗？

请问：这样的商品能流入市场吗？人们对商品质量有哪些基本要求？

【知识准备与任务分析】

商品要满足消费的需求，必须根据其用途和使用方法或使用目的对商品的质量提出基本要求。由于商品种类繁多，其用途和使用方法各不相同，因此，对商品质量的要求也各不相同。

一、对食品商品质量的基本要求

（一）安全无害

食品的安全无害性是指食品成分中不能含有对人体有害的物质和不洁物，是食品一个极为重要的质量指标，这是食品是否符合卫生要求的重要条件。“民以食为天，食以洁为本”，卫生无害是对食品的最基本要求，不符合卫生要求的食品会影响人们的身体健康与生命安全，甚至影响到子孙后代。

为了确保食品安全，有效地防止食品污染，保障人体健康，所有从事食品商品生产和经营的单位和个人，都必须按照《中华人民共和国食品安全法》的规定，对食品、食品添加剂、食品容器及包装材料、食品用具、设备和生产、经营场所以及有关环境，采取必要的防范和处理措施，自觉接受食品安全相关部门和消费者的监督，以保证食品的安全。

【做中学 2-2】举例说明食品中的有害成分的主要来源。

食品中有害物质的来源是多方面的，一般有以下几个方面：

1. 食品自身的天然毒素

天然毒素引起的食物中毒，主要是指有些动物植物中含有某种有毒的天然成分，往往由于这些动植物与无毒的品种类似，容易混淆而误食，或使用方法不当而引起中毒。

例如，白果中的氰甙、河豚含有河豚毒素、河蟹死亡后产生的组胺等。有些动植物食品，在一般情况下，并不含有毒物质，但储存不当，也会形成某种有毒物质，积累到一定数量，食用后也可引起中毒。例如，马铃薯储存不当，发芽后可产生龙葵素。

2. 生物对食品的污染

许多生物如微生物、寄生虫及虫卵和昆虫等都可造成生物污染。许多污染食品的微生物可产生对人、畜有害的毒素，其中有些是致癌物和剧毒物。

(1) 霉菌毒素。霉菌毒素主要是指霉菌在其所污染的食品中所产生的有毒代谢产物。霉菌产毒只限于少数的产毒霉菌，而产毒菌种中也只有一部分菌株产毒。

(2) 细菌毒素。污染食品的细菌的毒素最主要的是沙门氏菌毒素、葡萄球菌毒素、肉毒杆菌毒素等。

(3) 寄生虫及虫卵的污染。有的食品含有寄生虫和寄生虫卵，食用后对人体健康危害也很大。如绦虫病、蛔虫病都是因食用了含有此类虫卵的食品所致。

3. 食品添加剂

食品添加剂的种类很多，主要有防腐剂、抗氧化剂、乳化剂、疏松剂、发色剂与发色助剂、漂白剂等。食品添加剂安全使用非常重要。理想食品添加剂应是有益无害的物质。但是，有些食品添加剂，特别是化学合成食品添加剂往往都有一定的毒性，因此要严格控制使用量。

4. 化学毒素污染

化学毒素污染，包括各种有害金属、非金属、有机物如汞、镉、铅、砷、农药、工业三废等对食品的污染。

（二）营养价值

食品能给人体提供营养物质，这是一切食品的基本特征。食品营养价值的高低，主要取决于食品的营养成分、可消化吸收率和发热量三项指标，是评价食品质量的最基本的指标。

1. 营养成分

食品的营养成分是指食品中所含糖类、蛋白质、脂肪、维生素、矿物质及水分等。不同的食品含有不同种类和数量的营养成分，对人体所起的营养功能也不同，在要求上也有区别。因此，人们需要从多种食品中获得各种营养成分，以维持机体肌体正常生长发育和生理功能的需要。

2. 可消化吸收率

食品的可消化吸收率是指食品在食用后，能被消化吸收的百分率，是反映食品中营养成分被人体消化吸收程度的指标。因为食品中的营养成分，除了水、矿物质及部分维生素能直接被人体吸收外，糖类、蛋白质、脂肪等营养成分，只有在被人体分解消化后，才能被人体吸收发挥其基本作用。消化吸收率越高，食品的营养价值就越高。不同的营养成分被人体消化吸收的程度各不相同，即使同一种营养成分也会由于不同的人对食品营养成分消化吸收的程度不同而不一样。

3. 发热量

发热量指食品的营养成分中的糖类、脂肪和蛋白质，经人体消化吸收后，在人体内产生

2

的热量。它是反映食品营养价值最基本的指标。因为食品产生的热能是人体运动的能量源泉,人体对食品的需求量,通常是采用主要营养物质,如糖类、蛋白质、脂肪所产生的热量来表示的。1 克糖类经消化或完全氧化后产生的热量约为 16.72 kJ,1 克蛋白质经消化或完全氧化后产生的热量约为 17.1 kJ,1 克脂肪产生的热量约为 37.6 kJ。如已知食品中主要营养成分含量,即可计算出该食品的发热量。人体每天所需的能量主要包括基础代谢和从事劳动所需要的能量两个方面。由于人的性别、年龄、劳动量及天气气候等因素的不同,人体对能量的需要也不同。

人体需要从多种食品中获得养分,以保证身体健康。因此,食品的营养价值是评价食品商品质量的基本条件。

(三) 色、香、味、形

食品的色、香、味、形是指食品的颜色、香气、滋味和总体风格,是评价食品质量的感官指标。通过分析食品的色、香、味、形,可以鉴别食品的新鲜度、成熟度、加工精度、品种特征以及质量变化等。

【做中学 2-3】 试分析食品的色香味。

食品的色泽一是来源于食品加工的本身,其次是来源于原料本身,三是人为加入天然色素和人工合成色素。

食品的滋味与香气有密切的联系,食品的香气用鼻腔可以直接闻到,另外,在咀嚼食品时,有气味的物质的蒸汽进入鼻咽部与呼出的气体一起通过人的鼻小孔进入鼻腔而感知。

滋味一般分为酸、甜、苦、咸、辣、鲜、涩七种。味觉在生理上只有酸、苦、甜、咸四种基本味觉,辣味、涩味是由于刺激触觉神经末梢产生的,与四种基本味觉有所不同。辣味刺激口腔黏膜引起痛觉,也伴有鼻腔黏膜的痛觉,同时其他皮肤等处也可感到痛觉,涩味是指舌头黏膜的收敛作用。

食物入口后对人的视觉、味觉、嗅觉和触觉等器官的刺激,引起人对它的综合印象,这种印象就是食品的风味,是食品感官检验的一个重要指标。

二、对纺织品商品质量的基本要求

纺织品商品是人们穿着和日常生活的必需品。作为穿着用品,纺织品既具有遮体防寒、保护身体的作用,又具有美化人体的功能。对纺织品商品的质量要求,一般从原料、组织结构、机械性能和服用性能等方面来评价。

(一) 材料选择适宜性

纺织品的基本性能及其外观特征,主要由其所用的纤维材料决定,纤维材料的种类和品质对织品性能有重要影响。不同种类的纤维具有不同的性质,其织品的性能和特点也各有不同。例如,棉织品因其吸湿透气的性质,适合于做成针织内衣制品;而毛织品因其挺阔、有弹性等性质,适合做外衣料。因此,纺织品用途不同,所选择的纤维的种类和品质也各不相同。材料选择适宜性是对纺织品的基本要求之一。

（二）组织结构合理性

纺织品的组织结构，主要包括织物的纱线和织纹组织、织品的重量和厚度、织物的紧度和密度、幅宽、匹长等属性。纺织品的组织结构对织物的外观和机械性能有较大的影响。例如，织品的纱线和织纹组织可以改变纺织品的花色品种，织品的厚度和紧度等可影响其透气性、保暖性、柔软性和硬挺性等。因此，组织结构是评价纺织品质量的一项重要指标。

（三）良好的机械性能

织物的机械性能是指在外力作用下，织物产生的应力与形变之间的关系，主要指断裂强度与断裂伸长率、撕裂强度、耐磨强度、抗疲劳强度等指标。纺织品的某些机械强度还会直接影响织物尺寸稳定性、触感以及成品风格。因此，强度是衡量纺织品耐用性能的指标。

（四）适宜的服用性能

纺织品的服用性能主要是指织品在穿用过程中舒适、美观、大方。服用性能涉及多个方面，其一，是指织品的缩水率、刚性、悬垂性等性能，要求符合标准的规定；其二，织品的吸湿性、透气性等性能，要符合卫生要求；其三，起毛起球、花型、色泽、色牢度及外观疵点处理方面，也都要符合有关标准。

（五）安全性能

纺织服装作为人们生活必需品，在其生产加工过程中，几乎都与化学品的使用有关。纺织产品在印染和后整理等过程中要加入各种染料、助剂等整理剂，这些整理剂中或多或少地含有或产生对人体有害的物质。要根据规范要求，严格控制剂量，防止对人们的皮肤，乃至人体健康造成危害。

【做中学 2－4】试分析纺织品和服装标签上标注的 A、B、C。

根据 GB 18401 标准《中华人民共和国纺织产品基本安全技术规范》规定，纺织服装产品必须标注基本安全技术类别。纺织服装产品的基本安全技术类别分为三类：一是直接接触皮肤的 B 类；二是非直接接触皮肤的 C 类；三是婴幼儿用品的 A 类。要求婴幼儿用品必须用文字标明。

三、对日用工业品商品质量的基本要求

工业品包括的种类很多，各种商品有着不同的用途和使用特点。根据工业品的用途和使用特性，对其质量的基本要求主要从适应性、耐用性、安全卫生性、造型结构合理性等方面来评价。

（一）适应性

适应性是指商品满足其主要用途所必须具备的性能，它是构成这种商品使用价值的基本条件。不同用途的商品其适应性各不相同，适应性是对工业品质量最基本的要求。

（二）耐用性

耐用性是指商品在使用时，抵抗各种外界因素对其破坏的性能，指商品的耐用程度。它反映了商品的使用寿命和使用效能。对于消耗性的商品，其耐用性应指其使用效能，即用量

和效果。对于非消耗性的商品,其耐用性是指其使用寿命。

(三) 安全卫生性

安全卫生性是指日用工业品在使用过程中,对保护人体健康和环境所必须具备的既安全又卫生的性能。对于盛放食品的器皿、餐具、玩具、化妆品、牙膏、肥皂等及其包装材料,都应无毒、无害、安全卫生。对于其他工业品,在使用过程中应当安全可靠,同时还应要求在使用时或使用后不污染环境,不引起公害。

(四) 造型结构合理性

造型结构主要是指商品的外观形状、大小、部件装配及花纹色彩等。要求式样大方新颖、造型美观、色彩适宜、装潢适度,具有艺术感和时代风格,并且应无严重影响外观质量的疵点。对于那些起着美化装饰作用的日用工业品,其造型结构更具有特殊意义。

四、对家用电器商品质量的基本要求

家用电器种类繁多,用途功能各异,对于这类商品的基本要求有以下几方面:

(一) 安全性和可靠性

大多数家用电器都用交流电源,因此,家用电器必须有良好的电气绝缘性和良好的防护设施,以保证使用绝对安全;否则,不仅会从经济上给消费者带来损失,而且会造成人身伤害或火灾等严重事故。所以,对家用电器的起码要求是安全性。

家用电器属于耐用消费品,而且一般价格较高。对家用电器要求平均无故障时间长,可维修性强、维修方便,有较长的使用寿命;否则,不仅会使消费者经济上受损,生活上也会产生诸多不方便。因此,要求家电商品要性能可靠。

(二) 适用性和多功能性

适用性是指各种家用电器必须具备其所应具有的各种性能。如,电冰箱的制冷性能,必须达到各星级的规定值;电视机要灵敏度高、图像清晰、不失真、画面柔和、音质效果好等。

家用电器商品的用途已由单功能发展成为多功能,自动化程度越来越高。对其要求是一物多用,自动控制、使用方便。如全自动洗衣机,有洗涤、漂洗、甩干、烘干等多种功能。另外,无论哪种家电都要求耗电量小、节约能源。

(三) 外观要求

家用电器商品具有装饰环境和美化生活的作用,对外观质量要求高,如要求造型美观、结构合理、色调柔和、装饰新颖等。

任务引例解析

本“任务引例”中,这些商品既没有使用价值,也没有合格的质量,是不能进入市场销售的。合格的商品质量一定要符合其规定标准的技术条件。

人们对商品质量的基本要求主要有:对食品商品要求含有人体生长发育和保证健康的营养物质;对纺织品商品一般从原料、组织结构、机械性能和服用性能等方面来提出要求;对日用工业品的要求是针对其用途和使用特性,对其质量提出基本的要求;对家用电器商品的要求是针对安全性、可靠性、适用性、多功能性及外观要求提出的。

任务三 商品质量的因素分析

任务引例

顾客到某百货商店选购"居家"衣服，看到店里琳琅满目的服装，难以决策，向导购人员求教。了解到该顾客的需求后，服装导购员便告诉该顾客选购服装时应考虑的一些质量因素。在导购员的帮助下，该顾客选择了一件纯棉针织休闲套装，满意而归。

请问：影响商品质量的因素有哪些？这些因素是如何影响商品质量的？

【知识准备与任务分析】

商品质量受多方面因素的制约，因此，影响商品质量的因素也是多方面的。一种商品从生产开始到使用寿命结束，需要经历不同的环节，每一个环节都会有影响其质量的因素。通常情况下，影响商品质量最根本的因素是生产过程中的原材料和生产工艺，其次是流通过程和使用过程的诸因素。

一、生产领域中的诸因素

来自农业、林业、牧业、渔业等产业的种植、养殖商品，其质量主要取决于品种选择、栽培或饲养方法、生长的自然环境和收获季节及方法等因素。

对于工业品商品来说，其生产过程中的市场调研、商品开发设计、原材料选择、生产工艺和设备、质量控制、成品检验以及包装等环节都会影响其质量。

（一）原材料

原材料是构成商品的物质基础，在其他条件相同的条件下，原材料的性质直接决定商品质量的高低优劣。不同的原料、材料、元器件或零部件最终会导致商品的性能、质量、品种的差异，因此在衡量商品质量时，应当对其原材料或零配件进行认真分析研究，从中找出提高商品质量的有效途径。

商品的用料应当符合节约原则，在确保商品质量的前提下，力求合理利用原材料。在生产中节约原材料和使用代用原料的目的，是为了改善产品性能，但是不能把节约原材料同保证和提高商品质量对立起来。应当不断发掘新材料、开发新产品，并提高材料利用率。

选用原材料时应考虑对资源的合理利用和综合利用。在不影响制成品质量的前提下，选用资源丰富的代用材料可以降低原材料成本，扩大原材料来源。此外，利用边角碎料和适当搭配回收废旧材料以及其他综合利用的方法，更有利于提高商品的社会和经济效益。

（二）生产工艺

商品的各种有用性是在生产过程中形成和固定下来的。相同的原材料，由于工艺方法或加工技术水平不同，往往会造成商品质量的差异。因此，生产工艺在一定条件下对商品质量起着决定作用。生产工艺主要是指产品在加工制造过程中的配方、操作规程、设备条件以及技术水平等。生产工艺过程是按照科学规律制定的，必须根据规程规定进行生产，这样才能保证商品质量。

商品的生产工艺还表现在商品结构的合理设计上。商品的结构，主要是指商品的外形、大小和各个部件的装配方法等。结构合理与否对商品质量的影响很大，结构不良不仅会影响商品的外观，而且也会降低商品的适用性和坚固耐用性。

科学的发展和技术的革新、技术的革命可以使商品质量发生质的飞跃，这种变化很多是通过生产工艺的改进来实现的。

设备的故障常常是出现不合格品的重要原因之一。设备的自动化、省力化、高速化和复杂化又使故障发生的机会有所增加。因此，加强设备管理与设备保养工作，防止故障发生和降低故障发生率，保持设备加工精度，是保证商品质量的必要条件。

（三）质量控制

质量控制是指从原材料到制成品整个制造过程的质量控制，包括原材料质量控制、设备和工具的质量控制、工艺条件和工作的质量控制等。所有的原材料、元器件投入生产前均应保证符合相应的质量标准。为了保证成品的质量，对原材料要进行筛选、除杂、称量、调配。所有的设备和工具，包括机器、模具、计量工具等都应验证其完好程度和精密度，并定期维护和校验。工艺过程控制要保持各项工艺参数的稳定性，避免工作失误，同时在工艺流程的各工序设置必要的检验环节，对工艺状态、半成品质量进行检查和验收，防止不合格品进入后续工序。质量控制的目的在于及时消除不正常因素对商品质量形成的影响，保证商品的制造质量达到设计质量的要求。

（四）商品包装

商品包装是商品的重要组成部分，是商品生产的继续，也是商品生产的最后一道工序。商品只有经过包装以后，才算完成了它的全部生产过程，才能进入流通和消费领域。商品包装可以减少和防止外界因素对商品内在质量的影响，并装饰、美化商品，便于商品的储运、销售和使用。科学合理的包装应该是包装保护功能、美化功能、推销功能、方便功能和包装成本的统一。因此，适宜的商品包装能够保证商品的质量，并有助于提高商品的价值。

二、流通领域中的诸因素

流通领域是指商品从生产领域进入消费领域的中间环节，主要是指商品的购、销、运、存四个环节。商品在流通过程中，都要经过时间和空间的转移，商品的贮存和运输是不可避免的。在这期间，由于受到各种外界因素的影响，商品往往会发生质量不断降低的现象。商品在流通中停留的时间越长，质变的可能性就越大。因此，商品周转快慢是流通中影响商品质量的主要因素。

（一）运输

在商品进入流通领域，商品运输是商品流转的必要条件。在运输过程中，商品质量会受到运程的远近、时间的长短、运输的气候条件、运输路线、运输方式、运输工具、装卸工具等因素的影响，同时也会受到温度、湿度、风吹、日晒、雨淋等气候条件的影响。商品在装卸过程中还会发生碰撞、跌落、破碎、散失等现象，这不但会增加商品损耗，也会降低商品质量。

（二）仓储

仓库储存是商业企业收储待销商品的必要环节。商品储存是指商品脱离生产领域，未进入消费领域之前的存放。商品本身的性质是商品发生质量变化的内因，仓储环境条件是商品发生质量变化的外因。商品储存期间的质量变化与商品的耐储存性、仓库内外环境条件、养护技术与措施、储存期的长短等因素有密切关系。因此，对商品采取一系列保养和维护的技术与措施，有效地控制商品的储存环境及条件，可以减少或减缓商品质量的变化。

（三）购销服务

商品的购销服务对质量的影响，主要是指商品的验收陈列、提货搬运、装配调试、包装服务、送货服务、技术咨询、维修和退换服务等项工作对商品质量的影响。商品销售服务中的技术咨询是指导消费者对复杂、耐用性商品和新商品进行正确安装、使用和维护的有效措施。许多商品出现的质量问题并不是商品自身固有的，而往往是由于使用者缺乏商品知识或未遵照商品使用要求，进行了错误或不当的操作所引起的。因此，商品良好的售前、售中、售后服务质量已被视为商品质量的重要组成部分。

三、消费领域中的诸因素

（一）使用范围和条件

任何商品都有一定的使用范围和使用条件。只有正确地使用商品，才能发挥商品的正常功能；否则，商品不但不能正常使用，还会损坏商品，甚至发生危及财物和人身安全的事故。

（二）使用方法和维护保养

为了保证商品的质量和延长商品的使用寿命，用户应该了解商品的基本结构和性能特点，掌握其正确的使用方法，并具备一定的商品日常的维护和保养知识。

（三）废弃物处理

使用过的商品及其包装物被丢弃成为废弃物品。有些废弃物可以回收利用；有些废弃物则不能或不值得回收利用，而成为垃圾；还有些废弃物不易被自然因素破坏或微生物分解，对自然环境造成污染，甚至破坏生态平衡。因此，商品及其包装物的废弃物是否容易处理以及是否对环境有害，将成为决定商品质量的又一重要因素。

任务引例解析

通常情况下，影响商品质量最根本的因素是生产过程中的原材料和生产工艺，其次是流通过程和使用过程的诸因素。在本“任务引例”中，“居家”服装选择纯棉的针织休闲套装，考虑了原材料、生产工艺、使用和保管等因素。

这些因素对服装质量的影响是：棉纤维具有柔软、吸湿、透气、不产生静电等优点；针织物具有较好的弹性，穿在身上居家活动方便，不受约束；套装上下衣搭配协调，具有美观大方的特点；棉织物洗涤、保管没有特殊要求，便于打理。

项 目 小 结

商品质量的认知与分析项目的内容结构图如图 2 - 1 所示。

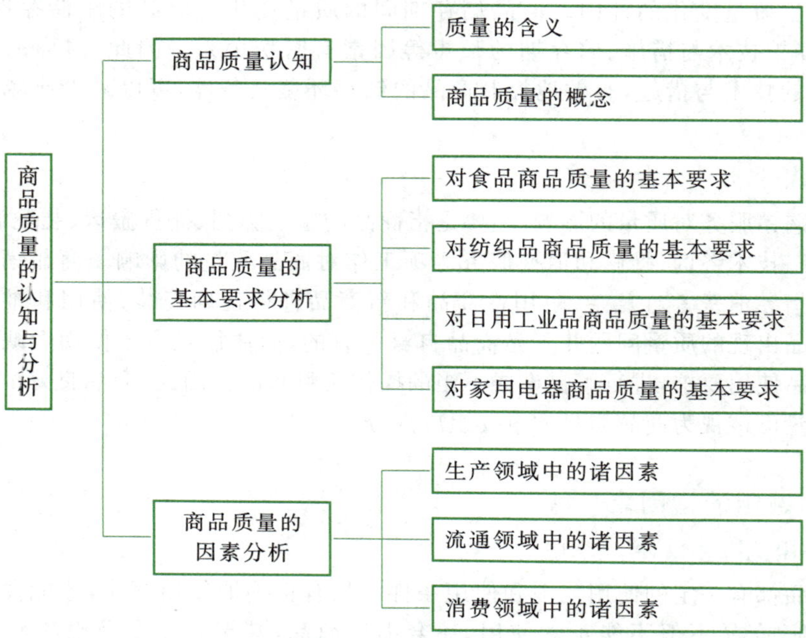

图 2 - 1　商品质量的认知与分析项目的内容结构图

主 要 概 念

质量　商品质量　外观质量　内在质量

习 题 与 训 练

一、习题

(一) 名词解释

质量　商品质量　质量特性　内在质量　外观质量　全面质量管理

(二) 选择题

1. 单项选择题

(1) 质量特性的类型主要有技术或理化、心理、时间、安全等方面，其中服装的花色、款式属于(　　)。

A. 技术或理化　　B. 心理　　C. 时间　　D. 安全

(2) (　　)是食品质量最起码的要求。

A. 安全无害　　B. 营养成分　　C. 可消化吸收率　　D. 发热量

(3) 决定商品质量的因素是(　　)。

A. 生产工艺　　B. 原材料　　C. 商品包装　　D. 商品储存

2. 多项选择题

(1) 商品质量的特点有(　　　)。

A. 动态性　　B. 相对性　　C. 绝对性　　D. 统一性

(2) 对纺织品商品质量的基本要求,一般从(　　　)等方面来评价。

A. 原材料　　B. 组织结构　　C. 机械性能　　D. 服用性能

(3) 对日用工业品商品质量的基本要求,一般从(　　　)等方面来评价。

A. 适应性　　B. 耐用性　　C. 安全卫生　　D. 造型结构

(三) 判断题

1. 质量合格的商品质量也即是指消费者满意的商品质量。　(　　)

2. 有些商品的魅力特性随着时间的推移和市场的竞争,会逐渐演变成必需特性。　(　　)

3. 商品的感官指标对应的是商品的内在质量。　(　　)

4. 食品的营养价值是评价食品质量的最基本的指标。　(　　)

(四) 简答题

1. 举例说明什么是必需特性。

2. 举例说明什么是魅力特性。

(五) 论述题

1. 分析食品、纺织品和工业品质量的基本要求。

2. 试述决定和影响商品质量的诸因素。

二、训练

1. 选择某种商品,分析顾客对这种商品的质量需求,并将顾客的需求变换成质量特性,确定该种商品的魅力特性和必需特性。

2. 依据所学内容,选择某类商品,找出影响其质量优劣的诸因素,并分析各因素对商品质量的影响程度。

项目三 商品分类业务操作

3

职业能力目标

1. 理解商品分类的基本概念；
2. 掌握商品分类的原则和方法；
3. 掌握商品分类标志；
4. 了解商品目录的基本知识。

典型工作任务

1. 商品分类的认知；
2. 商品分类的方法；
3. 商品分类的标志；
4. 商品目录的编制。

任务一 商品分类的认知

任务引例

超市在实际商品管理中，为了采购、销售、理货的方便，将其所经营的商品划分为大类、中类、小类、单品四个分类层次。

如某超市将大类划分为畜产、水产、果菜、日配、加工食品、一般食品、日用杂货、日用百货、家用电器等。

在日配品这个大类下，划分为牛奶、豆制品、冰品、冷冻食品等中类；在畜产品这个大类下，细分出熟肉制品的中类，包括咸肉、熏肉、火腿、香肠等中类；在水果蔬菜这个大类下，又细分出国产水果与进口水果的中类。

“畜产”大类中、“猪肉”中类下，进一步细分出“排骨”“里脊肉”等小类；……

单品没有进一步细分，是完整独立的商品品项。如在“听装饮料”小类下，进一步细分为“355毫升听装……”等；“瓶装饮料”小类下，进一步细分为“……升瓶装……”“2升瓶装……”“2升瓶装雪碧”，就属于不同的单品。

请问：什么是商品分类？科学的商品分类应遵循哪些原则？

【知识准备与任务分析】

一、分类与商品分类的概念

将集合总体科学地、系统地逐次划分的过程称为分类，分类具有普遍性。分类是我们认识事物、区分事物的重要方法之一。分类的结果，给人们带来了方便，简化了日常事务。

商品分类是指根据一定的目的，选择恰当的标志，将任何一类商品集合总体科学地、系统地逐级进行划分的过程。商品分类的目的不同，选择的分类标志也不同，商品分类的结果也不一样。因此，商品类目的划分具有多样性。

二、商品分类的基本原则

科学的商品分类是建立科学的商品分类体系的基础。因此，商品分类必须遵循以下基本原则。

（一）科学性原则

商品分类的科学性是指在建立分类体系前，必须明确商品分类的目的及分类范围，选择分类对象最稳定的本质属性或特征作为分类的依据，统一分类对象的名称，保证商品分类体系的稳定性和唯一性。

（二）系统性原则

商品分类的系统性是指在建立商品分类体系时，以分类对象的稳定本质属性特征作为分类标志，将分类对象按一定的顺序和规律排列，使每个分类对象在该序列中都占有一个位置，并反映出它们彼此之间既有联系又有区别的关系。

（三）可延性原则

商品分类的可延性是指建立的商品分类体系，留有足够的余地，能够满足不断出现的新商品的需要。一般设置收容项目“其他”，在不打乱已建立的分类体系的基础上，安置新出现的类目或商品。

（四）兼容性原则

商品分类的兼容性是指各种分类体系之间应具有良好的对应与转换关系。商品分类体系的建立，需要设置标准化的分类原则及类目，满足各分类体系之间信息交换及相互兼容的需要。

（五）整体性原则

整体性是指商品分类要从系统工程角度出发，在满足管理系统（如国家商品管理系统）总任务、总要求的前提下，全面、合理地满足系统内各分系统（如各行业管理系统）的实际需要。在建立商品分类体系时，要考虑管理系统的整体效益，要求局部利益服从整体利益。

任务引例解析

商品分类是指根据一定的目的，选择恰当的标志，将任何一类商品集合总体科学地、系统地逐级进行划分的过程。科学的商品分类应遵循科学性、系统性、可延性、兼容性、整体性的原则。

3

任务二 商品分类的方法

任务引例

在任务一引例的材料中，某超市的商品分类体系，将商品划分为畜产、水产、果菜、日配、加工食品、一般食品、日用杂货、日用百货、家用电器等大类；在“一般食品”这个大类下，进一步细分为“饮料”……等中类；在“饮料”这个中类下，进一步细分出“听装饮料”“瓶装饮料”“盒装饮料”等小类；在“瓶装饮料”小类下，进一步细分为“……升瓶装……”“2升瓶装……”“2升瓶装雪碧”等单品。在这个体系内，各层类目上下之间存在从属关系，同一层次类目之间存在并列关系。

请问：商品分类有哪几种方法？任务一引例的材料中超市用的是什么分类方法？

【知识准备与任务分析】

商品分类时通常采用线分类法和面分类法两种方法。在建立商品分类体系或编制商品分类目录时，也常常将这两种分类方法结合起来使用。

一、线分类法

线分类法属于传统的分类方法，也是主要的商品分类方法，使用范围非常广泛。

线分类法又称为层级分类法，它是将拟分类的商品集合总体按选定的属性或特征层层依次划分，并编制成一个大类、中类、小类、细类等不同层次构成的分类体系。在这个体系内，各个类目彼此之间构成并列的或隶属的关系。由一个类目中直接分出的各类目，彼此称为同位类。同位类的类目之间为并列关系，既不重复，又不交叉。一个类目相对于由它直接划分出来的下一层级的类目而言，称为上位类，也称为母项；由上位类划分出来的下一层级的类目，相对于上位类而言，称为下位类，也称为子项。上位类与下位类之间存在从属关系，即下位类从属于上位类。线分类体系中各种类目之间的并列和从属关系如表3-1所示。

表3-1 线分类体系中各种类目之间的关系

分类层级	类目名称	关　系
大　类	大类商品	——上位类
中　类	中类商品1 中类商品2 中类商品3	——下位类 同位类(日用化工类) ——上位类
小　类	小类商品1 小类商品2 小类商品3	——下位类 同位类(清洁类) ——上位类
细　类	细类1 细类2 细类3	——下位类 同位类(洗衣类)

线分类法的主要优点是信息容量大，层次清楚，逻辑性强，符合传统应用的习惯，既适用于手工操作，又便于计算机处理；主要缺点是弹性差，分类体系一旦建立，其结构便不能更改。因此，采用线分类法编制商品分类体系时，必须预先留有足够的后备容量。

【做中学 3－1】我国《全国主要产品分类与代码 第 1 部分：可运输产品》(GB/T 7635.1)和《全国主要产品分类与代码 第 2 部分：不可运输产品》(GB/T 7635.2)采用的分类方法都是线分类法。

GB/T 7635.1 是按产品的产业源及产品的性质、加工工艺、用途等基本属性分为六个层次，各层分别命名为大部类、部类、大类、中类、小类、细类，图 3－1 是 GB/T 7635.1 的部分线分类结构；GB/T 7635.2 主要是依据产品的产业源、产品形式和服务的方式、环境、供方、受方等属性分为五个层次，各层分别命名为部类、门类、大类、中类、小类，图 3－2 是 GB/T 7635.2 的部分线分类结构。

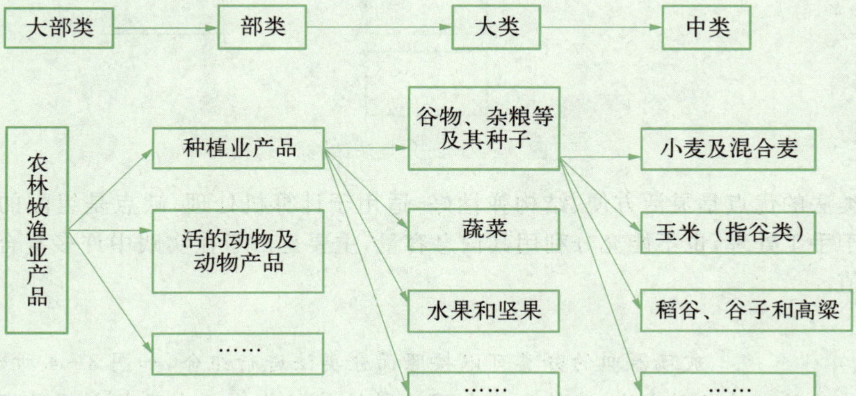

图 3－1 GB/T 7635.1 的部分线分类结构

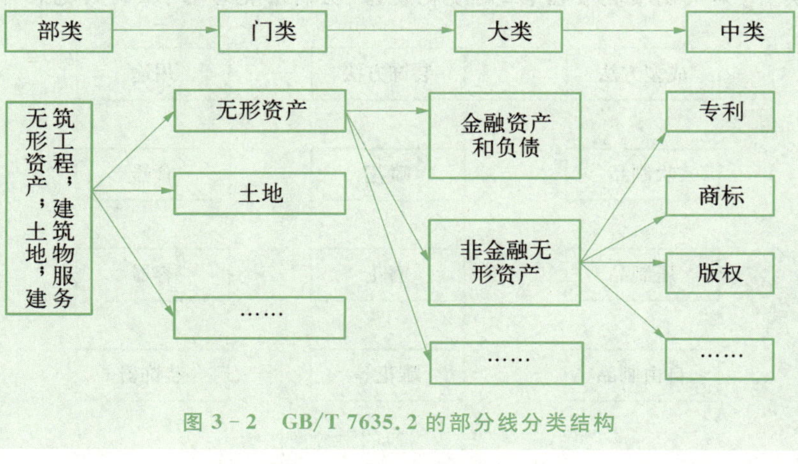

图 3－2 GB/T 7635.2 的部分线分类结构

二、面分类法

面分类法又称平行分类法，它是把拟分类的商品集合总体，根据其本身固有的若干属性或特征，分成相互之间没有隶属关系的若干独立的类目，由此构成一个个“面”，将各个“面”平行排列，形成面分类体系。将某个“面”中的一个类目与另一个“面”中的一个类目组合在一起，即组成一个复合类目。面分类法结构如图 3-3 所示。

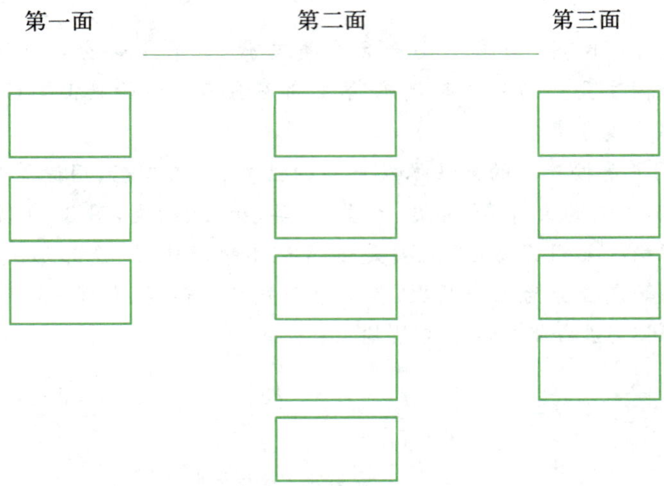

图 3-3 面分类法结构

面分类法的优点是灵活方便、结构弹性好，适用于计算机处理；缺点是组配的结构太复杂而不利于手工处理，也不能充分利用其信息容量，主要是由于在实践中许多复合类目并没有实用价值。

【做中学 3-2】 玻璃器皿的分类可以按照面分类法进行组合，如图 3-4 所示。

把玻璃器皿的成型方法、装饰方法和用途属性特征作为三个互相之间没有隶属关系的“面”，每个“面”又分成若干个独立的类目。使用时，将有关类目组配起来，便成为一个复合类目，如吹制喷花食器、压制喷花食器、吹制磨花容器、压制刻花装饰容器等。

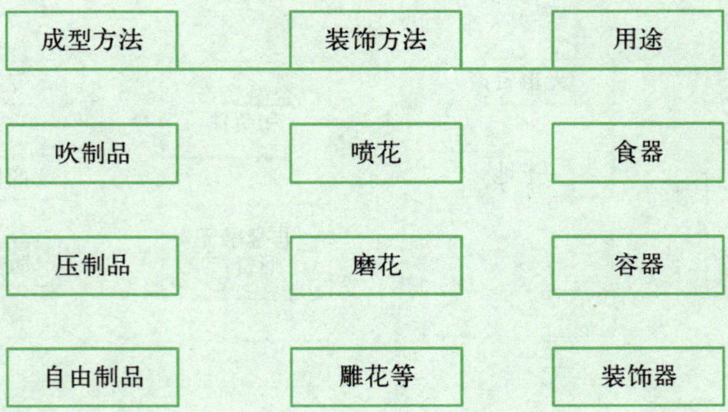

图 3-4 玻璃器皿的面分类法结构

【做中学 3-3】 服装的分类也可以按照面分类法进行组合，如图 3-5 所示。

图 3－5 把服装的面料、式样和款式属性特征作为三个互相之间没有隶属关系的“面”，每个“面”又分成若干个独立的类目，使用时，将有关类目组配起来，便成为一个复合类目，如纯毛男式中山装、中长纤维女式西装等。

图 3－5 服装的面分类法结构

在商品分类实践中，由于分类对象和管理要求的复杂性，往往单独地使用一种分类方法满足不了使用者的需要。因此，在实际分类时，经常根据实际情况，以一种分类方法为主，另一种分类方法作为补充，这种分类方法称为混合分类法。

任务引例解析

商品分类有线分类法和面分类法两种方法。

任务一引例的材料中超市用的是线分类方法。由于该超市分类体系中大类与中类、中类与小类、小类与单品各分类层次之间有隶属关系，各大类、中类、小类、单品之间是并列关系，因此，符合线分类法的含义。

【任务设计——商品线分类法的分类】

工作实例：

在学校附近选择一家中小型超市，列出超市日用化工商品的线分类体系。

【操作步骤】

第一步：选择超市，列出该超市日化商品的名称：

要求学生查阅日用化工商品的相关知识，分析这些商品的特征；

第二步：依据所学相关理论，将所列出商品层层分类：

要求学生将具备相同特征的商品分为一类，并依次层层划分，直至划分成最小的单元；

第三步：形成某超市日用化工商品的线分类体系。

任务三 商品分类的标志

3

任务引例

在任务引例的材料中，某超市的商品分类体系，在日配品这个大类下，划分为牛奶、豆制品、冰品、冷冻食品等中分类；在畜产品这个大类下，细分出熟肉制品的中类，包括咸肉、熏肉、火腿、香肠等；在水果蔬菜这个大类下，又细分出国产水果与进口水果的中类。

如"畜产"大类中、"猪肉"中类下，进一步细分出"排骨""里脊肉"等小类；"一般食品"大类中、"饮料"中类下，进一步细分出"听装饮料""瓶装饮料""盒装饮料"等小类；"日用百货"大类中、"鞋"中类下，进一步细分出"皮鞋""人造革鞋""布鞋""塑料鞋"等小类；"糖果饼干"大类中、"饼干"中类下，进一步细分出"甜味饼干""咸味饼干""奶油饼干""果味饼干"等小类。

请问：分类的依据是什么？任务引例的材料中超市的商品分类用到了哪些分类标志？

【知识准备与任务分析】

一、选择商品分类标志的原则

商品分类标志是表明商品特征、用以识别商品不同类别的记号。分类标志是编制商品分类体系和商品目录的重要依据。对商品进行分类，可供选择的分类标志很多，主要有商品的用途、原料、生产方法、化学成分、使用状态等最基本的属性和特征。在选择分类标志时，应遵循如下原则：

第一，目的性。分类标志的选择必须满足分类的目的和要求；否则，便没有实用价值。

第二，唯一性。分类标志的选择必须从本质上区别不同类别的商品，保证分类清楚。在同一层级范围内只能采用一种分类标志，不能同时采用几个分类标志，保证每个商品只能出现在一个类别中，不能重复出现。

第三，包容性。分类标志的选择必须使该分类体系能够包容拟分类的全部商品，并有继续补充新商品的余地。

第四，稳定性。分类标志必须选择商品最稳定的本质属性，从而保证商品分类体系的相对稳定性。

第五，逻辑性。分类标志的选择必须使商品分类体系中的下一层级成为上一层级合乎逻辑的继续和自然延伸，从而保证体系中各商品类目具有明晰的并列、隶属关系。

二、常用的商品分类标志

商品分类标志按其适用性可分为普遍适用的分类标志和局部适用的分类标志。普遍适用的分类标志是指所有商品种类共有的属性特征，如物态、来源、原材料、加工方法、用途等。这些分类标志常用作划分商品大类、中类或品类等高层级类目的分类标志。局部适用的分类标志是指部分商品共有的属性特征，如化学组成、包装形式、动植物的部位、颜色、形状、加工特点、保藏方法、播种和收获季节以及特殊的物理化学性质等。这些分类标志概念清楚，特征具体，容易区分，常用于某些商品品种以及规格、型号、式样、花色等商品细目的划分。在商品分类实践中，常用的分类标志有以下几种。

（一）商品的用途

商品的用途是体现商品使用价值的重要标志，以商品用途作为分类标志，不仅适合于对商品大类的划分，也适合于对商品类别品种的进一步详细划分。以商品的用途作为分类标志，便于分析和比较同一用途商品的质量和性能，有利于生产部门改进和提高商品质量，开发商品新品种，便于流通部门经营管理和消费者按需对口选择。但对多用途的商品，不宜采用此分类标志。

3

【做中学 3－4】商品按用途可分为生活资料商品和生产资料商品；生活资料商品按吃、穿、用等用途的不同可分为食品、衣着用品、日用品等；食品按不同用途又可分为主食类、副食类等，如图 3－6 所示。

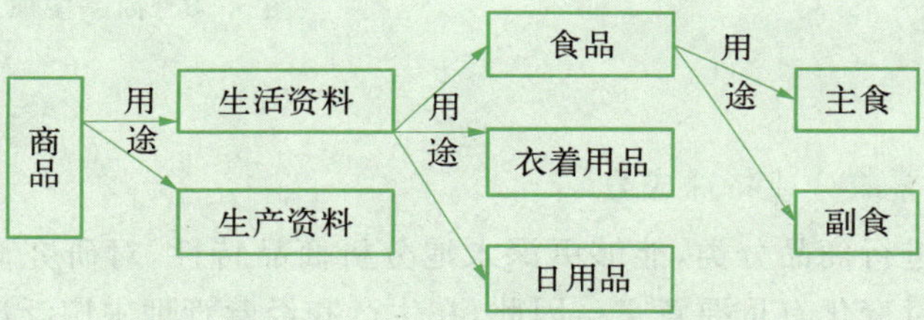

图 3－6　商品按用途分类

（二）商品的原材料

商品的原材料是决定商品质量、使用性能及商品特征的重要因素之一。以原材料作为商品分类标志，适用于性能和质量受原材料影响较大的商品，不仅使分类清楚，而且还能从本质上反映出每类商品的性能、特点、使用及保管要求。但对多种原材料构成的商品，不宜采用此分类标志。

【做中学 3－5】纺织品和服装商品按原材料可分为棉、麻、丝、毛、粘胶、涤纶、锦纶、腈纶及混纺材料，如图 3－7 所示。

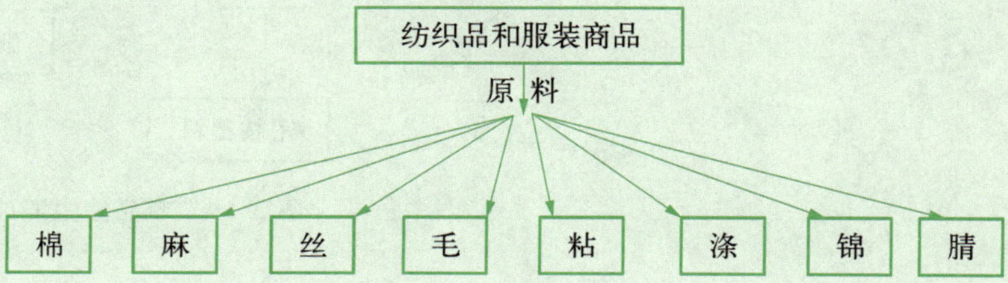

图 3－7　商品按原材料分类

（三）商品的生产工艺和加工方法

商品的生产工艺和加工方法直接影响商品的质量特性。很多品质不同的商品往往是用同一种原材料制造的，由于选用了不同的生产工艺和加工方法，最后形成了质量特征截然不同的商品种类。该分类标志适用于质量特征受工艺影响较大的商品。

【做中学 3－6】茶叶按生产工艺和加工方法的不同可分为全发酵茶（红茶）、半发酵茶（青茶）、不发酵茶（绿茶）和鲜花窨制茶等，如图 3－8 所示。

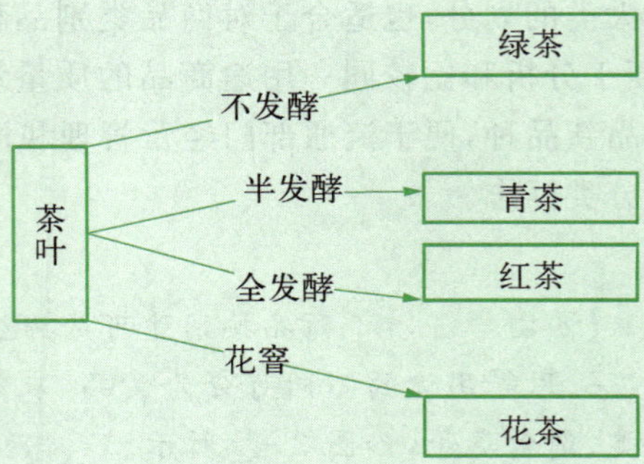

图 3－8 商品按加工工艺分类

（四）商品的主要成分或特殊成分

采用化学成分进行商品分类，能够更深入地分析商品特性，对研究商品的加工、使用以及储运过程中的质量变化有重要意义。因此，在生产和经营管理中广泛应用。

商品的很多性能都取决于它的化学成分。在很多情况下，商品的主要成分决定了商品的性能和质量。对这些商品进行分类时，应以主要化学成分作为分类标志。

【做中学 3－7】塑料制品按其主要化学成分可分聚乙烯（PE）、聚氯乙烯（PVC）、聚丙烯（PP）、聚苯乙烯（PS）、酚醛塑料（AF）、密胺塑料（MF）等，如图 3－9 所示。

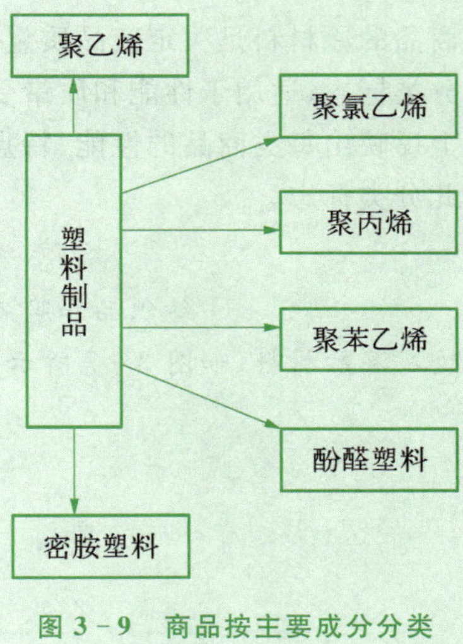

图 3－9 商品按主要成分分类

有些商品的主要化学成分虽然相同，但是所含有的特殊成分不同，形成的商品在性质和用途上不尽相同。对这类商品分类时，可以将其中的特殊成分作为分类标志。

【做中学 3-8】玻璃的主要成分是二氧化硅，但根据其中一些特殊成分可分为钠玻璃、钾玻璃、铅玻璃、石英玻璃等，如图 3-10 所示。

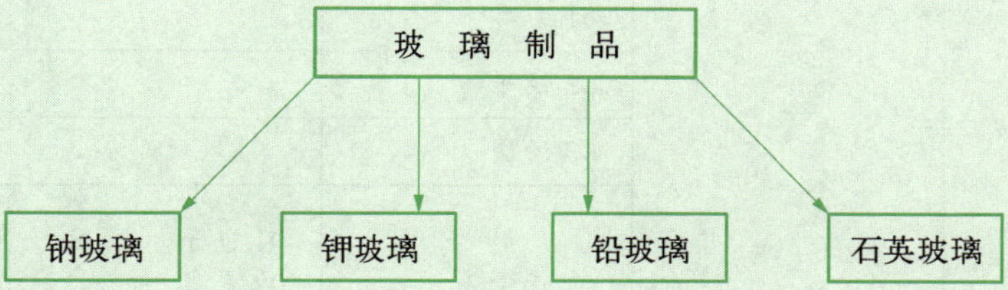

图 3-10 商品按特殊成分分类

3

（五）商品其他的分类标志

在商品分类时还经常用到以下分类标志，如商品的商品质量、市场范围、产地，商品的形状、结构、重量、花色等，这类标志概念清楚，特征具体，容易区分，因此，常用于具体商品的进一步分类。

任务引例解析

对商品进行分类，可供选择的分类标志很多，主要有商品的用途、原料、生产方法、化学成分、使用状态等最基本的属性和特征。

任务引例的材料中超市用的分类依据有：来源、用途、产地、加工工艺、原料、规格、口味、包装等。

【任务设计——商品的分类标志的选择】

工作实例：

针对任务二【任务设计——商品线分类法的分类】，在超市日用化工商品的线分类体系中，标注出各级各层商品类别划分所用的分类标志。

【操作步骤】

第一步：分析各级各层分类商品的属性和特征。

第二步：从大类开始逐级逐层标注分类标志。

任务四 商品目录的编制

任务引例

超市为了方便管理所经营的商品，按照其分类体系，将其所经营的全部商品列成了一个明细表，即商品目录，其部分明细见表 3-2。

3

表 3-2 某超市部分商品目录

大类	中类	小类	细类	备注
1 食品干货	11 冷冻	01		
		02 饺子		
		03 汤圆		
		04 面食	01 包子 02 春卷 03 馒头	
		07 冰点	01 冰激凌 02 雪糕	
		09 其他	01 其他	
	12 冷藏	01 鲜奶		
		02 酸奶		
		06 其他	01 其他	
	13 粮油	01 食用油		
		02 粮食	01 面粉	
			02 袋装大米	
	14 调味品、罐头	01 酱油		
		02 醋		
		03 调料	01 固体调料	
			02 调味料(粉)	
			03 其他	
		04 泡菜	01 泡菜(瓶)	
			02 泡菜(袋)	
		06 蛋类		
		08 罐头	01 鱼罐头	
			02 肉罐头	
			03 水果罐头	
			04 汤罐头	
			05 蔬菜罐头	
	15 方便食品	01 袋装方便食品	01 袋装方便面	
			02 袋装方便粥	

续表

大 类	中 类	小 类	细 类	备 注
1 食品干货	15 方便食品	02 碗装方便食品	01 碗装方便面	
			02 碗装方便粥	
		04 八宝粥	01 八宝粥	
			02 其他	
	16 ……	……	……	
……	……	……	……	

请问：什么是商品目录？商品目录有哪些种类？商品目录与商品分类有什么联系？

【知识准备与任务分析】

一、商品目录的概念

商品目录是指在商品分类和编码的基础上，用表格、文字、数据和字母等全面记录和反映商品分类体系的文件形式。商品目录是以商品分类为依据，因此，亦称商品分类目录或商品分类集。商品目录一般包括商品名称及计量单位、商品代码和商品分类体系三部分。

在编制商品目录时，国家或部门都是按照一定的目的，首先将商品按一定的标志进行定组分类，再逐次制订和编排。商品分类与商品目录是相辅相成的。没有商品分类，就没有商品目录。只有在商品科学分类的基础上，才能编制出层次分明、科学、系统的商品目录。商品目录是商品分类的具体体现，商品目录是实现商品管理科学化、信息化的前提，是商品生产、经营、管理、流通的重要手段。

二、商品目录的种类

商品目录按编制的目的、对象的不同划分。如按商品用途编制目录，分为生产资料商品目录和消费资料商品目录；按管理权限编制目录，分为一类商品目录、二类商品目录和三类商品目录；按产销地区编制目录，分为内地产品目录、进口商品目录、内销商品目录、出口商品目录；按适用范围编制目录，分为国际商品目录、国家商品目录、部门商品目录、地区及企业商品目录等。

任务引例解析

商品目录是指在商品分类和编码的基础上，用表格、文字、数据和字母等全面记录和反映商品分类体系的文件形式。商品目录可按编制的目的和对象划分为不同种类。商品分类是商品目录制定的基础。

【任务设计——商品目录的编制】

工作实例：

选择学校附近某一较小的商店，为其经营的商品编制商品目录。

【操作步骤】

第一步：选择商店，按照线分类法对其进行商品分类，形成该商店商品分类体系。

第二步：在该商店商品分类体系的基础上，依照本项目任务四“任务引例”的模式，编制该商店的商品目录。

项 目 小 结

商品分类业务操作项目的内容结构图如图3－11所示。

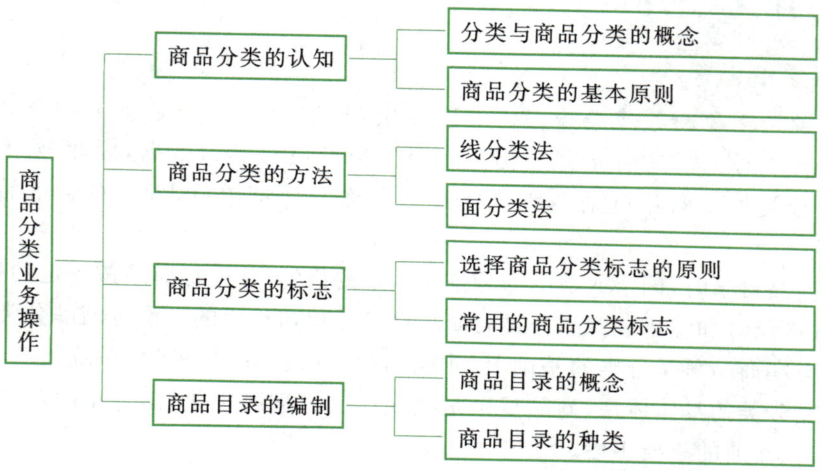

图3－11 商品分类业务操作项目的内容结构图

主 要 概 念

分类　商品分类　线分类法　面分类法　商品目录

习 题 与 训 练

一、习题

（一）名词解释

商品分类　线分类法　面分类法　商品目录

(二) 选择题

1. 单项选择题

(1) (　　)是商品分类的基本原则之一。

A. 目的性　　B. 唯一性　　C. 系统性　　D. 排他性

(2) 商品分类标志是表明商品特征、用以识别商品不同类别的记号,除常用商品的用途、商品的原材料、商品的加工方法分类标志外,还可以选择商品的(　　)作为分类标志。

A. 使用方式　　B. 主要成分或特殊成分

C. 营销模式　　D. 价格层次

2. 多项选择题

(1) 商品分类的基本原则有(　　)。

A. 可衡量性　　B. 整体性　　C. 科学性　　D. 系统性

(2) 商品分类的方法有(　　)。

A. 科学分类法　　B. 线分类法　　C. 面分类法　　D. 整体分类法

(3) 常用的商品分类标志有(　　)。

A. 商品标签　　B. 商品的加工方法

C. 商品的原材料　　D. 商品的用途

(三) 判断题

1. 商品目录是以商品科学分类为依据进行编制的。(　　)
2. 依据商品的质量不同,可以把商品分为食品、纺织品和日用商品。(　　)
3. 在线分类体系中,上位类和下位类有从属关系。(　　)
4. 在面分类体系中,面和面之间具有一定的隶属关系。(　　)

(四) 简答题

1. 商品分类的方法有几种? 各有什么特点?
2. 常用的商品分类标志有哪些?

(五) 论述题

1. 分析如何选择商品的分类标志。
2. 分析如何进行科学的商品分类。
3. 分析商品分类与商品目录的关系。

二、训练

在学校附近选择两家较大的综合百货商场,分别列出两个商场经营商品的分类体系。并依据所学理论,分析各分类体系所用分类因素及它们的差异。

3

项目四　商品代码业务操作

职业能力目标

1. 理解商品代码的概念；
2. 掌握商品代码的种类和商品编码的方法；
3. 理解商品条码概念、种类及其代码结构。

典型工作任务

1. 商品代码的认知；
2. 商品代码的编制；
3. 商品条码的认知。

任务一　商品代码的认知

任务引例

表 4－1 是 GB/T 7635.1《全国主要产品分类与代码第一部分：可运输产品》有关小麦商品的代码结构；表 4－2 是 GB/T 7635.2《全国主要产品分类与代码第二部分：不可运输产品》有关小麦商品的代码结构。

表 4－1　GB/T 7635.1《全国主要产品分类与代码》有关小麦商品的代码结构

代　码	产　品　名　称
0	农林(牧)渔业产品；中药
01	种植业产品
011	谷物、杂粮等及其种子
0111	小麦及混合麦
01111	小麦
01111·010	冬小麦
—·099	
01111·011	白色硬质冬小麦

续表

代　码	产品名称
01111·012	白色软质冬小麦
01111·013	红色硬质冬小麦
01111·014	红色软质冬小麦
01111·100 —·199	春小麦
01111·101	白色硬质春小麦
01111·102	白色软质春小麦
01111·103	红色硬质春小麦
01111·104	红色软质春小麦
01112	混合麦
……	……

表 4-2　GB/T 7635.2《全国主要产品分类与代码》部分代码结构示例

代　码	产品名称
5	无形资产；土地；建筑工程；建筑物服务
51	无形资产
511	金融资产和负债
5110	金融资产和负债
51100	金融资产和负债
512	非金融无形资产
5121	专利
51210	专利
5122	商标
51220	商标
5123	版权
51230	版权
……	……

GB/T 7635.1《全国主要产品分类与代码第一部分：可运输产品》代码用 6 层 8 位阿拉伯数字表示。GB/T 7635.2《全国主要产品分类与代码第二部分：不可运输产品》代码用 5 层 5 位阿拉伯数字表示。

请问：

1. 什么是商品代码？商品代码的功能有哪些？

2. 什么是商品编码？编制商品代码的原则是什么？

【知识准备与任务分析】

一、商品代码及其类型

（一）商品代码的概念与功能

商品代码是指为了便于识别、输入、存储和处理，用来表示商品一定信息的一个或一组有规律排列的符号。目前以全数字符号型商品代码最为普遍。这里所说的一定信息，主要是指分类信息或标识信息。

商品分类信息是指代码意在说明某项商品在其分类体系中的位置，也就是表明该商品与其上下层级项目或同层级项目之间的隶属或并列关系，或者说是反映该项商品对某一商品群组的归属关系以及各商品群组之间的关系。

商品标识信息是指代码仅起到唯一标识单一商品的作用，不具有任何其他意义（如分类意义），只是反映某一代码与某个单一商品的一一对应的关系。

依照代码所表示的信息内容的不同，商品代码可以进一步划分为商品分类代码和商品标识代码两类。例如，我国的《全国主要产品分类与代码》[GB/T 7635.1(2)]等主要商品（产品）分类目录，采用的都是商品（产品）分类代码；国际上通用及我国广泛采用的 EAN/UCC-13 代码、EAN/UCC-8 代码等，则都是商品标识代码，它是由国际物品编码协会（EAN）和统一代码委员会（UCC）规定的、用于标识商品的一组数字。

商品代码具有分类、标识和便于信息交换的功能。

（二）商品代码的类型

商品代码依其所用符号组成不同，可分为全数字型、全字母型和数字-字母混合型三种类型。

1. 全数字型商品代码

全数字型商品代码是用一个或若干个阿拉伯数字来表示分类对象信息的商品代码。这种商品代码的特点是结构简单，使用方便，易于推广，便于计算机识别和处理。目前全数字型商品代码在各国际组织和世界各国的商品（产品）代码标准中被普遍采用。

2. 全字母型商品代码

全字母型商品代码是用一个或若干个字母表示分类对象信息的商品代码。按字母顺序对商品进行分类编码时，一般用大写字母表示商品大类，用小写字母表示其他类目。在中欧，主要用拉丁字母和希腊字母按其顺序为商品编制代码。字母型代码便于记忆，人们有使用习惯，可提供便于人们识别的信息，但不便于机器处理信息，特别是当分类对象数目较多时，常常会出现重复现象。因此，字母型代码常用于分类对象较少的情况，在商品分类编码中很少使用。

3. 数字-字母混合型商品代码

数字-字母混合型商品代码，是由数字和字母混合组成的商品代码。它兼有上述两者的优点，结构严密，具有良好的直观性和表达式，同时又有使用上的习惯。但是，由于代码组成形式复杂，给计算机输入带来不便，录入效率低，错码率高。因此，在商品分类编码中并不常使用这种混合型代码。

【做中学 4-1】 我国邮政编码和汽车牌号的代码结构，如表 4-3 所示。

表 4-3　我国邮政编码和汽车牌号的代码结构

代　码	名　称
25 0 0 ××	邮政编码
鲁 A K×7×7	轿车牌照代码
……	……

中国的邮政编码结合行政区划、邮运网络等具体情况，采用4级6位码的方式组成。头两位数代表省(自治区、直辖市)；第3位数代表邮区(每个省划分若干邮区，即邮件分发、运输网路)；第4位数代表县(市)；末两位数代表邮局及其投递区。在个别情况下，最后两位数仅代表支局代号，不表示投递局。

车牌号的第一个是汉字：代表该车户口所在省的简称；第二个是英文：代表该车所在地的地市一级代码。规律一般是这样的：A是省会，B是该省第二大城市，C是该省第三大城市，依此类推；后五位是该车代码。

二、商品编码

商品编码即编制商品代码，是指根据一定规则赋予某种或某类商品以相应的商品代码的过程。商品编码实行标准化、全球化，还有利于商品信息管理的规范、统一和高效率，降低管理成本，提高经济效益，促进国际贸易的发展。

(一) 编制商品分类代码的原则

通常商品科学分类在先，合理编码在后。商品科学分类为编码的合理性创造了前提条件，但是编码的不合理会直接影响商品分类体系、商品目录的实用价值。因此，编制商品分类代码时必须遵循以下原则：

1. 唯一性原则

唯一性原则是指必须保证每一个编码对象仅有唯一的商品代码，即每个商品代码只能与指定的商品类目一一对应。

2. 简明性原则

简明性原则是指商品代码应简明、易记，尽可能减少代码长度，这样既便于手工处理，减少差错率，也能减少计算机的处理时间和存储空间。

3. 层次性原则

层次性原则是指商品代码要层次清楚，能清晰地反映商品分类关系和分类体系以及目录内部固有的逻辑关系。

4. 可扩性原则

可扩性原则是指在商品代码结构体系里，应留有足够的备用码，以适应新类目增加和旧类目删减的需要，使扩充新代码和压缩旧代码成为可能，从而使分类代码结构体系可以进行必要的修订和补充。

5. 稳定性原则

稳定性原则是指商品代码确定后，要在一定时期内保持稳定，不能频繁变更，以保证分类编码系统的稳定性，避免造成人力、物力、财力的浪费。

6. 统一性和协调性原则

统一性和协调性原则是指商品代码要同国家商品分类编码标准相一致，与国际通用的商品分类编码标准相协调，以利于实现信息交流和信息共享。

总之，在编制商品分类体系和商品分类目录时，对上述编码原则应根据使用的要求综合考虑，力求达到最优化的效果。

（二）编制商品标识代码的原则

在编码商品标识代码时，必须遵守唯一性、稳定性、无含义性等原则。

1. 唯一性原则

唯一性原则是商品编码的基本原则，是指同一商品项目的商品应分配相同的商品标识代码，不同商品项目的商品必须分配不同的商品标识代码。基本特征相同的商品应视为同一商品项目，基本特征不同的商品应视为不同的商品项目。通常商品的基本特征包括商品名称、商标、种类、规格、数量、包装类型等。商品的基本特征一旦确定，只要商品的一项基本特征发生变化，就必须分配一个不同的商品标识代码。唯一性是商品编码最重要的一条原则。

2. 稳定性原则

稳定性原则是指商品标识代码一旦分配，只要商品的基本特征没有发生变化，就应保持不变。同一商品项目，无论是长期连续生产，还是间断式生产，都必须采用相同的标识代码。即使该商品项目停止生产，其标识代码应至少在4年之内不能用于其他商品项目上。另外，即便商品已不在供应链中流通，由于要保存历史记录，需要在数据库中较长期地保留它的标识代码，因此，在重新启用商品标识代码时，还需要考虑此因素。

3. 无含义性原则

无含义性原则是指商品标识代码是无含义代码，代码本身不提供任何有关编码对象的信息，代码作为编码对象的唯一标识，只起到代替编码对象名称的作用。通常，商品编码仅仅是一种识别商品的手段，而不是商品分类的手段。无含义使商品编码具有简单、可靠、灵活、充分利用代码容量、生命力强等优点。这种编码方法尤其适用于较大的商品系统。

任务引例解析

商品代码是指为了便于识别、输入、存储和处理，用来表示商品一定信息的一个或一组有规律排列的符号。商品代码具有分类、标识和便于信息交易的功能。

商品编码是指根据一定规则赋予某种或某类商品以相应的商品代码的过程。编制商品代码的原则有唯一性、简明性、层次性、可扩性、稳定性、统一性和协调性。

任务二　商品代码的编制

任务引例

在任务一“任务引例”的材料中，GB/T 7635.1《全国主要产品分类与代码第一部分：可运输产品》代码用8位阿拉伯数字表示，代码结构分成六层，如图4-1所示，各层分别命名为大部类、部类、大类、中类、小类和细类。其中，第1至第5层各用一位数字表示，第1层代码为0～4，第2层、第5层代码为1～9，第3层、第4层代码为0～9，第6层用三位数字表示，代码为010～999，采用了顺序码和系列顺序码；第5层和第6层代码之间用圆点（·）隔开，信息处理时应省略圆点符号。

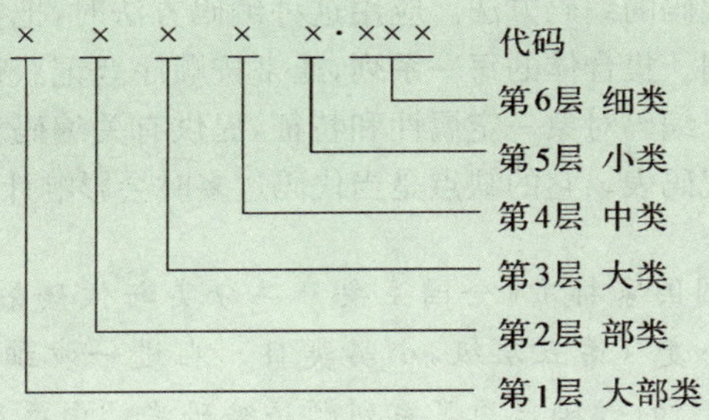

图 4－1　GB/T 7635.1 代码结构

GB/T 7635.2《全国主要产品分类与代码第 2 部分：不可运输产品》代码用 5 位阿拉伯数字表示，代码结构分成五层，各层分别命名为部类、门类、大类、中类和小类，每层 1 位码，其代码结构，如图 4－2 所示。第 1 层代码（部类）从“5”开始，以便与 GB/T 7635.1代码相衔接。

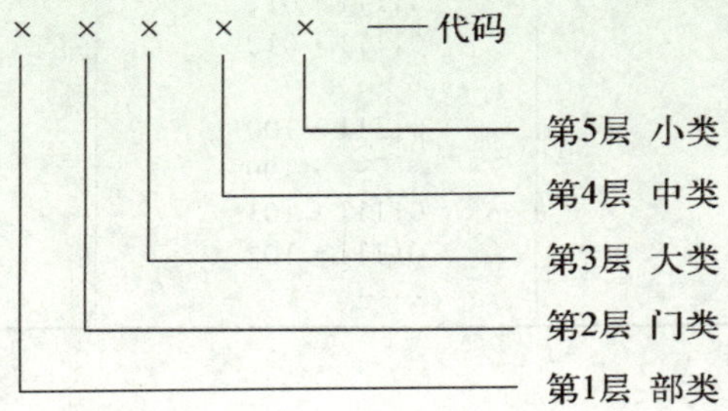

图 4－2　GB/T 7635.2 代码结构

请问：商品分类代码有哪些编码方法？零售商品标识代码是如何编制的？

【知识准备与任务分析】

一、商品分类代码的编制方法

商品分类代码是有含义代码，代码本身具有某种实际含义。此种代码不仅作为编码对象的唯一标识，起到代替编码对象名称的作用，还能提供编码对象的有关信息（如分类、排序等信息）。

商品分类编码常用的方法，有顺序编码法、系列顺序编码法、层次编码法、平行编码法、混合编码法等。

（一）顺序编码法

顺序编码法是按照商品类目在分类体系中出现的先后次序，依次给予顺序数字代码的编码方法。顺序编码法的优点是使用方便，易于管理，但代码本身没给出任何有关编码对象的其他信息。通常为了满足信息处理的要求，多采用等长码，即每个代码标志的数列长度（位数）完全一致。顺序编码法简单，通常用于容量不大的编码对象集合体。编码时，可以留有“空号”（储备码），以便随时增加类目。

（二）系列顺序编码法

系列顺序编码法适用于分类深度不大的编码对象集合体。它是一种特殊的顺序编码法，是将顺序数字代码分为若干段（系列），使其与分类编码对象的分段一一相对应，并赋予每段分类编码商品编码以一定的顺序代码的编码方法。应用这种编码方法时，把整个编码对象集合体，按一定的属性或特征划分为系列。集合体的每一系列，通常按顺序登记获得代码，在每个系列中留有后备码。其优点是可以赋予编码对象一定属性和特征，提供有关编码对象的某些附加信息，但是附加信息的确定要借助于代码表。它的缺点是当代码过多时会影响计算机的处理速度。

【做中学 4－2】我国国家标准《全国主要产品分类与代码第一部分：可运输产品》(GB/T 7635.1)中的“小麦”(第五层级，小类类目)，在进一步细分到第六层级(细类类目)时，“冬小麦”“春小麦”的代码采用了系列顺序编码法，“白色硬质冬小麦”“白色软质冬小麦”等类目代码则采用了顺序编码法，如表 4－4 所示。

表 4－4 顺序编码法与系列顺序编码法示例

第五层级(小类)代码 第六层级(细类)代码 (与第五层级代码之间用圆点隔开)	01111 01111·010 —·099 01111·011 01111·012 …… 01111·100 —·199 01111·101 01111·102 ……	小麦 冬小麦 白色硬质冬小麦 白色软质冬小麦 春小麦 白色硬质春小麦 白色软质春小麦

(三) 层次编码法

层次编码法是按商品类目在分类体系中的层级顺序，依次赋予对应的数字代码的编码方法，即代码的层次与分类层级相一致。这种编码的方法适用于线分类体系中，由于分类对象是按层级归类的，在给分类的类目赋予代码时，编码也是按层级依次进行，分成若干个层次，按其分类的层级一一赋予代码。从左至右的代码，第一位(或第一、第二……位)代表第一层级(大类)类目，第二位代表第二层级(中类)类目，依此类推。层次编码法代码的结构反映了分类层级的逻辑关系。

层次编码法的优点是代码较简单，逻辑性较强，系统性强，信息容量大，能明确地反映出分类编码对象的属性或特征及其隶属关系，容易查找所需类目，便于计算机汇总数据，便于管理和统计；缺点是结构弹性较差，为延长其使用寿命，往往要用延长代码长度的办法，预先留出相当数量的备用号，从而出现代码的冗余。

【做中学 4－3】国家标准《全国主要产品分类与代码第一部分：可运输产品》(GB/T 7635.1)和《全国主要产品分类与代码第 2 部分：不可运输产品》(GB/T 7635.2)，采用的都是层次编码法，如表 4－5 和表 4－6 所示。

表 4－5 《全国主要产品分类与代码》(GB/T 7635.1)部分代码结构示例

代码	产品名称
0 01	农林(牧)渔业产品；中药 种植业产品

续　表

代　　码	产　品　名　称
011	谷物、杂粮等及其种子
0111	小麦及混合麦
01111	小麦
01111·010	冬小麦
—·099	
01111·011	白色硬质冬小麦
01111·012	白色软质冬小麦
01111·013	红色硬质冬小麦
01111·014	红色软质冬小麦
01111·100	春小麦
—·199	
01111·101	白色硬质春小麦
01111·102	白色软质春小麦
01111·103	红色硬质春小麦
01111·104	红色软质春小麦
01112	混合麦
0112	玉米（指谷类）
01121	黄玉米
01121·011	黄马齿型玉米
01121·012	黄硬粒型玉米
01122	白玉米
01122·011	白马齿型玉米
01122·012	白硬粒型玉米
01123	混合玉米
01124	专用玉米
01124·011	爆裂玉米
01124·012	糯玉米
01124·013	高油玉米
01124·014	高淀粉玉米
01124·015	优质蛋白玉米
0113	稻谷、谷子和高粱
01131	稻谷

表 4-6　《全国主要产品分类与代码》(GB/T 7635.2)部分代码结构示例

代　　码	产　品　名　称
5	无形资产；土地；建筑工程；建筑物服务
51	无形资产
511	金融资产和负债
5110	金融资产和负债
51100	金融资产和负债
512	非金融无形资产
5121	专利
51210	专利
5122	商标
51220	商标

4

续 表

代码	产品名称
5123	版权
51230	版权
5124	土地产权
51240	土地产权
5129	其他非金融无形资产
51290	其他非金融无形资产

(四) 平行编码法

平行编码法,它是将编码对象按其属性或特征分为若干个面,每一个面内的编码对象按其规律分别确定一定位数的数字代码,面与面之间的代码没有层次关系和隶属关系,最后根据需要选用各个面中的代码,并按预先确定的面的排列顺序组合成复合代码的一种编码方法。它多用于面分类体系,其优点是编码结构有较好的弹性,可以比较简单地增加分类编码面的数目,必要时还可更换个别的面。但这种编码的缺点是代码过长,冗余度大,代码容量利用率低,因为并非所有可组配的复合代码都有实际意义。

4

(五) 混合编码法

混合编码法是层次编码法和平行编码法的合成,代码的层次与类目的等级不完全相适应。在编码实践中,当把分类对象的各种属性或特征分列出来后,其某些属性或特征用层次编码法表示,其余的属性或特征则用平行编码法表示。这种编码方法吸取了两者的优点,效果往往较理想。

【做中学 4-4】 我国居民身份证号的代码结构,如“37 01 02 19××0101 ××× ×”。

我国居民身份证号码由4层18位数字组成。中国的邮政编码结合行政区划、邮运网络等具体情况,采用4层6位数字代码的方式组成。车牌号是3层7位代码。

我国居民身份证号码按照《公民身份证号码》国家标准编制,身份证号码由18位数字组成:前6位为行政区划分代码,第7位至14位为出生日期码,第15位至17位为顺序码,第18位为校验码。

二、商品标识代码的编制方法

商品标识代码,通常是指由国际物品编码协会 EAN·UCC 系统的编码标准所规定,并用于全球统一标识商品的数字型代码。它包括 EAN/UCC-13、EAN/UCC-8、UCC-12 和 EAN/UCC-14 共四种代码。商品条码是用来表示国际通用的商品标识代码的一种模块组合型条码,可被计算机快速识读和处理。

中国物品编码中心(ANCC)成立于 1989 年,由国务院授权统一组织、协调、管理全国的条码工作。1991 年,ANCC 代表中国加入 EAN。经过 20 多年的探索,研究制定了一套适合我国国情的、技术上与国际的产品与服务标识系统——ANCC全球统一标识系统，简称“ANCC系统”。

ANCC系统是一套全球统一的标准化编码体系。编码体系是ANCC系统的核心，是对流通领域中所有的产品与服务，包括贸易项目、物流单元、资产、位置和服务关系等的标识代码及附加属性代码，如图4－3所示。附加属性代码不能脱离标识代码独立存在。

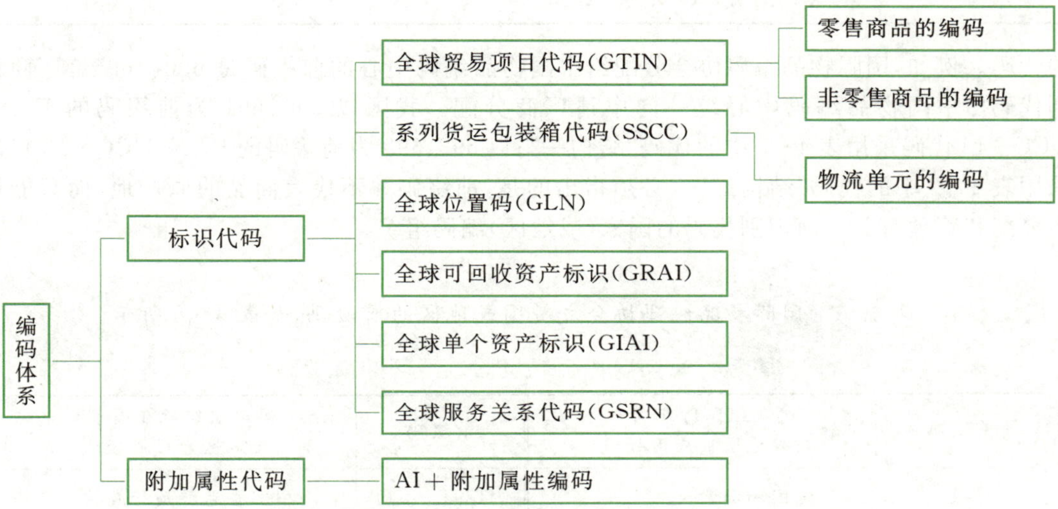

图4－3 ANCC系统的编码体系

商品标识代码和商品条码主要用于对零售商品、非零售商品的统一标识。零售商品是指在零售端POS系统扫描结算的商品。非零售商品是指不经过POS系统扫描结算的用于配送、仓储或批发等环节的商品，包括单个包装的非零售商品和含有多个包装等级的非零售商品。前者是指独立包装但又不适合通过零售端POS系统扫描结算的商品，如独立包装的冰箱、洗衣机等。后者是指需要标识的货物内含有多个包装等级，如装有24条香烟的一整箱烟或装有6箱烟的托盘等。

POS(point of sales)系统，也就是销售点管理系统，它是利用现金收款机作为终端机与主计算机相连，并借助光电识读设备为计算机录入商品信息。当带有条码符号的商品通过结算台扫描时，商品条码所表示的信息被录入计算机，计算机从数据库文件中查询到该商品的名称、价格等，并经过数据处理，打印出收据。

通常，零售商品的标识代码采用EAN/UCC－13、EAN/UCC－8和UCC－12(用于北美地区)代码。非零售商品的标识代码采用EAN/UCC－14、EAN/UCC－13和UCC－12(用于北美地区)代码。

(一) EAN/UCC－13代码

EAN/UCC－13代码由13位数字组成，该代码有三种结构形式，每种代码结构分为三个层次，如表4－7所示。

1. 厂商识别代码

厂商识别代码通常由7～9位数字组成，其左边的2～3位数字($X_{13}X_{12}$或$X_{13}X_{12}X_{11}$)称为前缀码，是EAN编码组织(国际物品编码协会)分配给其所属成员国家(或地区)编码组织

表 4-7 EAN/UCC-13 代码的结构

结构种类	厂商识别代码	商品项目代码	校验码
结构一	X_{13} X_{12} X_{11} X_{10} X_9 X_8 X_7	X_6 X_5 X_4 X_3 X_2	X_1
结构二	X_{13} X_{12} X_{11} X_{10} X_9 X_8 X_7 X_6	X_5 X_4 X_3 X_2	X_1
结构三	X_{13} X_{12} X_{11} X_{10} X_9 X_8 X_7 X_6 X_5	X_4 X_3 X_2	X_1

的代码。例如，国际物品编码协会分配给中国物品编码中心的前缀码是690～695。厂商识别代码由中国物品编码中心统一向申请厂商分配。我国以690、691为前缀码的EAN/UCC-13代码采用表4-7中的代码“结构一”；以692、693为前缀码的EAN/UCC-13代码采用表4-7中的代码“结构二”。必须指出的是，前缀码并不代表商品的原产地，而只能说明分配和管理有关厂商识别代码的国家（或地区）编码组织。

4

【做中学 4-5】国际物品编码协会成员国或地区的前缀码，如表4-8所示。

表 4-8 国际物品编码协会成员国或地区的前缀码

前缀码	编码组织所在国家（或地区）/应用领域	前缀码	编码组织所在国家（或地区）/应用领域
00～13	美国和加拿大	489	中国香港特别行政区
20～29	店内码	50	英国
30～37	法国	520	希腊
380	保加利亚	528	黎巴嫩
383	斯洛文尼亚	529	塞浦路斯
385	克罗地亚	531	马其顿
387	波黑	535	马耳他
40～44	德国	539	爱尔兰
45、49	日本	54	比利时和卢森堡
460～469	俄罗斯	560	葡萄牙
471	中国台湾	569	冰岛
474	爱沙尼亚	57	丹麦
475	拉脱维亚	590	波兰
476	阿塞拜疆	594	罗马尼亚
477	立陶宛	599	匈牙利
478	乌兹别克斯坦	600、601	南非
479	斯里兰卡	608	巴林
480	菲律宾	609	毛里求斯
481	白俄罗斯	611	摩洛哥
482	乌克兰	613	阿尔及利亚
484	摩尔多瓦	616	肯尼亚
485	亚美尼亚	619	突尼斯
486	格鲁吉亚	621	叙利亚
487	哈萨克斯坦	622	埃及

续　表

前缀码	编码组织所在国家（或地区）/应用领域	前缀码	编码组织所在国家（或地区）/应用领域
624	利比亚	786	厄瓜多尔
625	约旦	789～790	巴西
626	伊朗	80～83	意大利
627	科威特	84	西班牙
628	沙特阿拉伯	850	古巴
629	阿拉伯联合酋长国	858	斯洛伐克
64	芬兰	859	捷克
690～695	中国	860	南斯拉夫
70	挪威	867	朝鲜
729	以色列	869	土耳其
73	瑞典	87	荷兰
740	危地马拉	880	韩国
741	萨尔瓦多	885	泰国
742	洪都拉斯	888	新加坡
743	尼加拉瓜	890	印度
744	哥斯达黎加	893	越南
745	巴拿马	899	印度尼西亚
746	多米尼加	90、91	奥地利
750	墨西哥	93	澳大利亚
759	委内瑞拉	94	新西兰
76	瑞士	955	马来西亚
770	哥伦比亚	958	中国澳门特别行政区
773	乌拉圭	977	连续出版物
775	秘鲁	978、979	图书
777	玻利维亚	980	应收票据
779	阿根廷	981、982	普通流通券
780	智利	99	优惠券
784	巴拉圭		

注1：各国家或地区编码组织负责指导本国或本地区范围内对前缀码20～29、980、981、982、99的应用。

注2：以上信息截至2002年2月。

2. 商品项目代码

商品项目代码是由3～5位数字组成，用以表示商品项目的代码。商品项目是按商品的基本特征划分的商品群类。商品项目代码由厂商根据有关规定自行分配。在编制商品项目代码时，厂商必须遵守商品编码的基本原则，同一商品项目的商品只能编制一个商品项目代码，对不同的商品项目必须编制不同的商品项目代码，商品名称、商标、种类、规格、数量、包装类型等商品基本特征不同，应视为不同项目的商品。

3. 校验码

校验码 X_1 为 1 位数字，用来校验其他代码 X_{13} ～ X_2 的编码的正误，它的数值是根据 X_{13} ～ X_2 的数值按一定的计算方法算出的。

【做中学 4－6】校验码的计算方法，如表 4－9 所示。

表 4－9 校验码的计算方法

步骤	举例说明
1. 自右向左顺序编号	位置号 13 12 11 10 9 8 7 6 5 4 3 2 1 代码 6 9 0 1 2 3 4 5 6 7 8 9 X_1
2. 从序号 2 开始求出偶数位上的数之和①	9＋7＋5＋3＋1＋9＝34 ①
3. ①×3＝②	34×3＝102 ②
4. 从序号 3 开始求出奇数位上的数之和③	8＋6＋4＋2＋0＋6＝26 ③
5. ②＋③＝④	102＋26＝128 ④
6. 用大于或等于结果④且为 10 的最小整数倍的数减去④，其差即为所求校验码的值	130－128＝2 校验码 X_1＝2

（二）EAN/UCC－8 代码

EAN/UGG－8 代码由 8 位数字组成，用于印刷面积较小的商品零售包装。其结构如表 4－10 所示。

表 4－10 EAN/UCC－8 代码结构

商品项目识别代码（包括前缀码）	校验码
X_8 X_7 X_6 X_5 X_4 X_3 X_2	X_1

EAN/UCC－8 代码结构分为商品项目识别代码和校验码两个层次。其中，商品项目识别代码由 7 位数字组成，校验码为 1 位数字。

1. 商品项目识别代码

商品项目识别代码是各国（地区）EAN 编码组织在国际物品编码协会分配的前缀码（X_8 X_7 X_6）的基础上分配给厂商特定商品项目的代码。EAN/UCC－8 代码与 EAN/UCC－13 代码有所不同。为了保证代码在全球范围内的唯一性，我国凡需使用 EAN/UCC－8 代码的商品制造厂家，除正常申报加入中国商品条码系统的手续外，还须将本企业准备使用 EAN/UCC－8 代码的商品目录及其外包装（或设计样张）报至中国物品编码中心或其分支机构，由中国物品编码中心统一赋码；已具备中国商品条码系统成员资格的厂家，其新产品要使用 EAN/UCC－8 代码时，只能上报中国物品编码中心并由中国物品编码中心统一分配使用。

2. 校验码

与 EAN/UCC－13 代码相同，校验码 X_1 为 1 位数字，其数值的计算方法与 EAN/UCC－13 代码相同（只需在 X_8 前面加上 5 个 0，补齐至 13 位数）。

任务引例解析

商品分类编码常用的方法，有顺序编码法、系列顺序编码法、层次编码法、平行编码法、混合编码法等。

商品标识代码，通常是指由国际物品编码协会 EAN · UCC 系统的编码标准所规定，并用于全球统一标识商品的数字型代码。

【任务设计——商品编码】

工作实例：

选择学校附近某一较小的商店，为其经营的商品编制商品分类代码。

【操作步骤】

第一步：选择商店，按照线分类法对其进行商品分类，形成该商店商品分类体系。

第二步：在该商店商品分类体系的基础上，按照层次编码法，编制该商店商品分类体系的商品代码。

任务三 商品条码的认知

任务引例

在零售商店里，预包装商品的包装上印制的条码与散装商品粘贴的条码不同，与在仓库或配送中心储运商品的包装上印制的条码、图书及期刊上的条码不同。分别如图 4-4、图 4-5、图 4-6 所示。

预包装商品条码　　散装商品条码

图 4-4 在零售店里商品包装上的条码

图 4-5 在仓库或配送中心仓储或配送商品包装上的条码

图书条码　　　　期刊条码

图 4－6　在图书、期刊上的条码

请问：

1. 什么是商品条码？什么是店内码？

2. 图书代码和期刊代码分别是如何编制的？

【知识准备与任务分析】

一、商品条码概述

（一）商品条码的概念

条码是将表示一定信息的字符代码转换成用一组黑白（或彩色）相间的平行线条，按一定的规则排列组合而成的特殊图形符号（英文叫 bar code）。条、空分别有深浅不同且满足一定光学对比度要求的两种颜色（通常为黑、白色）表示。条为深色，空为浅色。为了便于人们识别条码符号所代表的字符，通常在条形码符号的下部印刷所代表的数字、字母或专用符号。前者用于机器识读，后者供人们直接识读或通过键盘向计算机输入数据使用。

商品条码是指由国际物品编码协会（EAN）和统一代码委员会（UCC）规定的、用于表示商品标识代码的条码，包括 EAN 商品条码（EAN－13 商品条码和 EAN－8 商品条码）和 UPC（通用产品码）商品条码（UPC－A 商品条码和 UPC－E 商品条码）。

商品条码一般印在商品包装上，或将其制成条码标签附在商品上。对于小批量产品来说，条码也可印在不干胶上张贴。所有零售商品，例如食品，饮料，卷烟，土特产品，服装、鞋帽，医药品，化妆品、牙膏、香皂、洗衣粉等日用化工品，图书，胶卷、空白磁带等信息用化学品，文教体育用品，工艺美术品及玩具，日用塑料制品及日用橡胶制品，日用搪瓷制品，餐具饮具，电视机、收音机、录音机、电冰箱、洗衣机等家用电器，手工工具，剪刀等日用五金制品，日用杂品等都适宜采用条码。

商品条码系统成员编制商品项目代码应按照国家标准 GB 12904《商品条码》的规定，在国家中心分配的厂商识别代码的基础上，以商品项目为单位进行编码，并同时计算校验码，最终得出一个完整的商品条码。

（二）商品条码的特点

商品条码是商品的“身份证”，是商品流通于国际市场的“共同语言”。商品条码是实现商业现代化的基础，是商品进入超级市场、POS 机扫描商店的入场券。

商品条码是用于表示国际通用的商品代码的一种模块组合型条码，是计算机输入数据的一种特殊代码，包含有商品的生产国别、制造厂商、产地、名称、特性、价格、数量、生产日期等一系列商品信息。只要借助于光电扫描阅读设备，即可迅速地将条形码所代表的信息准确无误地输入电子计算机，并由计算机自动进行存储、分类排序、统计、打印或显示出来。这不仅实现了售货、仓储、订货的自动化管理，而且通过产、供、销信息系统把销售信息及时提供给生产厂家，实现了产、供、销之间的现代化管理。因此，条形码是快速、准确地控制商品信息流和物流的现代化手段。条码作为向电子计算机输入数据的一种特殊代码，有以下主要优点：

1. 准确度高

通过扫描条码输入数据，其准确度要比键盘输入高得多。研究表明，键盘输入错误率为三千分之一，而条码输入错误率为三百万分之一。

2. 输入速度快

一般来说，条码输入的速度远远高于键盘输入的速度。

3. 制作容易

条码易于制作，对印刷技术、设备和材料无特殊要求。

4. 设备经济实用

条码识别装置结构简单、可靠性高、易操作、价格便宜。

二、商品条码的符号结构

（一）EAN 条码的符号结构

EAN 条码是国际通用商品代码，有 13 位标准条码（EAN－13 条码）和 8 位缩短条码（EAN－8 条码）两种版本，如图 4－7 所示。

EAN-13条码符号　　EAN-8条码符号

图 4－7　EAN 条码符号示意图

1. EAN－13 商品条码的字符结构

EAN－13 商品条码是由左侧空白区、起始符、左侧数据符、中间分隔符、右侧数据符、校验符、终止符和右侧空白区及供人识别字符组成，如图 4－8 和图 4－9 所示。

左侧空白区：位于条码符号最左侧的与空的反射率相同的区域，其最小宽度为 11 个模块宽。

起始符：位于条码符号左侧空白区的右侧，表示信息开始的特殊符号，由 3 个模块组成。

左侧数据符：位于起始符右侧，表示 6 位数字信息的一组条码字符，由 42 个模块组成。

中间分隔符：位于左侧数据符的右侧，是平分条码字符的特殊符号，由 5 个模块组成。

图 4－8 EAN－13 商品条码的符号结构

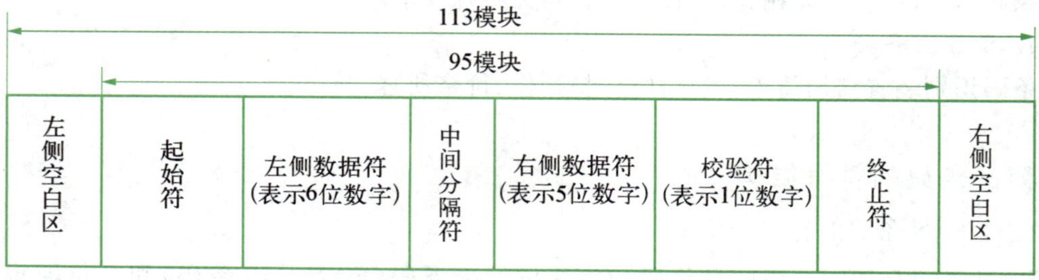

图 4－9 EAN－13 商品条码的符号构成示意图

右侧数据符：位于中间分隔符右侧，表示 5 位数字信息的一组条码字符，由 35 个模块组成。

校验符：位于右侧数据符的右侧，表示校验码的条码字符，由 7 个模块组成。

终止符：位于条码符号校验符的右侧，表示信息结束的特殊符号，由 3 个模块组成。

右侧空白区：位于条码符号最右侧的与空的反射率相同的区域，其最小宽度为 7 个模块宽。为保护右侧空区的宽度，可在条码符号右下角加">"符号，">"符号的位置，如图 4－10 所示。

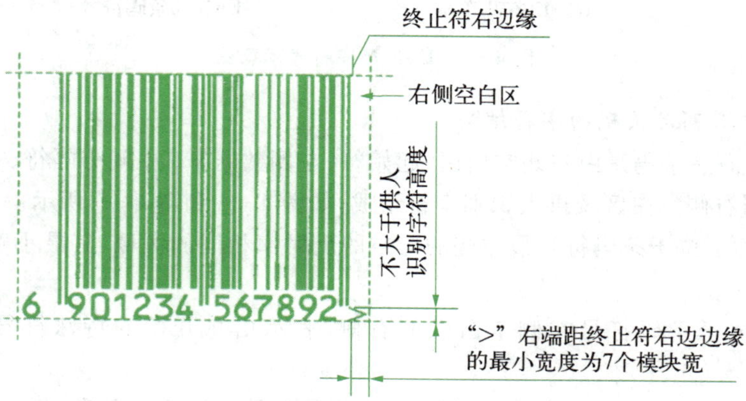

图 4－10 EAN－13 商品条码符号右侧空白区中">"的位置

供人识别字符：位于条码符号的下方，与条码相对应的13位数字。供人识别字符优先选用GB/T 12508中规定的0 C R－B字符集；字符顶部和条码字符底部的最小距离为0.5个模块宽。EAN－13商品条码供人识别字符中的前置码印制在条码符号起始符的左侧。

2. EAN－8商品条码的符号结构

EAN－8商品条码由左侧空白区、起始符、左侧数据符、中间分隔符、右侧数据符、校验符、终止符、右侧空白区及供人识别字符组成，如图4－11和图4－12所示。

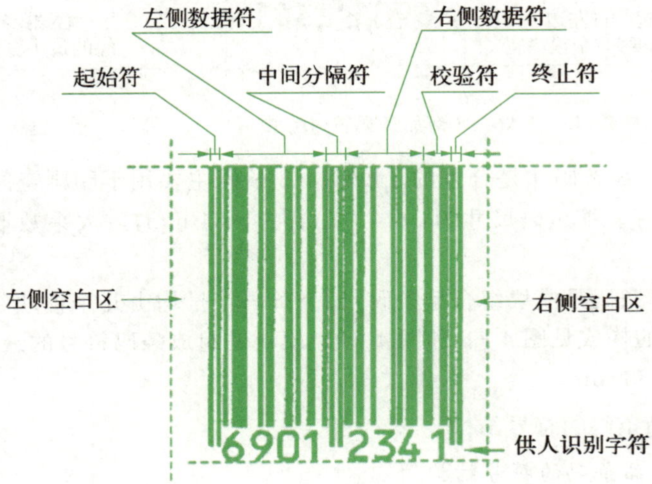

图4－11 EAN－8商品条码的符号结构

81模块							
	67模块						
左侧空白区	起始符	左侧数据符（表示4位数字）	中间分隔符	右侧数据符（表示3位数字）	校验符（表示1位数字）	终止符	右侧空白区

图4－12 EAN－8商品条码的符号构成示意图

EAN－8商品条码的起始符、中间分隔符、校验符、终止符的结构同EAN－13商品条码。

EAN－8商品条码的左侧空白区与右侧空白区的最小宽度均为7个模块宽。为保护左右侧空白区的宽度，可在条码符号左下角加"<"符号，在条码符号右下角加">"符号，"<"和">"符号的位置，如图4－13所示。

左侧数据符：表示4位数字信息，由28个模块组成。

右侧数据符：表示3位数字信息，由21个模块组成。

供人识别字符：是与条码相对应的8位数字，位于条码符号的下方。

根据国际物品编码协会的规定，只有当EAN－13条码所占面积超过总印刷面积的

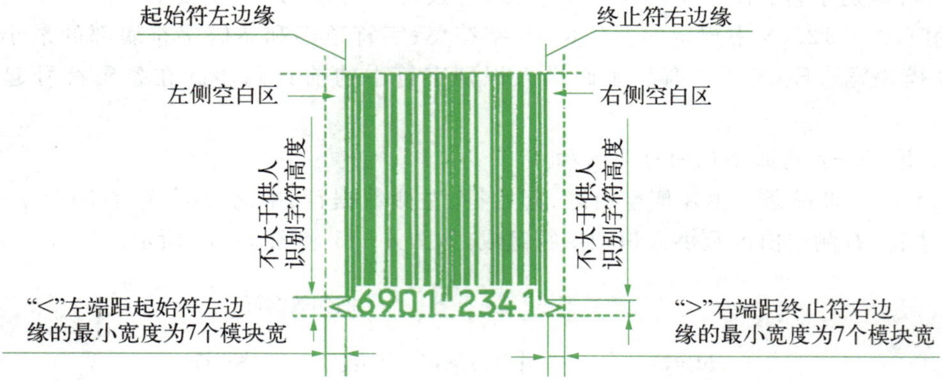

图 4－13 EAN－8 商品条码符号空白区中"＜"和"＞"的位置

25％时，使用 EAN－8 条码才是合理的。EAN－8 条码主要用于印刷空间不足的小包装商品，如化妆品、香烟等。缩短码尺寸为：6.73 mm×21.64 mm，放大系数取值范围是0.80～2.00，间隔为 0.05。

4

EAN 通用商品条码是模块组合型条码，每个条码符号均由几个模块组成，EAN－13 和 EAN－8 条码符号的构成见图 4－8 和图 4－9。模块是组成条码符号的最基本宽度单位，每个模块的宽度为 0.33 mm。

（二）UPC 商品条码的符号结构

1. UPC－A 商品条码的符号结构

UPC－A 商品条码左、右侧空白区最小宽度均为 9 个模块宽，其他结构与 EAN－13 商品条码相同，如图 4－14 所示。

图 4－14 UPC－A 商品条码的符号结构

2. UPC－E 商品条码的符号结构

UPC－E 商品条码由左侧空白区、起始符、数据符、终止符、右侧空白区及供人识别字符组成，如图 4－15 所示。

图 4-15　UPC-E 商品条码的符号结构

三、其他几种常用条码

（一）店内码

有些商品，例如鲜肉、水果、蔬菜、熟食品等以随机重量销售的，这些商品的编码任务一般不宜由商品的生产者承担，而是由零售商完成的。零售商进货后，对商品进行包装，用专用设备对商品称重并自动编码和制成条码，然后将条码粘贴或悬挂在商品包装上。这种专用设备取决于编码方法，所以设备制造商必须依据与零售商签订的协议生产设备。零售商编的代码，只能用于商店内部的自动化管理系统，因此称为店内码。有些零售商为了实现商店的自动化管理，不得不对本应有制造商编码的商品进行编码，这样的商品代码虽然也可以称为“店内码”，但已超出店内码的原来含义了。这种“店内码”的长度应从常规的商品代码长度中选取，例如 13 位、8 位、12 位。表示“店内码”的条码也应按常规的印刷方法印刷。

目前我国商店采用的店内码是 EAN 推荐的 EAN-13（标准版）店内码，其结构与 EAN/UPC-13 商品代码不同，如表 4-11 所示。

表 4-11　　标准版 EAN-13 店内条码的代码结构

前缀码	商品项目代码	校验码
$I_{12}\,I_{11}$	$I_{10}\ I_9 I_8\ I_7\ I_6\ I_5\ I_4\ I_3\ I_2\ I_1$	C

在 EAN-13（标准版）店内码系统中，前缀码 $I_{12}I_{11}$ 由两位数字组成，其值为 20 和 21，22～29 预留给其他闭环系统。前缀码用于指示该 13 位数字代码为商店用于表示商品变量消费单元的代码。C 为校验码，其计算方法与 EAN/UPC-13 商品代码校验码计算方法相同。商品项目代码是中间 10 位数字（$I_{10}\ I_9 I_8\ I_7\ I_6\ I_5\ I_4\ I_3\ I_2\ I_1$），用于标识商品信息，10 位商品项目代码可用不同的方法构成，以表示商品种类、净重或计算出的价格或单元的数量。

商品项目代码的结构可由物品编码组织或零售商与设备供应商共同研究确定。为了提高店内条码打印设备的通用性，与设备供应商和零售商协商一致后，EAN 推荐如表 4-12

所示的代码结构。

表 4-12 EAN 推荐的 EAN-13 店内条码的代码结构

结构		前缀码	商品项目代码	校验码
无价格校验码	4 位数字价格码 5 位数字价格码	$I_{12}\ I_{11}$	$I_{10}\ I_9\ I_8\ I_7\ I_6\ I_5\ P_4\ P_3\ P_2\ P_1$ $I_{10}\ I_9\ I_8\ I_7\ I_6\ P_5\ P_4\ P_3\ P_2\ P_1$	C
有价格校验码	4 位数字价格码 5 位数字价格码	$I_{12}\ I_{11}$	$I_{10}\ I_9\ I_8\ I_7\ I_6\ I_5\ VP_4\ P_3\ P_2\ P_1$ $I_{10}\ I_9\ I_8\ I_7\ I_6\ VP_5\ P_4\ P_3\ P_2\ P_1$	C

注：表中 I 为商品项目代码；V 为价格校验码；P 为价格代码(包括一位或两位小数)。

(二) EAN 系统的图书代码

图书，作为商品的一种，不仅具有商品的一般属性，而且具有流动量很大、流速快、流通范围广、流经环节多等特点。国际物品编码协会(EAN)与国际标准书号中心(International Standard Book Number，缩写 ISBN)达成一致协议，把图书作为特殊的商品，将 EAN 前缀码 978 作为国际标准书号(ISBN)系统的专用前缀码，并将 ISBN 书号条码化。

按照国际物品编码协会的规定，图书代码可以用两种不同的代码结构来表示，一种是把图书视为一般商品，按 EAN 商品编码方法进行编码；另一种是利用图书本身的 ISBN 书号，按照 EAN 和 ISBN 协议规定，将 978 作为图书商品的前缀进行编码。

1. 将图书按一般商品进行编码

将图书按一般商品进行编码，其代码结构如表 4-13 所示。

表 4-13 图书按一般商品进行编码的代码结构

国别代码	图书代号	校验字符
$P_1\ P_2\ P_3$	$X_1\ X_2\ X_3\ X_4\ X_5\ X_6\ X_7\ X_8\ X_9$	C

$P_1 \sim P_3$：前缀码，是国际编码组织分配给各国编码组织的国别代码。

$X_1 \sim X_9$：图书代码，图书代码的具体结构由各国编码组织根据本国特点自行定义。比如：厂商代码＋书名代码；或出版社代号＋书名代码；或出版物代码＋价格代码。

C：校验字符，计算方法与 EAN 代码的校验字符相同。

2. 直接采用图书的 ISBN 号

直接采用图书的 ISBN 号，其代码结构如表 4-14 所示。

表 4-14 直接采用图书的 ISBN 号的代码结构

前缀码	图书项目代码	校验字符
978	$X_1\ X_2\ X_3\ X_4\ X_5\ X_6\ X_7\ X_8\ X_9$	C

前缀码 978：EAN 分配给国际 ISBN 系统专用的前缀码，用以标识图书。978 为 EAN 留给 ISBN 系统的备用前缀码。

图书项目代码 $X_1 \sim X_9$：直接采用图书的 ISBN 号(不含其校验码)。

校验字符 C：图书代码的校验码，计算方法与 EAN 代码相同。

3. EAN 系统的中国图书代码的结构

根据 EAN 的规定，各国编码组织有权根据自己的国情在图书编码的两种方案中，作出自己的选择。由于我国已加入国际 ISBN 组织，并且全国的图书已采用 ISBN 书号，ISBN 书号完全可以满足 EAN 物品标识的需要。因此，我国选择第二种方案标识我国的图书出版物，并于 1991 年发布了《中国标准书号(ISBN 部分)条码》国家标准，开始在全国图书上推广普及条码标志。

(1) 中国标准书号代码结构。中国标准书号代码结构，按国际标准书号(ISBN)的构成，结构如表 4－15 所示。

表 4－15　　按国际标准书号(ISBN)的构成

组　号	出版社号＋书序号	校 验 码
X	XXXXXXXX	X

组号：是国家、地区、语言或其他组织集团的代号，由国际 ISBN 中心负责分配，中国的组号为 7。

出版社号：由国家 ISBN 中心分配，其位数视情况由 2～6 位数字组成。

书序号：由出版社自行分配，每个出版社的书序号是固定的，计算方法是：

书序号＝9－(组号位数＋出版社号位数)

书序号的位数由 6 位～2 位。

校验码：中国标准书号的第 10 位数字。

(2) EAN 系统的中国图书代码的结构。中国图书代码由 13 位数字构成，其结构如表 4－16 所示。

表 4－16　　EAN 系统的中国图书代码的结构

前 缀 码	ISBN 号(不含校验字符)	校验字符
978	X_1 X_2 X_3 X_4 X_5 X_6 X_7 X_8 X_9	C

(三) EAN 系统的期刊代码

按照 EAN 的规定，期刊可以有两种不同的编码方式，一种方式是将期刊作为普通商品进行编码，编码方式按照标准的 EAN－13 代码的编码方式进行。这种方式可以起到商品标识的作用，但体现不出期刊的特点。另一种方式是按照国际标准期刊号 ISSN(International Standard Serials Number)体系进行编码。ISSN 是由国际标准期刊号中心统一控制，在世界范围内广泛采用的期刊代码体系。按照这个体系编码完全可以达到标识系列出版物的目的。因此，国际物品编码协会(EAN)与国际标准书号中心签署协议，并将 EAN 前缀码 977 分配给国际标准期刊系统，供期刊标识专用。

对于每个国家具体采用何种编码方法来标识期刊，国际物品编码协会不作统一规定。每个国家的 EAN 编码组织可以根据自己的实际情况进行选择。

4

1. 按普通商品编码规则编码

按普通商品编码规则编码的构成如表 4－17 所示。

表 4－17　　按普通商品编码规则编码的构成

国别代号	期刊标识代码（由各国 EAN 编码机构自行定义）	EAN－13 代码的校验字符	补充代码 表示期刊的系列编号
	X_1 X_2 X_3 X_4 X_5 X_6 X_7 X_8 X_9	C	S_1 S_2

P_1 P_2 P_3：国别代号，由国际物品编码协会分配。我国的国别代号是 690。

X_1～X_9：期刊标识码，是用来唯一标识期刊的代码，代码的结构由各国物品编码组织自行确定。利用这种结构的代码来标识期刊，期刊的价格应表示在 X_1～X_9 中确定的位置，并且能直接在出版物的所在国使用。这样一旦该出版物流通国外，尽管价格可能不再适用，但作为普通标识编码的整体并没有破坏，同样可以作为期刊标识编码使用。

C：EAN－13 代码的校验字符，可以由通过商品代码（EAN 码）的方法计算出来。

S_1 S_2：期刊代码的补充代码，由两位数字构成，表示一周以上出版的期刊的系列号（即周或月份的序数）。

2. 直接采用 ISSN 号对期刊进行编码

直接采用 ISSN 号对期刊进行编码，其代码结构如表 4－18 所示。

表 4－18　　直接采用 ISSN 号对期刊进行编码的代码结构

前缀码	ISSN 号	备用码	校验字符	期刊系列号
977	X_1～X_7	Q_1 Q_2	C	S_1 S_2

前缀码 977：国际物品编码协会分配给国际标准期刊号系统的专用前缀码。

X_1～X_7：国际标准期刊号（ISSN），不含其校验码。

Q_1Q_2：备用码，当 X_1～X_7 不能清楚地标识期刊时，可以利用备用码 Q_1Q_2 来辅助区分出版物。日刊或一周内发行几次的期刊，可以利用 Q_1 Q_2 分配不同的代码。

S_1 S_2：期刊系列号，仅用于表示一周以上出版一次的期刊系列号（即周或月份的序数）。期刊系列号的代码构成如下：

周刊 S_1 S_2：01～52（周的序数代码）；

双周刊 S_1 S_2：02，04，06……52 或 01，03，05……51；

月刊 S_1 S_2：01～12（月份的序数代码）；

双月刊 S_1 S_2：02，04……12 或 01，03……11（月份的序数代码）；

季刊 S_1 S_2：与双月刊类似（以第一期的发行月份决定月份的序数代码的使用）；

季节性刊物 S_1 S_2：S_1 用年度的最后一位数字（如 2005 年即为 5）表示；S_2 用季节代码表示：春季——1，夏季——2，秋季——3，冬季——4；

双季节性刊物 S_1 S_2：与季节性刊物相同，S_1 为本年度的最后一位数字表示，S_2 为第二季度的代码（如春夏季刊物取 2）；

年刊 S_1 S_2：S_1 为本年度的最后一位数字，S_2 为 5；

特殊刊物（不定期）S_1 S_2：01～99。

任务引例解析

商品条码是指由国际物品编码协会和统一代码委员会规定的、用于表示商品标识代码的条码。店内码是指由零售商编制的、只能用于商店内部自动化管理系统的代码。

图书和期刊的代码编制有两种方式：按一般商品进行编码；直接采用 ISBN 号和 ISSN 号。

【任务设计——商品条码的验证】

工作实例：

分别选择若干预包装商品包装条码、店内码条码、图书条码、期刊条码，计算它们的校验码，验证条码的正确性。

【操作步骤】

第一步：选择预包装商品包装、店内散装商品包装、图书、期刊若干。

第二步：按照 EAN－13 条码中校验码的计算方法，计算这些条码的校验码。

第三步：分析这些条码的特点。

项目小结

商品代码业务操作项目的内容结构图如图 4－16 所示。

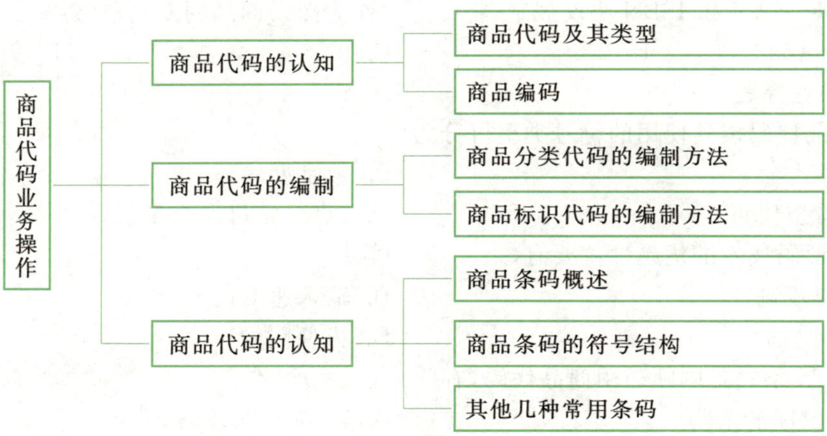

图 4－16　商品代码业务操作项目的内容结构

主要概念

商品代码　商品条码

习题与训练

一、习题

（一）名词解释

商品代码　商品分类信息　商品标识信息　商品条码

（二）选择题

1. 单项选择题

（1）下面不是商品代码所具有的功能是（　　）。

A. 分类功能　B. 标识功能　C. 信息交换功能　D. 宣传功能

（2）商品代码要同国家商品分类编码标准一致，与国际通用的商品分类编码标准相协调，以利于实现信息交流和信息共享，这体现了（　　）编码规则。

A. 唯一性　B. 稳定性

C. 统一性和协调性　D. 简明性

（3）（　　）适用于分类深度不大的编码对象集合体。

A. 层次编码法　B. 系列顺序编码法

C. 平行编码法　D. 混合编码法

（4）EAN-13 条码前 2 位或前 3 位代表（　　）。

A. 国家或地区代码　B. 厂商识别代码

C. 商品项目码　D. 检验码

（5）按照 EAN 和 ISBN 协议规定，将（　　）作为图书商品的专用前缀码。

A. 690～692　B. 2X　C. 978　D. 977

2. 多项选择题

（1）商品代码按其使用的符号类型可分为（　　　）等。

A. 汉字　B. 数字型代码

C. 字母型代码　D. 汉字-字母混合型代码

（2）条形码技术的优越性主要有（　　　）等。

A. 准确度高　B. 输入速度快

C. 美观　D. 方便购物

（3）EAN 条码是国际通用商品代码，有（　　　）版本。

A. 13 位标准条码　B. 12 位标准条码

C. 8 位缩短码　D. 7 位缩短码

（三）判断题

1. 商品代码不具有信息交换功能。（　　）
2. 商品标识信息是指代码仅仅起到标识单一商品的作用不具有其他任何意义。（　　）
3. EAN/UCC-13 和 UCC-12 校验码的计算法是相同的。（　　）

4. 条码中的条形幅和数字码所代表的信息是不同的。 ( )
5. 店内码的编码任务一般不是由生产者承担，而是由零售商完成的。 ( )

（四）简答题

1. 什么是商品代码？商品代码有几种类型？
2. 什么是商品编码？商品编码的原则是什么？
3. 什么是商品条码？商品条码有何特点？
4. 店内码、图书代码、期刊代码的结构是怎样的？

（五）论述题

1. 试述商品分类代码和商品标识代码的特点。
2. 分析商品条码的结构。
3. 试述为什么商品条码能够在世界各领域广泛应用。

二、训练

选择大型商场、超市和书店，了解各个商场经营商品的分类、店内码及商品条码，分析其编码方法。

项目五　商品属性的认知与分析

职业能力目标

1. 了解商品的成分、结构及其与质量的关系；
2. 理解商品的物理和化学性质；
3. 掌握商品大类的基本质量属性。

典型工作任务

1. 商品基本属性的认知；
2. 食品质量属性的认知与分析；
3. 纺织品质量属性的认知与分析；
4. 日用工业品质量属性的认知与分析。

任务一　商品的基本属性的认知

任务引例

金刚石、石墨都是由碳(C)元素组成的单质，但它们的物理性质有很大的差别。金刚石是最硬的一种矿物，因此用于制作钻探机钻头、刻刀、装饰品等；石墨则是一种最软的矿物，因此用于制作电极、铅笔芯、润滑剂等。金刚石和石墨的软硬度是因为金刚石、石墨中碳原子的排列方式不同决定的，如图 5-1 所示。

金刚石结构是立方晶系，面心立方格子。每个碳原子和周围 4 个碳原子形成碳—碳共价单键。每个碳原子位于正四面体的中心，周围四个碳原子位于四个顶点上，在空间构成连续的、坚固的骨架结构。

石墨中的碳原子与相邻的三个碳原子结合，形成正六边形蜂巢状的平面层状结构。所以单层极为坚硬，其层与层之间极为柔软。

请问：商品的成分和结构与商品的性质有什么关系？商品的性质与商品的用途有什么关系？

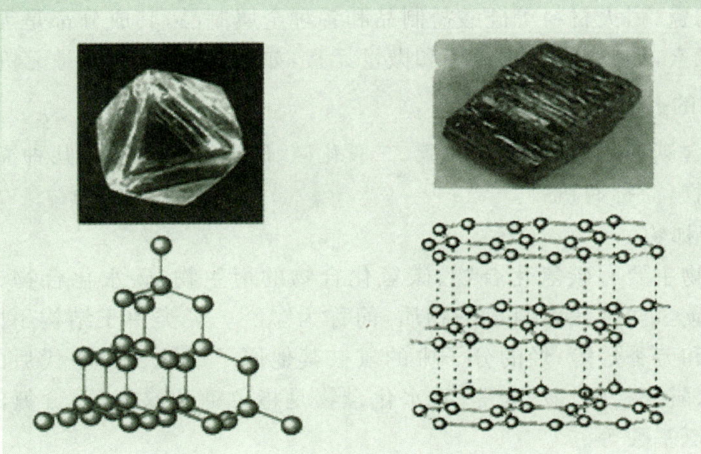

图 5－1　金刚石(左)与石墨(右)

【知识准备与任务分析】

研究商品在流通和使用过程中质量属性的变化及变化的规律，合理组织商品购销，科学进行商品的运输和储存，满足消费需求，必须深入研究商品的成分、结构和性质。

5

一、商品的化学成分

商品的化学成分是商品体各种化学组分的总称。不同的商品有其不同的成分。有的商品所含化学成分比较单纯，有的则相当复杂。自然界中所有的物体都是由物质组成的，物质分为无机物和有机物。

（一）商品中的无机物

商品中的无机物分为单质和化合物。一般把不含碳的化合物（一氧化碳和二氧化碳、碳酸和碳酸盐及氰化物等除外）统称为无机化合物，简称为无机物。

1. 单质

由同种元素的原子组成的物质叫作单质，单质又分为金属和非金属两类。

金属：常温下为固体（除汞外），具有良好的导热性、导电性和延展性，有特有的金属光泽，如银、汞、铜、铝、镁、钾等。

非金属：在常温下有的是气体，有的是固体，只有溴是液体。大多数固体非金属比重较小，非金属气体的化学性质一般比固体活泼，如氧气、氢气、碳、硫、碘等。

2. 化合物

由两种或两种以上元素组成的物质叫作化合物。化合物按其组成和性质的不同又分为氧化物、碱、酸和盐。

氧化物：金属或非金属元素与氧结合成的物质，如氧化铜、五氧化二磷等。

碱：由一个或几个氢氧根（OH）和金属离子组成的化合物，如氢氧化钠、氢氧化钙等。

酸：由其分子中能被金属置换的氢离子和酸根组成的化合物，如硫酸、硝酸、盐酸等。

盐：是由金属离子和酸根组成的化合物，如氯化钠、硫酸铜、碳酸氢钠等。

一般来说，陶瓷、耐火材料等硅酸盐制品和各种金属制品，其成分都是无机物；在食品商品中，某些常量元素，如钙、镁、磷、氯等和微量元素，如铜、碘、氟等，都是无机物。

（二）商品中的有机物

有机物系指含碳的化合物（一氧化碳、二氧化碳、碳酸和碳酸盐等几种简单化合物除外）统称为有机化合物，简称有机物。

1. 低分子有机物

低分子有机物主要有碳氢化合物、碳氢化合物的衍生物、碳水化合物、含氮的化合物。碳氢化合物是由碳氢两种元素组成的物质，简称为“烃”。烃类由于结构不同，又分烷烃、烯烃、炔烃、脂环烃和芳香烃等；烃的分子中的氢被其他原子或原子团取代后的产物叫作烃的衍生物，如醇、酚、醚、醛、酮、酸、酯等；碳水化合物是指单糖和双糖等；含氮的化合物是指硝基化合物、胺类、氨基酸等。

2. 高分子有机物

有机化合物分为天然高分子有机物和合成高分子有机物。天然高分子有机物主要有淀粉、纤维素、蛋白质、橡胶等；合成高分子有机物主要有合成橡胶、合成纤维、合成塑料。

一般由有机物质为原料制成的商品，为有机成分的商品。如绸缎（蚕丝）、毛线（羊毛）、棉布（棉花）、麻布（各种麻类）；由无机物质为原料制成的商品，为无机成分商品，如铁制品、铝制品（各种金属）、玻璃制品、水泥制品（硅酸盐）。

二、商品的结构

商品的结构是指商品各个部分的总配合，包括原材料及其组合、商品形态以及商品体内部的原子、分子组合等。不同种类的商品，由不同成分的原材料经过不同的生产工艺加工制成，因而具有不同的结构。

商品的种类繁多、形态各异，概括地说，其物理状态一般分为气态、液态和固态三类。工业品中只有少数商品是气体和液体，绝大部分是固体。因此，在这里着重分析固体商品的结构。

（一）固体商品的宏观结构

固体商品的宏观结构是指商品体的外形结构、组织结构以及一切可被肉眼或放大镜（10倍以下）所观察到的结构。商品的宏观结构使商品显示一定的物理机械性能，是衡量商品质量的一个重要因素。

农副产品大多具有天然的结构，如鸡蛋的结构可分为蛋壳、蛋清、蛋黄三部分，按重量计，蛋壳约占10%，蛋清占60%，蛋黄占30%。果品类的外形结构，一般为圆形、卵形或扁圆形。内部结构因品种而异。

加工品的结构，是在生产过程中人为设计的，这类商品的宏观结构是衡量商品质量的一个重要因素。例如，皮鞋结构有鞋帮和鞋底。鞋帮一般包括包头、中帮和后帮三部分，各部分的细微变化都使皮鞋具有不同的特色，并且影响穿着的舒适程度。其中，鞋底的厚薄、材料变化、鞋跟的高矮，也都赋予皮鞋不同的质量和风格。

工业品商品通常是由若干个零件、部件组装而成的。按其功能可以分为基本结构和辅助结构。使商品具有使用价值的结构为基本结构,使商品更好地发挥使用价值的结构称为辅助结构。

(二) 固体商品的微观结构

商品的微观结构是指用光学显微镜(放大数十倍、数百倍)可以观察到的结构单元的组合。研究商品的微观结构,是为了深入探讨商品的内在质量及与商品质量有关的因素,明确商品加工、销售和使用的正确方法,如用显微镜观察到棉纤维的结构状态,可以判定纤维的成熟度。

(三) 商品的内部结构

商品的内部结构是指用光学显微镜观察不到的物质内部的原子、分子的结构或者更大一些的结构单元。

工业品中有许多是以高分子物为原料制成的。这些高分子物的内部结构相当复杂,研究其内部结构与其性能之间的关系,有助于掌握高分子物的共同属性。

三、商品的性质

商品的成分和结构决定商品的性质,商品的性质概括地可以分为化学性质和物理性质。

(一) 商品的化学性质

商品的化学性质是指商品抵抗各种外界因素对其发生化学作用的能力。

1. 耐水性

耐水性就是商品在不同温度下,对于水的连续作用或间歇作用所产生的反应。耐水性包括两个内容,一是商品抵抗水分子对其溶解的能力,二是商品对于水对其水解作用的稳定性。商品耐水性强弱,常用来确定其使用、储运、包装条件等。

2. 耐酸性和耐碱性

耐酸性和耐碱性是指商品抵抗酸、碱对其腐蚀的能力。研究商品对酸或碱的稳定性,有利于对商品的合理加工和使用,延长商品的使用期限。

3. 耐氧化、耐光、耐候性

耐氧化、耐光、耐候性是指商品在加工、保管和使用中抵抗空气中的氧、日光中的紫外线和气候等外界因素的作用的能力。

(二) 商品的物理性质

商品的物理性质是指商品在重力、湿、热、光等物理因素作用下的反应。

1. 比重

商品的比重可以直接用来表示和评价某些商品的质量(如纺织品、纸张、皮革、包装食品等),可作为鉴定商品或确定材料性质的指标,用来判断材料的本质、结构特点等。通过判定商品比重还可以计算出原材料消耗和商品的用途,以及运输商品的装载量。

2. 吸湿性

物体吸附和放出水分的性质称为吸湿性。具有吸湿性的商品在潮湿环境中能吸收水分,在干燥环境中能放出水分。它的含水量随着外界温湿度的变化而改变。吸湿性越强,其含水量改变的范围越大。商品吸湿性的强弱决定于商品的成分和结构。

3. 透气性和透水性

物体能被水蒸气透过的性质称为透气性,能被水透过的性质称为透水性。具有透水性的商品必具有透气性,透水性大,透气性也大。

商品透气、透水性的大小取决于其结构的紧密程度,组织松弛则透气、透水性大,同时还与成分有关,成分中含亲水性基团,则透气、透水性大。

4. 热学性质

导热性是指物体传递热能的性质,影响商品导热性的主要因素是其成分和组织结构等。

耐热性是指商品受温度变化而不致破坏或显著降低强度的性质。影响商品耐热性的因素除商品成分、结构均匀性外,与导热性、膨胀系数也有关系。导热性大而膨胀系数小的物质耐热性高;反之,耐热性差。

5. 光学性质

光学性质指物体受到光线作用时所表现出来的性质。当光线照射物体时会发生透过、吸收和反射三种现象,因而反映出商品不同的颜色和具有一定的光泽。颜色和光泽是商品的一项重要外观质量指标。

6. 机械性质

机械性质指商品受到外力作用时所表现出来的性质,是反映商品耐用性的重要质量指标。

(1) 弹性和塑性。商品体在承受外力作用时产生的形变有可复原和不可复原两类。可复原的形变叫弹性形变,这种物体叫弹性体;不可复原的形变叫塑性形变,这种物体叫塑性体。

(2) 强度。商品抵抗外力作用保持体态完整的能力,称为强度。主要有抗张强度、抗磨强度、抗弯曲强度和硬度等。

① 抗张强度。是表示商品抵抗拉伸荷重的能力,又称抗拉强度。

② 抗磨强度。是商品抵抗其他物体摩擦的能力。

③ 抗弯曲强度。是表示商品抵抗弯曲荷重的能力。

(3) 硬度。商品抵抗较硬物体对其压入的能力。物体的硬度与其成分、结构,尤其与原子的排列及分子间的内聚力有关,与物体的抗张强度、抗磨强度和抗弯曲强度也有关,所以是一项综合性的指标。

任务引例解析

商品的成分和结构决定商品的性质,商品的性质决定商品的用途。金刚石和石墨是碳的单质,它们的成分相同,其化学性质相同,但因结构不同,其物理性质是不同的,用途也不同,金刚石、石墨的物理性质和用途,如表 5-1 所示。

表 5-1　金刚石、石墨的物理性质和用途

	金刚石	石墨
外观	无色透明正八面体晶体	深灰色有金属光泽的细鳞片状固体
硬度	最硬	最软

续 表

	金 刚 石	石 墨
导电性	无	良好
导热性	无	良好
用 途	钻探机钻头、刻刀、装饰品	电极、铅笔芯、润滑剂

任务二 食品质量属性的认知与分析

任务引例

糖类是食品中最易获得的比较经济的热量来源,糖类在自然界的分布很广,主要存在于植物中,是食物中最常见的一类物质,也是必不可少的营养物质之一。

请问:

(1) 什么是糖? 甜的就是糖吗? 哪些食品是以糖类物质为主要成分的?

(2) 有酸味的食品就是酸性食品吗? 为什么? 你能举出哪些食品是酸性食品、哪些食品是碱性食品吗?

5

【知识准备与任务分析】

食品是指各种供人食用或饮用的成品和原料,以及按照传统既是食品又是药品的物品,但是不包括以治疗为目的的物品。随着时代的发展和科技的进步,新型食品不断涌现,食品的种类和品种越来越多。

一、食品的分类

食品的种类繁多,分类方法不尽统一,常见的分类方法有:

(一) 按照食品的来源分类

按照食品来源分为动物性食品、植物性食品和矿物性食品。

动物性食品来源于动物界,主要包括:畜类、禽类、蛋类、鱼虾类、奶类等,以及它们的各种加工产品。

植物性食品来源于植物界,主要包括:谷类、杂粮、豆类、薯类、植物油、蔬菜、果品、茶叶、可可、咖啡、糖类、海产植物等,以及它们的各种加工产品。

矿物性食品来源于非生物界,主要有:食盐、矿泉水等。

(二) 根据食品是否经过加工分类

根据食品是否经过加工分为原料食品和加工食品。

原料食品是由各生产部门(农、林、牧、渔业等)所提供的没有经过再加工的产品。主要包括鲜活食品、生鲜食品和粮谷类食品。

鲜活食品，如水果、蔬菜、鲜蛋、水产品等具有生命活动的产品；生鲜食品，如畜、禽肉、鲜乳、水产鲜品等。鲜活食品和生鲜食品，含水分多，易腐烂变质，故称为易腐食品。

粮谷类食品主要包括小麦、稻谷、大豆、玉米、高粱、小米；等等。含水量少，性质稳定，比较耐贮藏。

加工食品是以原料食品的基础再经过进一步加工处理所得到的各种产品。

（三）根据食品的食用功能分类

根据食品的食用功能分普通食品、强化食品、保健食品、绿色食品、功能食品。

普通食品属一般性食品，这类食品用量大且面广。

强化食品是指对食品中的一种或几种营养成分，人为地给予提高改进的食品，如强化维生素的饼干、强化铁的蛋制品等。

保健食品是指能促进和改善人体健康的食品。食品中含有特定营养成分，有突出的营养功能，对人体有保健作用。

绿色食品是指无污染、安全、营养类食品。具体地说是指其原料产地具有良好的生态环境，与原料生产有关的水质、土质、肥料、饲料等，必须符合一定的无公害控制标准，产品的生产、加工、包装等达到有关食品卫生质量标准的食品。

功能食品是指具有某种特殊作用的食品，供人们特殊食用。

二、食品的营养成分及质量特性

食品的化学成分不但决定食品的质量和营养价值，同时还与食品的性质及其质量发生的各种变化有密切关系，也是决定食品加工、保管、包装方法的主要因素。因此，食品的化学成分是研究食品质量、营养价值和食品贮藏的重要依据。

食品营养价值主要取决于其所含的营养成分，因此，对其他成分不作研究。食品的营养成分主要有糖类、蛋白质、脂肪、维生素、矿物质和水分等。

（一）糖类

糖类广泛存在于动植物体内，糖类在人体内除少量的粗纤维不能被消化吸收外，大部分都能被人体利用产生热量，是食品中最易获得的比较经济的热量来源。

1. 糖的分类

糖类由碳、氢、氧三种元素组成，按其分子结构可分为单糖、双糖和多糖。

（1）单糖类。是糖类中最简单的不能再水解的糖。常见的单糖有葡萄糖、果糖和半乳糖。它们的分子式均为 $C_6H_{12}O_6$。单糖都溶于水，能够形成结晶，能够被人体直接吸收。单糖在酵母菌的作用下可以进行酒精发酵，在乳酸菌作用下可以进行乳酸发酵。由于分子的结构不同，不同的单糖具有不同的甜味和吸湿性。

（2）双糖类。是由两个单糖分子缩合而成的糖。常见的双糖有蔗糖、麦芽糖和乳糖。它们的分子式均为 $C_{12}H_{22}O_{11}$。双糖都能形成结晶，具有不同的甜度和吸湿性。双糖都不能直接被人体吸收，也不能被微生物直接发酵。

转化糖是蔗糖水解后的产物，即等量的葡萄糖与果糖的混合物，蜂蜜中含有天然的转化糖。

（3）多糖类。是由许多单糖分子缩合而成的较复杂的糖。常见的多糖有淀粉、糖原、半纤维素和纤维素等。它们的分子式为$(C_6H_{10}O_5)_n$。其中淀粉是人们饮食中热量的主要来源。米面等主食中都含有大量的淀粉。淀粉无甜味、不溶于水，只有经消化水解成葡萄糖后才能被人体吸收。

【小知识5－1】食物纤维（纤维素）的特殊功能

食物纤维在体内不能被消化，因此不能视为营养成分，但由于食物纤维对肠壁的刺激作用，能引起肠壁的收缩蠕动，这促进了消化液的分泌，不仅有利于食物的消化，而且能促进粪便的排泄，从而阻止便秘的发生；食物纤维能吸收较多的水分，从而增加肠内物质的持水力，有利于营养成分的吸收；食物纤维能螯合胆固醇和胆汁盐，可减少血液中胆固醇的含量，降低心血管疾病的发病率；食物纤维能促使人体内代谢产生的有“毒”物质——粪便快速地排出体外，减少有毒物质的积累和与结肠接触的时间，从而可以防止或减少病症的发生。

2. 糖类主要的营养属性

（1）是人体最重要的能量物质。每克单糖和其他糖类物质在人体内经氧化可产生16.72 kJ的热量，是人体内最主要的供能物质。在人类的饮食中，特别是在植物性食品为主的膳食中，糖所占的比例最大。

5

（2）对蛋白质有节约作用。如果膳食中糖类含量不足，无法满足人体活动所需的热能，就会动用一部分蛋白质氧化供能；如果糖类含量充足，人体所需热能由糖类提供，就能起到节约蛋白质的作用。

（3）有抗生酮作用。如果膳食中糖类严重不足，人体主要依靠脂肪氧化供热，脂肪在氧化过程中会发生一系列变化，其中有些产物累积起来会造成所谓的“酮症”，引起人体疲乏、恶心、呕吐及呼吸深而快，严重者还会导致昏迷。如果膳食中糖类充足，机体就不会过度动用脂肪，上述“酮症”也就不会发生。

（4）参与人体某些组织的构成。糖类也是构成人体某些组织的成分，例如血液中含有一定数量的血糖。肌肉和肝脏中含有糖原，是人体内所贮存的重要能源。此外，人体细胞核中的核糖、细胞膜中的糖蛋白、脑神经细胞的糖脂、结缔组织中的黏蛋白等，也都有糖类物质参加其组成。

（二）脂肪

脂肪是由碳、氢、氧元素组成，有些脂类还含有磷、硫两种元素。

1. 脂类的分类

根据脂类的元素组成和结构，可把脂类分为脂肪和类脂两大类。

（1）脂肪。脂肪的主要成分是甘油三酯，脂肪中脂肪酸所占的比例为95%左右，所以脂肪的性质和营养功能主要取决于脂肪酸的性质。

根据脂肪酸碳链上是否含有双键，可分为饱和脂肪酸和不饱和脂肪酸。含不饱和脂肪酸较多的脂肪在室温下为液体，习惯上称为油；含饱和脂肪酸比例较多的脂肪，在室温下为固体，习惯上称为脂。用于食品加工和烹饪的油脂，一般通称为食用油脂。

(2) 类脂。类脂是一类性质类似脂肪的物质，主要有下列几种：

① 蜡质。蜡质是由高级脂肪酸和高级一元醇缩合而成的酯类。昆虫表皮、植物体及其果实表面都含有蜡质。未经精制的植物油常含有油料作物种子种皮表面的蜡质。

② 磷脂。磷脂除了含有甘油和脂肪酸外，还含有磷酸与有机碱。磷脂在生物体内具有重要的生理功能，其中以卵磷脂最为重要。在植物的种子、动物的卵、神经组织中都含有卵磷脂，其中蛋黄中的含量最高。

③ 固醇。固醇是环戊烷多氢菲醇的衍生物，因常温下为固体而得名。固醇依来源不同，可分为动物固醇和植物固醇。动物固醇中最主要的是胆固醇，它是脊椎动物细胞的重要组分，主要存在于脑、神经组织和脂肪组织中。植物固醇是植物细胞的组分之一，主要有存在于谷类的胚芽中的谷固醇，存在于大豆油及其他豆类油脂中的豆固醇，存在于酵母及某些植物中的麦角固醇。胆固醇和麦角固醇经紫外线照射可分别转变为维生素 D_3 和维生素 D_2。

【小知识 5-2】胆固醇与人体健康

人们都知道高胆固醇血症的危害，其实，低胆固醇血症也一样会对身体造成极大危害。在现实生活中，低胆固醇的潜在危害比比皆是。比如：一些高血压、冠心病患者一方面限制食物中胆固醇的摄入，另一方面又拼命使用降脂药物。久而久之，便会造成低胆固醇血症。生理学家研究表明，成人每日必须从胃肠道摄入 0.5 克左右胆固醇，再加上自体合成的 1～2 克，才能满足自身的需要。那些有自身合成障碍的人，则要适当增加摄入量。患有高脂血症的人，首先要明确是否有高胆固醇血症。若仅有高甘油三酯血症，则不应限制胆固醇的摄入；否则，会造成低胆固醇血症，增加冠心病、肿瘤的发病率。

2. 脂类主要的营养属性

(1) 人体重要的能源物质。每克脂肪在体内氧化能产生 37.6 kJ 的热能，是等量糖类或蛋白质的 2.2 倍。食用含脂肪多的膳食，可减少进食量，减轻胃肠负担。如果人体对脂肪的摄入量长期超过需要，或膳食中糖类和蛋白质的摄入量超过人体需要，其中多余的部分也会转化为脂肪贮存在人体内，就会使人体发胖。

(2) 提供人体必需的脂肪酸。必需脂肪酸(essential fatty acids，EFA)是机体生命活动所必需的，又不能为机体合成，必须从食物中摄取的脂肪酸，必需脂肪酸多存在于植物油中。目前公认亚油酸、亚麻酸和花生四烯酸具有 EFA 的活性。

(3) 保护功能和保温功能。贮存在人体内脏器官表面的脂肪，具有保护内脏器官免受剧烈震动和摩擦的作用；贮存在皮下的脂肪组织，由于脂肪的导热性能差，具有保持体温的作用。

(4) 促进其他营养素的吸收。食物中的脂溶性维生素 A、D、E、K 和胡萝卜素，能溶解在脂肪里，因此，脂肪能促进上述维生素在人体里的吸收。磷脂还能在胃肠中促进食物中各种营养成分的乳化作用，扩大它们与消化酶的接触面积，也有利于人体对各种营养素的消化与吸收。

(5) 改进食品的风味。在烹调中脂肪能增进食物的风味，除去原料中的异味，增进食欲。

(三) 蛋白质

蛋白质存在于所有的生物体内，是一切生命现象的物质基础。除了少数矿物性食品外，几乎所有的食品都或多或少地含有蛋白质。

蛋白质都含有碳、氢、氧、氮四种元素，许多蛋白质含有硫元素，一些蛋白质含有磷元素，有的还含有铁、锌、铜、锰等元素。蛋白质中氮的含量比较恒定，约占总重量的16%。蛋白质的分子结构极为复杂，其水解的最终产物是氨基酸。构成蛋白质分子的氨基酸种类主要有20种，多肽链是蛋白质的基本结构。

1. 蛋白质的分类

根据蛋白质分子组成，可分为单纯蛋白质和结合蛋白质两大类。

(1) 单纯蛋白质。水解时只产生氨基酸的蛋白质称为单纯蛋白质。主要有清蛋白、球蛋白、谷蛋白、醇溶谷蛋白、精蛋白、组蛋白、硬蛋白。

(2) 结合蛋白质。水解除了产生氨基酸外，还产生其他化合物的蛋白质称为结合蛋白质。主要有核蛋白、磷蛋白、脂蛋白、糖蛋白、色蛋白。

【小知识 5-3】蛋白质的其他分类

食物中蛋白质还有其他的分类方法，如把来源于动物体的蛋白质称为动物性蛋白，来源于植物体的称为植物性蛋白。也常冠以来源的食物来命名蛋白质，如来源于鸡蛋和牛乳的蛋白质称为鸡蛋蛋白质和牛乳蛋白质，来源于大豆、大米和小麦的蛋白质称为大豆蛋白质、大米蛋白质和小麦蛋白质。

5

2. 蛋白质主要的营养属性

(1) 构成人体的细胞组织。人体的任何一个细胞、组织和器官都含有蛋白质。人体中除了水分，几乎一半以上是蛋白质组成的。人体各组织的更新和修补都必须有蛋白质参与，没有蛋白质就没有生命。

(2) 参加物质的代谢调节。酶是由生物活细胞产生的，具有催化活性的特殊蛋白质。食物在人体内的消化吸收、血液循环、肌肉收缩、神经传导、感觉功能、遗传素质以及记忆、识别等高级思维活动，都要有酶的参加。人体新陈代谢过程是无数个带有顺序性和连续性的化学反应，能够互相配合、有条不紊地进行的过程，如果没有酶的催化，人体的生理活动和各种生命现象均无法进行。

(3) 增强人体的抵抗力。当病原微生物和毒素入侵人体后，会刺激机体的免疫系统，经过一系列复杂的反应，有关细胞会分泌出多种具有免疫作用的球蛋白，称之为抗体。抗体可存在于血清中，也可存在于消化道或呼吸道的分泌液中。抗体能识别相应的病原微生物和毒素，并与之结合，使病原微生物失去侵袭力，使毒素失去毒性作用。因此，抗体是人体中具有重要保护作用的蛋白质。

(4) 运载体内的代谢物质。蛋白质是人体内物质运输的载体。人体吸入的氧气和产生的二氧化碳是由血液中的血红蛋白来输送的；脂类一般不溶于水，它在血液中的转运是由蛋白质与其结合成脂蛋白的形式来输送的；体内许多小分子和离子也是由蛋白质来转运的，如服用体内的药物，被吸收进入血液之后，药物中的成分与血浆蛋白结合，输送到体内各部分组织中去。

(5) 肌肉的收缩与松弛。人体内各种脏器的活动和一切机械运动，如心脏跳动、肺脏呼吸、胃肠蠕动、血管舒张、肢体运动和泌尿生殖过程等等，都是通过肌肉的收缩与松弛来实现的；而肌肉的收缩与松弛，取决于肌肉中肌动蛋白和肌球蛋白这两种蛋白质的结合与分离。

（6）提供人体的必需氨基酸。人体中千差万别的各种蛋白质，都是由20种氨基酸按不同的组合构成的，其中有8种氨基酸是人体不能合成的，必须从食物中摄取，这些氨基酸称为必需氨基酸（essential amino acids，EAA）。它们是：异亮氨酸、亮氨酸、赖氨酸、蛋氨酸、苯丙氨酸、苏氨酸、色氨酸和缬氨酸。此外，组氨酸也是婴儿的必需氨基酸。食物蛋白质所含EAA的种类、含量、比例与蛋白质的营养价值具有十分密切的关系。

（7）提供人体所需的部分热能。当膳食中糖类和脂肪这两种能源物质的摄入量不足，或人体急需热能又不能及时得到满足时，蛋白质也能氧化产生热能供机体需要。每克蛋白质在体内氧化可提供17.1 kJ热量。如果在膳食中摄入的蛋白质超过人体的需要量时，多余的部分则在体内分解提供热能，或转变为糖原和脂肪贮存在体内，作为机体的能源储备物质。

（8）结缔组织的特殊功能。人体中以胶原蛋白为主体的结缔组织，不仅是皮肤、肌腱、韧带、软骨、毛发、指甲的主要成分，而且广泛散布于细胞之间，组成各器官的包膜及组织间隔，对于调节人体细胞外液的化学组成，维持细胞代谢的动态平衡，保持器官组织的正常形态及润滑、防御病菌和毒素的入侵，促进创伤的愈合等具有重要的作用。

此外，蛋白质还有激素的生理调节功能、遗传信息的控制、调节体液的渗透压等营养功能。

5

（四）无机盐

构成生物体的元素除去碳、氢、氧、氮四种构成水分和有机物质的元素以外，其他元素统称为无机盐。这些无机盐元素除了少量参与有机物的组成（如硫和磷）外，大多数均以无机盐的形态存在。食品中的无机盐经高温煅烧，不易发挥，一般人们称这些不发挥的残留物为食品的灰分。

1. 无机盐的分类

在人体内无机盐总量不超过体重的4%～5%，根据不同无机盐元素在体内的含量，无机盐可分为常量元素和微量元素。

（1）常量元素。在人体内含量超过0.01%的无机盐元素称为常量元素或大量元素。钙在人体中的含量最高，第二是磷，第三是硫，接下来是钾、钠、氯和镁。

（2）微量元素。在人体内含量低于0.01%者称为微量元素。在众多的微量元素中，有些可能是通过食物和呼吸偶然进入体内的，并非人体所必需的，称之为非必需元素；而有些微量元素是人体所必需的，称之为必需元素，如铁、锌、铜、碘、锰、钼、钴、硒、铬、镍、锡、硅、氟和钒。

2. 无机盐主要的营养属性

无机盐虽然不能提供热能，但它具有重要的营养与生理功能。

（1）构成人体的组织。无机盐是构成人体组织的重要材料，如钙、磷、镁是骨骼和牙齿的重要成分；磷和硫是构成组织蛋白的成分；细胞中普遍含有钾；体液中普遍含有钠。

（2）参与某些具有特殊生理功能物质的组成。铁是血红蛋白和细胞色素的重要成分；锌是构成胰岛素的重要成分；碘是甲状腺素中的成分。有些无机离子还是酶的组成部分。如，过氧化氢酶中含有铁；酚氧化酶中含有铜；碳酸酐酶中含有锌；等等。

（3）作为某些酶的激活剂或抑制剂。镁离子对参与能量代谢的多种酶类有激活作用，而有些离子则对酶有抑制作用。由于某些无机离子与许多酶的活性具有密切的关系，所以它们也影响着机体代谢的调节。

(4) 维持体液的渗透压。人体体液的渗透压主要取决于所含质点的浓度。体液的渗透压主要由其中所含的无机盐（主要是氯化钠 NaCl）和蛋白质来维持，一个氯化钠分子可以电离出一个 Na^+ 和一个 Cl^-，使质点数比分子状态增加一倍，因此这一体系能维持各组织细胞一定的渗透压，从而使细胞潴留一定量的水分，保持细胞的紧张状态，并对细胞内外物质的进出方面起着重要的调节作用。

【小知识 5-4】萝卜细胞中水的流向

在青萝卜上挖一个小坑，在小坑里撒点食盐，青萝卜细胞里的水就会流到小坑里来。实验说明由于实验的作用，使得萝卜细胞外面的渗透压大于其细胞内部的渗透压，细胞里的水就流到细胞外面了。因此，水是由渗透压小的地方向渗透压大的地方流动。

(5) 保持机体的酸碱平衡。人体的体液必须维持在一定的酸度范围之内，例如血液的 pH 应在 7.3～7.4，如果超出这个范围就会发生不同程度的酸中毒或碱中毒。在人体中依靠无机盐与蛋白质一道组成一个强有力的缓冲体系，对保持机体的酸碱平衡起着非常重要的作用。

(6) 维持神经与肌肉的应激性。存在于人体组织液中的各种无机离子，特别是 K^+、Na^+、Ca^{2+}、Mg^{2+}，当它们的浓度保持一定比例时，对维持神经、肌肉的兴奋性、细胞膜的通透性以及所有细胞的正常功能，具有十分重要的意义。

3. 酸性食品与碱性食品

人体吸收的矿物元素，由于它们的性质不同，在生理上则有酸性和碱性的区别。属于金属元素的钠、钾、钙、镁等，在人体内氧化生成带阳离子的碱性氧化物，如 N_2O、K_2O、CaO、MgO 等。含这些带阳离子金属元素较多的食品，在生理上称它们为碱性食品。

食品中所含的另一类矿物元素为非金属元素，如磷、硫、氯等。它们在人体内氧化后，生成带阴离子的酸根，如 PO_4^{3-}、SO_4^{2}、Cl^- 等。含有带阴离子非金属元素较多的食品，在生理上称它们为酸性食品。

【小知识 5-5】饮食中的酸性食品和碱性食品

大部分蔬菜、水果、豆类都属于碱性食品。水果中虽然含有各种有机酸，在味觉上呈酸性，但这些有机酸在人体内经氧化，生成二氧化碳和水而排出体外，所以水果在生理上并不显酸性。而水果中存在的矿物元素属于碱性元素，所以水果在生理上却属于碱性食品。

大部分的肉、鱼、禽、蛋等动物食品中含有丰富的含硫蛋白质；而主食的米、面及其制品中含磷较多，所以它们均属于酸性食品。

（五）维生素

维生素(vitamin，V)是人体为了维持正常的生理功能而必须从食品中获得供给的微量

5

低分子有机物质。能在机体内转化为维生素的物质称为维生素原。维生素是机体代谢必不可少的营养素，它们虽然不能提供人体所需热能，在生理上的需要量也很少，但能够调节生物体的各种生理活动，而且有些维生素还是酶的组成部分。不同的维生素在人体内具有不同的作用方式和发挥不同的生理功能。人体如果缺乏某种维生素，就会引起该种维生素的缺乏症。

1. 维生素的命名

(1) 以字母命名。食品中的维生素在人们还没有了解维生素的化学组成和分子结构之前，多以英文大写字母 A、B、C、D、E……命名，分别称之为维生素 A、维生素 B、维生素 C、维生素 D、维生素 E 等，简写为 VA、VB、VC、VD、VE 或 A、B、C、D、E 等。

(2) 以化学组成命名。现在维生素的化学组成和分子结构已被人们了解并能进行人工合成，所以许多维生素以其化学组成命名，如 VA 命名为视黄醇、VD 为骨化醇、VE 为生育酚、VB_1 为硫胺素、VB_2 为核黄素、VB_3 为泛酸、VB_5 为烟酸、VC 为抗坏血酸等。

(3) 以主要功能命名。不同维生素具有不同的生理功能，因此许多维生素以其主要功能进行命名，如 VA 命名为抗干眼病维生素、VD 为抗佝偻病维生素、VE 为生育维生素、VB_1 为抗神经炎维生素、VB_5 为抗癞皮病维生素、VC 为抗坏血病维生素等。

2. 维生素主要的营养属性

由于维生素种类很多，下面分类介绍对人体比较重要又容易缺乏的维生素 A、D、E、B_1、B_2、B_5、C 的生理功能与食物来源。

5

(1) 脂溶性维生素。维生素 A。维生素 A 能维持人体的正常视力，也是维持上皮组织健全所必需的物质，并且有利于眼、呼吸道、尿道、生殖系统等黏膜细胞中糖蛋白的生物合成，促进骨骼和机体的正常发育。维生素 A 的良好食物来源是动物肝脏，鱼肝油富含维生素 A。胡萝卜素在体内转化为维生素 A，称为维生素 A 原。维生素 A 主要来源于有色蔬菜，如胡萝卜、豌豆苗、菠菜、鸡毛菜、荠菜、塌棵菜、香菜和苋菜，西瓜也含有较多的胡萝卜素。

维生素 D。维生素 D 能促进钙和磷在人体内的吸收和骨骼组织钙的沉积，减少尿中的排磷量，使血磷、血钙浓度增加，有利于钙、磷最终成为骨质的基本组成。在食物中维生素 D 含量丰富的是动物的肝脏和禽蛋，鱼肝油中维生素 D 含量也很高。

维生素 E。维生素 E 与人体的生殖功能可能有关，临床上常用来治疗不孕症、习惯性流产、月经异常和更年期综合征等。维生素 E 还具有抗衰老的功能，能消除或减轻体内脂肪的过氧化反应，减少体内脂褐质的堆积。维生素 E 的良好食物来源是黄豆、豌豆、小麦粉和玉米油，花生油和芝麻油也富含维生素 E，多数绿色蔬菜如菠菜、芥菜、生菜等，以及肉类、乳类、蛋类等也含有维生素 E。

(2) 水溶性维生素。维生素 B_1。维生素 B_1 是脱羧辅酶的重要成分，是机体利用糖类所必需的维生素。维生素 B_1 广泛存在于生物界中，在植物的胚芽、麸皮和糠皮中含量较高，所以加工精度不高的米、面含有较多的维生素 B_1；在动物组织中以心、肝、肾的含量最多，乳及蛋黄中也含有相当多的维生素 B_1；酵母能自己合成维生素 B_1，所以酵母片含有大量的维生素 B_1。

维生素 B_2。维生素 B_2 是人体生物氧化酶系统辅基的重要组成部分，参与机体内物质与能量的代谢过程，是细胞内产热营养素进行氧化反应必不可少的物质。维生素 B_2 的膳食来源主要是动物性食品，其中以肝、心和肾为最高，奶类和蛋类也含有比较多的维生素 B_2。在植物性食品中维生素 B_2 的含量较低，除了豆类和绿叶蔬菜有一定含量外，谷类和一般蔬菜都很少，但有些菌藻类食品和野菜的含量则较为丰富。

维生素 B_5。维生素 B_5 有许多名称，除了被称为烟酸外，还称为尼克酸和维生素 PP。维生素 B_5 在人体内参与构成辅酶Ⅰ和辅酶Ⅱ，是细胞内生物氧化过程中重要的递氢体，是电子转移系统的起始传递者。维生素 B_5 往往与维生素 B_1、维生素 B_2 同时存在于食物中，在谷物的麸皮、米糠、豆类和菌藻类中含量较多，畜、禽、鱼肉和内脏富含维生素 B_5，特别是在肝、肾、心中含量尤高。

维生素 C。维生素 C 是所有具有抗坏血酸生物活性的化合物的统称，其中 L-抗坏血酸的效价最高。维生素 C 主要来源于新鲜蔬菜和水果，含量较丰富的有柑橘、枣、山楂、番茄、辣椒、豆芽等。有些野菜和野果含有大量的维生素 C，如野苋菜、刺梨、番石榴、沙棘、猕猴桃、酸枣和金樱子等，其中刺梨、沙棘、猕猴桃的含量为柑橘类水果的几十倍至上百倍。

【小知识 5-6】饮食中的造成维生素缺乏的原因

日常生活中，人们经常由于缺乏某种维生素造成身体不适。人体缺乏维生素，并不是食物原料中所含的维生素不够丰富，而是由于以下三点：① 食品加工时造成维生素的损失，加工越精细，损失越多；② 食品烹调加热时造成维生素的损失，温度越高，时间越长，维生素损失得越多；③ 食品洗涤时造成水溶性维生素溶于水中而流失。

（六）水分

5

水是最普通的物质，也是各种动植物体内最丰富的化学成分。各种新鲜食品都含有大量的水分，食品中的水在人体内虽然不产生热能，但它也是一种重要的营养成分。因为人体的各种组织都含有水，并且水在机体的各种代谢过程中都发挥着十分重要的作用。

1. 水主要的生理属性

水具有某些特殊的物理性质，如溶解能力很强，是一种很好的溶剂；介电常数很大，能促进电解质电离；热容量很高，热量有变化时温度不会有大的波动；黏性很小，可减少接触面之间的摩擦力。由于水具有这些特殊的功能，所以它在人体内具有许多特殊的生理功能。

（1）参与各种生理活动。食品中的许多营养成分都溶于水，即使不溶于水的脂肪和某些蛋白质，在适当的条件下也能分散在水中成为乳状液或胶体溶液。食品的消化是属于水解过程，水不仅作为食品营养成分的溶剂和酶的载体，而且参加了水解反应。因此，食品的消化需要水，消化后营养物质的输送也要有水参加，直至把废弃物排出体外，都不能离开水。

（2）参与渗透压的调节。人体的细胞和体液都维持一定的渗透压，才能维持细胞的完整和细胞内外物质的交换。渗透压的大小与液体的浓度成正比，当溶液中溶质的质点数不变时，水分增加了，渗透压就变小；反之，则增大。所以机体通过对水的吸收与排泄，可以调节其渗透压的高低，以保证细胞正常的生理功能。

（3）维持人体正常的体温。水的比热大，因此当人体内热量增加或减少时，不至于造成体温会有较大的波动。水的蒸发潜热也很大，因此皮肤表面少量汗水的蒸发就可以散发人体大量的热量，通过血液流动就能起到平衡全身体温的作用。

（4）在体内起润滑作用。人体内关节、韧带、肌肉、膜等处的滑润液都是水溶液，由于水的黏度小，可使摩擦面润滑，减少损伤，即使是食物的吞咽，也需要水的帮助。

由于水在人体内发挥着重要的功能，所以人体一刻也不能离开水。一个人即使他贮存的糖原和脂肪全部被消耗掉，蛋白质消耗掉一半，生命仍然能够勉强维持；但占人体重量70%的水分，如果损失10%，人就会感到不舒服，损失量达20%时，就可能会导致死亡。

2. 人体所需水的来源

人体所需水量因体重、年龄、气候、劳动强度各有不同。一般正常成年人每天需水2～3 L，每千克体重每天需水40 mL，由于婴幼儿新陈代谢旺盛，每日需水量按体重比成年人高2～4倍。

人体所需水量主要由人体饮水，食物中所含水分和人体内生物氧化产生的水来提供。人体饮水是人体内需水量的主要来源，它随需要量不同有增有减。食品中的含水量，绝大多数食品都来源于动物界和植物界，由于水是动植物体中含量最丰富的物质，所以无论是动物性食品，还是植物性食品都含有大量的水分。人体内生物氧化产生的水，人体内由脂肪、糖、蛋白质氧化所产生的水是因食物不同各异。

【小知识5-7】水的硬度与人体健康

水的硬度是指溶解在水中的盐（Ca^{2+}、Mg^{2+}）的含量，通常水的硬度以“度”表示。1 L水中钙、镁离子含量相当于10 mg氯化钙时，称为1度。根据水的硬度大小把水分为极硬水（硬度在30度以上）、硬水（硬度为16～30度）、中等硬水（硬度为8～16度）、软水（硬度为4～8度）、极软水（硬度在4度以下）。一般人体可以饮用水的硬度在10～20度。

对于硬水、软水的处理方法较多。家庭用水可以采用简易的办法，如一般硬度较大的水可以经煮沸使之软化，可以达到适宜的硬度；对于饮用软水的地区的人们可多吃一些含钙、镁离子丰富的食物，同时，限制食盐的摄入量。

5

此外，食品中还含有有机酸、芳香油、叶绿素等形成食品色、香、味和独特风味的成分及一定量的水分。

任务引例解析

糖类又称CH_2O化合物，多羟基的醛酮类化合物。单糖和双糖有甜味，而多糖没有甜味，因此甜者并非糖，不甜并非非糖。

矿物质是构成人体必需的物质，同时又有调节人体生理功能和体液酸碱平衡的作用。划分食品的酸碱性主要依据其所含矿物质的酸碱性，并非有酸味的食品就是酸性食品。

【任务设计——食品的主要成分及营养价值的分析】

工作实例：

在学校附近的超市选择某一品牌的全脂乳粉、脱脂乳粉、婴儿乳粉，分别列出其包装上标注的营养成分和含量，对照相关乳粉的质量标准，分析三类乳粉的营养价值。

【操作步骤】

第一步：列出乳粉的配料表和营养成分。

要求学生选择某个超市、选择某一奶粉品牌，根据奶粉包装上标注的内容，分别列出几种乳粉的配料表和营养成分的种类及含量。

第二步：列出奶粉的质量属性和要求。

要求学生查阅乳粉相关知识或标准，列出几种奶粉的质量属性和质量要求。

第三步：分析所选品牌乳粉的营养价值。

要求学生依据所学相关理论，分析比较几种乳粉的主要营养成分和营养价值。

第四步：撰写食品主要成分及营养价值分析报告。

任务三　纺织品质量属性的认知与分析

任务引例

王女士到一家布料商店为升入高中后需要住宿学校的孩子购买床单和被罩。店家告诉她这里有各种纤维材料、花色各异的纺织面料，还可以按照顾客要求的尺寸大小，为顾客免费加工成成品。王女士在店员的推荐下选择了一块纯棉材料的蓝白色色织面料，让店家当场缝制成所需规格的床单和被罩。王女士很满意，认为棉织品用着舒适，而且价廉物美，比从商店里购买成品要划算。

请问：什么是纺织纤维？纺织纤维主要有哪几种？

5

【知识准备与任务分析】

纺织品是经过纺织、印染或复制等加工、可供直接使用，或需进一步加工的纺织工业产品的总称，如纱、线、绳、织物、毛巾、被单、毯子、袜子、台布等。纺织品的质量主要取决于纺织品的原料纤维和组织结构。

一、纺织纤维的种类及其质量属性

纤维通常是指长度达到数十毫米以上，具有一定柔软性和弹性的纤细物质。纤维的种类很多，通常把用来制造纺织品的纤维称为纺织纤维。纺织纤维应具备一定的强度、一定的长度和细度，较好的吸湿性、保温性、抱和性、染色性等适合纺织的性能。纺织品所用的原料可以分为天然纤维和化学纤维两大类。

（一）天然纤维

天然纤维是人类直接从自然界取得的一类纤维材料，有植物纤维、动物纤维和矿物纤维。植物纤维因其主要组成物质是纤维素，又称天然纤维素纤维，包括棉纤维和麻纤维两类；动物纤维因其主要组成物质是蛋白质，又称天然蛋白质纤维，包括毛纤维和蚕丝两类；矿物纤维因其主要组成物质是无机的金属硅酸盐类，又称天然无机纤维，包括各类石棉。

天然纤维和化学纤维中的粘胶纤维、富强纤维等纤维都具有吸湿、透气性好，易染色，其织品无熔孔性(遇热不会发软、发黏、熔融，而是先分解后炭化)，穿着舒服等特点。由于这些纤维强力较低，不耐磨，因此，这些纤维织品一般耐用性较差，尤其是普通粘胶纤维织品表现明显。这类纤维织品在保管中要注意防霉防蛀。

(二) 化学纤维

化学纤维是利用天然的高分子物质或合成的高分子物质，经化学工艺加工而取得的纺织纤维总称，有人造纤维和合成纤维两类。人造纤维又称再生纤维，它是利用含有纤维素或蛋白质的天然高分子物质如木材、蔗渣、芦苇、大豆、乳酪等为原料，经化学和机械加工而成。包括人造纤维素纤维(如粘胶纤维)、人造蛋白质纤维(如酪素纤维)等；合成纤维是采用石油化工工业和炼焦工业中的低分子物，经聚合和机械加工而成。包括聚酯纤维(涤纶)、聚酰胺纤维(锦纶)、聚丙烯腈纤维(腈纶)、聚乙烯醇缩甲醛纤维(维纶)、聚丙烯纤维(丙纶)、聚氯乙烯纤维(氯纶)等。

合成纤维具有强力大、弹性好、耐磨、耐蚀性好，不易被霉腐和虫蛀等优点。因而用合成纤维加工的织品具有耐用性好、保形性好等特征。但由于这种纤维的吸湿性小，耐热性差(遇热收缩变形)，因而其织品透气性差，在穿着过程中易起毛，起球，吸附灰尘(静电作用)。

由于各种纺织纤维的化学组成不同，对热和燃烧的反应特征也不同，因此可以利用这一特征对纤维进行鉴别。

5

提示：常用纤维的燃烧情况概述，如表 5－2 所示。

表 5－2　常用纤维的燃烧情况

纤维种类	接近火焰	火焰中	离开火焰	燃烧时的气味	燃烧后灰分或剩余物质的颜色和形状
棉、麻	在火焰边灼烧	燃烧很快产生黄色火焰，有蓝烟	继续燃烧不熔融	烧纸样气味	深灰色细软粉末
蚕丝	在火焰边卷曲灼烧	缓缓燃烧缩成一团，放出火焰	缓缓燃烧有时自动熄火	烧毛发的臭味	形成黑褐色小球，用手指一压就碎
羊毛	同上	缓缓燃烧，冒出蓝灰色烟而起泡	继续燃烧	同上	形成有光泽的不定型黑色块状，用手一压就碎
粘纤、富纤	在火焰边灼烧	燃烧快，产生黄色火焰，无烟	继续燃烧	烧纸样的气味	灰烬极少，呈浅灰色或深灰色
锦纶	在火焰边迅速卷缩	熔融而缓缓燃烧，有白烟，但无火焰	时常自动熄灭	稍有芹菜气味	冷却后形成坚韧的浅褐色硬球，不易研碎
涤纶	在火焰边灼烧并收缩	燃烧时有很亮黄色火焰，无烟	同上	有芳香气	同上
腈纶	在火焰边先软化再收缩	熔融而燃烧	熔融并继续燃烧	有辛辣的特殊气味	形成黑色脆性小硬球
维纶	发生很大收缩，稍有熔融	徐徐燃烧，同时出现熔融，纤维顶端有火焰	继续燃烧	有臭味	有黄褐色不定型硬块凝结在纤维顶端，用手指强压可压碎

上述所列燃烧情况为单一纤维的燃烧特征，而混纺织品是几种纤维的综合燃烧情况，所以在试验观察单一纤维燃烧时，应仔细观察不同纤维混纺纱的不同燃烧特征。同时还应注意整理剂对纤维燃烧特征的干扰。

二、纺织品的结构及质量属性

（一）纺织纤维的显微结构

将纺织纤维在显微镜下进行观察，根据其纵向和截面形态与已知的纺织纤维形态比较，来判断纤维的种类。

提示：几种不同纤维的纵横截面形态，如表 5－3 所示。

表 5－3　几种不同纤维的纵横截面形态

纤维种类	纵向形态特征	断面形态特征
棉	扁平带状，有天然转曲	肾圆形，有中腔
苎麻	横节，竖纹	肾圆形，有中腔及裂缝
羊毛	表面有鳞片	圆形或接近圆形，有些有毛髓
桑蚕丝	平直	不规则三角形或三角形
粘胶纤维	纵向有沟槽	有锯齿形或多角形边缘
富强纤维	平滑	较少齿形或圆形
维纶	平滑	肾圆形
腈纶	平滑	圆形或哑铃形
氯纶	平滑	接近圆形
涤纶、锦纶、丙纶	平滑	圆形

（二）纺织品的组织结构

1. 纱和线

纱是指纺织纤维经过纺纱工艺，制成具有一定强度、细度和一定性质的产品，成为单纱，简称为“纱”。线是指两根或两根以上的单纱，经合并加捻工序制成的产品叫股线，简称为“线”。

纱线捻度的多少和加捻的方向对成品纱线的细度、强度、弹性、柔软性、均匀度、光泽和用途都有一定影响。通过增加捻度使纱线中的纤维抱合紧密，纤维间的压力增加，使纤维之间相互滑动的阻力随之增加，从而增加纱线强力。随着纱线捻度的增加，其柔软性及光泽则相应降低，由此可见通过改变纱线的捻度，便能改变纱线的强度、手感及光泽。因此，不同用途的纱线对捻度的要求也就不同。

纱线捻向是指纱线的捻转方向，即纤维在纱线中的倾斜方向。加捻后纤维自左上方向右下方倾斜的称为 S 捻，俗称正手捻或顺手捻；加捻后纤维自右上方向左下方倾斜的称为 Z 捻，俗称反手捻。

2. 织物组织

织物（机织物）是由相互垂直的经纬纱线按一定的规律相互沉浮交织而成的，它反映经纬纱线相互交织的沉浮规律。在织物内纵向排列的纱线称为经纱线，横向排列的纱线称为纬纱线。

经纱与纬纱按一定规律相互沉浮交织，使织品表面呈现出一定的花纹，这些花纹称为织物组织。经纱与纬纱相交的地方称为交织点，经纱浮在纬纱上面的交织点叫经交织点，纬纱浮在经纱上面的叫纬交织点。经纱交织点和纬纱交织点在布面上每重复一次所需要的最少纱线根数叫一个完全组织。许许多多的完全组织联在一起便形成织品表面清晰的纹路。

原组织是各类组织最简单、最基本的组织，是构成一切织物的基础，它包括平纹组织、斜纹组织和缎纹组织。

（1）平纹组织。这是最简单的织纹组织，由经纱和纬纱一根隔一根的上下交织而形成。经纬各用两根纱线就可以形成一个“完全组织”。

（2）斜纹组织。斜纹组织因正面呈倾斜的纹路而得名。斜纹的完全组织必须由三根以上的经纬纱相互交织才能形成，因此斜纹织品的交织点比平纹少，经纱纬纱浮长较长，经纬纱组织点的排列，在织物表面呈连续的斜纹，分为：左斜纹，记为“↖”；右斜纹，记为“↗”。

在斜纹组织中由于交织点比平纹组织少，织物表面光泽和柔软性较平纹好。由于经纬纱可以排列较密，使织物厚实硬挺。

（3）缎纹组织。缎纹组织是织物表面经纱和纬纱相交织，形成单独的互不相连的经交织点或纬交织点，这些交织点在布面上均匀分布，缎纹组织形成一个“完全组织”至少分别需五根经纱和纬纱。在一个完全组织中，经、纬纱的根数称为“枚数”，相邻交织点之间相隔的纱线数称为“飞数”，通常见到的缎纹组织物以五枚二飞、五枚三飞的最多。

缎纹织物浮长很长，并列的纱线反射光线能力强，布身光泽好，手感柔软、光滑。缺点是交织点过少，织品不紧密，坚牢度差，易起毛。

任务引例解析

纺织纤维是指用来制造纺织品的纤维，主要有天然纤维和化学纤维。

【任务设计——纺织品的属性分析】

工作实例：

选择某一织品，通过感官和显微镜观察其外观和显微结构及燃烧状况，确定其所含纺织纤维原料的种类和织品结构，分析其质量属性及用途。

【操作步骤】

第一步：确定和选购纺织品：

要求教师准备多种不同的纺织品供学生实验选择。

第二步：显微镜观察和燃烧实验：

要求学生感官观察纺织品的结构，用显微镜观察纺织纤维的纵向形态，观察纺织纤维的燃烧特征，并做好记录。

第三步：分析质量属性和用途：

要求学生依据所学相关理论和实验结果，对选定织品做出纤维种类判定，分析该种纤维的质量属性和适宜的用途。

第四步：撰写《纺织品的属性分析报告》。

任务四 日用工业品质量属性的认知与分析

任务引例

除了吃和穿，人们的日常生活用品也日益丰富。随着生产技术和设计水平的不断提高，各种日用品从材质造型、花色品种、功能功效等方方面面不断推陈出新，新产品层出不穷。

日用工业品是指供给人们日常使用的工业产品。日用工业品种类繁多，用途广泛，主要包括玻璃、陶瓷、塑料、橡胶、日用化工、文化用品等制品，是关系到千家万户、各行各业、人们生活与工作不可缺少的商品。

玻璃、陶瓷可以制成绚丽多彩的各种器皿和工艺美术品，如陈设具、半陈设具、厨具、餐具、茶具等饮用具及普通容器具。

洗涤用品是日常生活中用以洗涤去垢的重要消费品，它能够为人们提供文明生活，为自己创造一个清洁、安全和美丽的生活环境。化妆品是人们用涂敷、揉擦、喷洒等不同方式，涂敷于人体各部位，起保护、清洁、美化作用的产品。

塑料可以用来制造多种多样的日用品，其花色品种之多以及用途之广泛，更是其他材料所不及的。人们在吃穿用住行等方面，几乎到处可见塑料的踪迹。

请问：通常日用工业品是如何分类的？上述列出的各种工业品分别属于哪一类？

【知识准备与任务分析】

日用工业品的种类很多，用途多样，化学成分复杂，可以概括地分为无机类商品和有机类商品两大类。

一、无机物日用工业品的质量属性

日用工业品中无机物商品主要包括各种金属商品和硅酸盐商品等。

（一）金属制品

金属商品的主要成分是各种金属，是由金属元素组成的一类单质。一种金属可以独立形成某一制品，也可以与另一种（或几种）金属或非金属熔合而成为合金，合金的性质不是其组成成分性质的简单的总和，而是形成新的独特的性质，如在铁中加入一定量的铬、镍炼成不锈钢，改变了铁易生锈的性质，且耐酸碱，成了优良的金属材料。日用工业品中的金属主要有铁、铝、铜及相应的合金和化合物。

（二）玻璃制品

玻璃是以石英砂、纯碱、石灰石、长石等为主要原料，经 1 550～1 600℃高温熔融、成型，并经快速冷却而制成的硬而脆的固体无机非金属材料。若在玻璃中加入某些金属氧化物、化合物或采用特殊工艺，还可以制得各种不同特殊性能的玻璃。

（三）陶瓷制品

陶瓷是由天然的硅酸盐矿物（即含 SiO_2 的化合物），如黏土、石灰石、石英、沙子等原料来进行生产，包括陶器、瓷器、耐火材料、黏土制品等。因此陶瓷可定义为：凡是经过原料配制、坯料成型、窑炉烧成工艺制成的产品，都叫做陶瓷。

陶瓷具有高熔点、高硬度、高耐热性、高化学稳定性、不燃性、不老化和良好的抗压能力等；但脆性高、抗温度急变能力低，抗拉、抗弯性能差。

二、有机物日用工业品的质量属性

有机商品根据分子量的大小分，为低分子有机物商品和高分子有机物商品。日用工业品中含低分子有机物的商品主要有肥皂、合成洗涤剂、牙膏，以及鞋油、卫生球、化妆品及其他日用化工商品。日用工业品中的高分子有机物商品主要有塑料、橡胶、纸张、皮革等制品。

（一）肥皂

肥皂是指脂肪酸盐类的总称，它包括洗涤用的洗衣皂、香皂、浴皂等。

肥皂的原料主要是油脂、合成脂肪酸、碱三类物质。此外，为提高肥皂的综合性能和满足各种使用要求，通常还加入一些辅助原料和填充材料。

5

（二）塑料的质量属性

塑料是指以合成树脂为主要成分，在一定温度、压力等条件下可以塑造成型，在常温下保持形状不变的材料。

塑料具有许多其他材料所没有的优点，与玻璃、陶瓷相比，它不易碎；与铁、锌、铝等金属相比，它不易腐蚀，且比较轻便；与木材相比，它不怕水，且强度高。此外，它的电绝缘性好，黏附性好，透明性好，色泽鲜艳，既可做成硬质产品，又可制成软而有弹性的制品。塑料原料丰富，加工成型方便生产效率高，具有品种多、性能优越的特点，可以充分适应多种用途对材料性能的要求，所以有人把塑料称为“万能材料”。但塑料不耐热，不易降解，其废弃物容易造成环境污染。根据合成树脂受热后所引起的变化，塑料可分为热塑性塑料和热固性塑料。

【做中学 5－1】选择几种日用塑料制品，如塑料袋、塑料杯（盘、碗）、塑料电源插座等，分别对这些塑料制品加热，观察其状态的变化，分析其热塑性和热固性。

热塑性塑料在加工过程中，一般只起物理变化，即加热变软，冷却变硬，再加热再变软，可以反复加工，而树脂结构不起变化，其废旧物品可以回收利用。常见热塑性塑料有：聚氯乙烯、聚乙烯、聚丙烯等。

热固性塑料在加工过程中起化学变化，受热时开始被软化而具有一定可塑性，随着进一步加热，树脂就硬化定型，若再加热，也不会变软。热固性塑料只有一次可塑性，废旧物品不能再回收利用，仅能粉碎后用于填料。主要热固性塑料有：酚醛塑料（电木）、脲醛塑料（电玉）和三聚氰胺甲醛塑料（密胺）等。

（三）纸张的质量属性

纸是从悬浮液中将植物纤维、矿物纤维或其他纤维沉积到适当的成型设备上，经干燥制成的均匀薄片。从纤维原料制浆造纸所得产品，可以分为纸和纸板两大类。一般情况下，定量在 225 g/m^2 以下的为纸，定量在 225 g/m^2 或以上的为纸板。纸的定量用纸或纸板每平方米的质量表示，以 g/m^2 表示。根据用途，纸张大致可以分为文化用纸、工业技术用纸、包装用纸和生活用纸四大类；纸板大致可以分为包装用纸板、工业技术用纸板、建筑类纸板和印刷与装饰用纸板四大类。

任务引例解析

日用工业品的种类很多，用途多样，化学成分复杂，可以概括地分为无机类商品和有机类商品两大类。

本任务引例中提到的几种工业品，其中玻璃、陶瓷是无机物，洗涤用品和化妆品是低分子有机物，塑料则是高分子有机物。

项 目 小 结

商品属性的认知与分析项目的内容结构图，如图 5－2 所示。

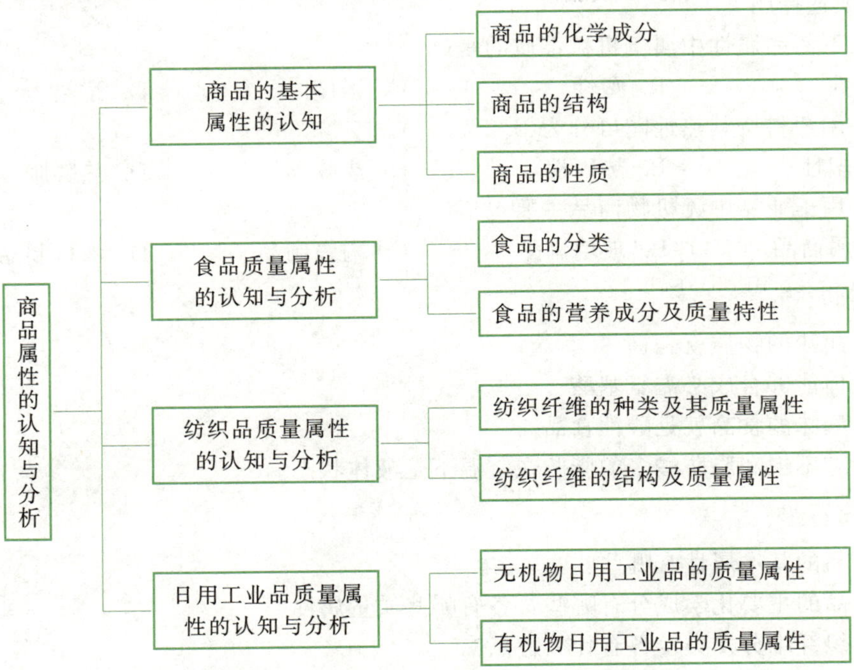

图 5－2　商品属性的认知与分析项目的内容结构图

主 要 概 念

商品的结构　天然纤维　化学纤维　人造纤维　合成纤维　织纹组织

习题与训练

一、习题

（一）名词解释

商品的结构　天然纤维　化学纤维　织纹组织

（二）选择题

1. 单项选择题

（1）以下物质中不属于食品营养成分的是（　　）。

A. 糖类　　B. 蛋白质　　C. 维生素　　D. 纤维素

（2）羊毛纤维的主要成分是（　　）。

A. 纤维素　　B. 蛋白质　　C. 粘胶　　D. 聚酯

（3）以下商品中属于低分子有机物的是（　　）。

A. 棉花　　B. 羊毛　　C. 肥皂　　D. 塑料

2. 多项选择题

5

（1）以下商品属性中属于机械性质的是（　　　）。

A. 弹性　　B. 塑性　　C. 强度　　D. 耐热

（2）日用塑料按其热性能可分为（　　　）。

A. 热塑性　　B. 热固性　　C. 热收缩　　D. 热膨胀

（3）日用工业品中无机物商品主要包括（　　　）。

A. 金属商品　　B. 玻璃制品　　C. 陶瓷制品　　D. 木材制品

（三）判断题

（1）有甜味的物质就是糖。（　　）

（2）人体能够合成必需氨基酸。（　　）

（3）有酸味的食品就是酸性食品。（　　）

（4）含有不饱和脂肪酸多的脂肪在常温下是液体状态。（　　）

（四）简答题

（1）商品的基本属性有哪些？

（2）食品的主要化学成分有哪些？各有哪些质量属性？

（3）纺织纤维分几类？各有什么特点？

（4）日用工业品主要有哪些？各有什么特点？

二、训练

1. 选择某类食品分析其质量特性。

2. 选择几种纺织品分析其质量特性。

项目六 商品标准与认证认可的认知与分析

职业能力目标

1. 了解标准的分类与特征；
2. 理解标准、标准化和商品标准的概念；
3. 理解标准化的作用；
4. 掌握我国商品标准的分类和分级；
5. 理解认证认可的概念；
6. 理解认证证书和认证标志及强制性产品认证；
7. 熟悉认可机构及其徽标、常见的认证标志。

典型工作任务

1. 标准的认知与分析；
2. 标准化的认知与分析；
3. 我国商品标准的认知与分析；
4. 认证认可的认知与分析。

任务一 标准的认知与分析

任务引例

在某一手机维修服务中心，客服工作人员告诉该顾客："我们已经给手机更换了新的主板，由于该手机保修期只剩下两个月了，因此新更换的手机主板也只有两个月的保修期。"顾客不同意客服工作人员的讲话，认为"新更换的手机主板如同新买的零部件，保修期应当从今日算起才对"。客服人员说："这是公司的规定，我们也没有办法。"顾客指责维修服务中心的服务质量不合格，并因此与客服工作人员发生了争执。

请问：什么是标准？评价产品和服务质量合格与否的依据是什么？

【知识准备与任务分析】

一、标准的概念及含义

标准是指为了在一定的范围内获得最佳秩序，经协商一致制定并由公认机构批准，共同使用的和重复使用的一种规范性文件（国家标准 GB/T 20000.1）。标准是以科学、技术和经验的综合成果为基础，以促进最佳的共同效益为目的。标准的这一定义揭示了“标准”的如下含义：

第一，标准是针对某类事物所作的一种技术规范，规范人们的行为并使之尽量符合客观的自然规律和技术法则。标准通常是以科学合理的规定，为人们提供一种最佳选择。标准的表现形式一般为具有特定制定程序、编写原则和体例格式的文件。

第二，标准的对象是重复性的事物，只有当它们反复出现和应用时，对该事物才有制定标准的必要。

第三，标准产生的基础是科学技术和实践经验的综合成果。

第四，标准形成的程序是体现上述成果的标准，须经有关各利益方共同协商一致，再由公认的标准化机构或团体批准，最后以特定文件形式（有时辅之以特定实物形式）公开发布。

第五，标准的目的是在一定范围内，通过技术规范建立起有利于社会经济发展的最佳生产秩序、技术秩序和市场秩序，从而促进最佳社会效益。

二、标准的分类

标准从不同角度可以有不同的分类方法。

（一）层级分类法

6

按照标准发生作用的范围或审批权限，可以分为：国际标准、区域标准、国家标准、行业标准、地方标准和企业（公司）标准。

（二）对象分类法

按照标准对象的名称归属及在实施过程中的作用，可以分为：产品标准、工程建设标准、工艺标准、方法标准、原材料标准、零部件标准、环境保护标准、数据标准、文件格式标准、接口标准等。

（三）属性分类法

按照标准的属性，通常可以分为：基础标准、技术标准、管理标准、工作标准。

三、标准的性质

我国的标准体制是强制性和推荐性相结合的标准体制。

（一）强制性标准

强制性标准是依法必须执行的标准，对于违反强制性标准的行为，国家将依法追究当事人的法律责任。根据我国《标准化法》的规定，保障人体健康，人身、财产安全的标准和法律、法规规定强制执行的标准是强制性标准。国务院发布的《中华人民共和国标准化法实施条例》对制定强制性国家标准、行业标准的范围作了具体规定：

(1) 药品标准、食品卫生标准、兽药标准。

(2) 产品及产品生产、储运和使用中的安全、卫生标准，劳动安全、卫生标准，运输安全标准。

(3) 工程建设的质量、安全、卫生标准及国家需要控制的其他工程建设标准。

(4) 环境保护方面的污染物排放标准和环境质量标准。

(5) 重要的通用技术术语、符号、代号和制图方法标准。

(6) 通用的试验、检验方法标准。

(7) 互换配合标准。

(8) 国家需要控制的重要产品质量标准。

这些标准在制定时就确定了强制性质，在标准批准发布时，赋予其强制执行的法律属性。

(二) 推荐性标准

推荐性标准，是指具有普遍指导作用而又不宜强制执行的标准。推荐性标准不具有法律约束力。但推荐性标准被强制性标准引用，或纳入指令性文件便具有了约束力。

企业明示执行的推荐性标准，在企业内部具有强制性和约束力，并应承担相应的质量责任。

强制性标准以外的标准是推荐性标准，推荐性标准又称自愿性标准。在实行市场经济体制的国家，大多实行推荐性标准。国家制定的标准，由各企业自愿采用、自愿认证，国家利用经济杠杆鼓励企业采用。如美国、日本、法国、英国、德国等国的大多数的国家标准，以及国际标准等。

(三) 指导性技术文件

指导性技术文件(可以理解为暂行标准)，是为仍处于技术发展过程中(如变化快的技术领域)的标准化工作提供指南或信息，供科研、设计、生产、使用和管理等有关人员参考使用而制定的标准文件。

下列情况下，可以制定指导性技术文件：

第一，技术尚在发展中，需要有相应的标准文件引导其发展或具有标准化价值，尚不能制定为标准的项目；

第二，采用国际标准化组织、国际电工委员会及其他国际组织(包括区域性国际组织)的技术报告的项目。

指导性技术文件由国务院标准化行政主管部门编制计划，组织草拟，统一审批、编号、发布。

指导性技术文件不宜由标准引用使其具有强制性或行政约束力。

指导性技术文件三年复审，以决定是否继续有效，转化为国家标准或撤销。

任务引例解析

标准是指为了在一定的范围内获得最佳秩序，经协商一致制定并由公认机构批准，共同使用的和重复使用的一种规范性文件。评价产品和服务质量是否合格，不是由买方或卖方说了算，而是依据国家相关标准或相关规范。

任务二 标准化的认知与分析

任务引例

在国际贸易中，一国从保障人体健康和安全、保护环境、维护消费者利益等正当理由出发，对各种进口商品的质地、纯度、规格、尺寸、营养价值、用途、设计及说明、产地证书、包装、商标等作出技术性规定，这本身是无可非议的，这是人类合理、更有秩序地交易生产成果的有效措施，是贸易文明的标志之一。这些措施本身并非设置贸易障碍，但是如果一国对外国进口产品，有意把这些措施或规定复杂化，并且经常变动，甚至规定内外有别的双重标准，使外国进口商难以符合这些规定的要求，这些规定就会成为严重的贸易保护壁垒。

请问：什么是标准化？什么是国际标准？为什么要积极采用国际标准？

【知识准备与任务分析】

一、标准化概述

标准化是指为了在一定范围内获得最佳秩序，对现实问题或潜在问题制定共同使用和重复使用的条款的活动（GB/T 20000.1）。该标准化的定义，有以下几方面内涵。

第一，标准化是一项活动、一个过程。其对象不是孤立的一件事或一个事物，而是共同的可重复的事物。这个活动包括从标准的编制、发布到实施的全过程。

第二，标准化涉及的现实问题或潜在问题范围非常宽广，除了生产、流通、消费等经济活动以外，还包括科学、技术、管理等多种活动。

第三，标准化活动是有目的的，就是要在一定范围内获得最佳秩序。“最佳”是指通盘考虑了目前与长远、局部与全局等各方面因素后所能取得的综合的最佳效益。而“秩序”则是指有条不紊的生产秩序、技术秩序、经济秩序、管理秩序和安全秩序等。

商品标准化是整个标准化活动中的重要组成部分，它是在商品生产和流通的各个环节中制定、发布以及推行商品标准的活动。商品标准化包括名词术语统一化；商品质量统一化，商品质量管理与质量保证标准化；商品分类编码标准化；商品零部件通用化；商品品种规格系列化；商品检验与评价方法标准化；商品包装、储运、养护标准化和规范化等内容。

商品标准化的基本原理包括统一原理、简化原理、协调原理和最优化原理。商品标准化水平是衡量一个国家生产技术水平和管理水平的尺度，是现代化的一个重要标志。现代化水平越高，就越需要商品标准化。

二、标准化与国际贸易

国际贸易是指世界各个国家或地区之间的商品流通，是各国家、各地区对外贸易的总称。由于国际贸易涉及国家间的重大政治利益和经济利益，各个国家为了争夺国际市场，保护本国工业和国内市场，往往采取关税壁垒和非关税壁垒的措施来限制外国商品进入本国市场，并采取奖出限入的政策。

国际贸易离不开标准化。标准化是科学技术的重要组成部分，是沟通国际技术合作的纽带。标准化是国际分工的前提条件，而国际分工是国际贸易得以进行的充分和必要条件。在世界贸易组织的一系列活动中，国际标准化组织及其所制定的国际标准，扮演着愈来愈重要的角色。

（一）国际贸易中的技术壁垒

国际贸易存在两种障碍，一是关税壁垒，指进出口商品经过一个国家的关界时，由海关向进出口商征税的一种贸易壁垒；二是非关税壁垒，是指关税以外的一切限制进口的措施，是通过法律、政策等措施形成的限制进口的贸易壁垒。非关税壁垒分为两类：一是进口国直接对进口商品的数量或金额加以限制，如进口配额制、进口许可证制、外汇管制等；二是技术壁垒，是指由各种技术法规和技术标准形成的贸易壁垒。各国为解决进出口贸易的不平衡，保护本国或本地区的利益，纷纷由关税壁垒转向技术壁垒。

贸易技术壁垒（technical barriers to trade），是指国际贸易中商品进出口国在实施贸易进口管制时通过颁布法律、法令、条例、规定，建立技术标准、认证制度、检验制度等方式，对国外进出口产品制定过分严格的技术标准、卫生检疫标准、商品包装和标签标准，从而提高进口产品的技术要求，增加进口难度，最终达到限制进口目的的一种非关税壁垒措施。贸易技术壁垒是目前各国，尤其是发达国家人为设置贸易障碍，推行贸易保护主义的最有效手段。

在国际贸易中，一国从保障人体健康和安全、保护环境、维护消费者利益等正当理由出发，对各种进口商品的质地、纯度、规格、尺寸、营养价值、用途、设计及说明、产地证书、包装、商标等做出技术性规定，这本是人类合理、更有秩序地交易生产成果的有效措施，是贸易文明的标志之一。但是如果一国对外国进口产品，有意把这些措施或规定复杂化，并且经常变动，甚至规定内外有别的双重标准，使外国进口商难以符合这些规定的要求，这些规定就会成为严重的贸易保护壁垒。

随着商品进口关税的进一步降低，贸易保护主义的天平从关税壁垒的一侧倾向了非关税壁垒的一侧，在非关税壁垒中如直接采用进口配额、进口许可证等限制进口，不仅常常受到国际舆论的谴责而且易遭到对等报复。同时随着当前企业经营国际化的发展，可以绕开对进口配额的限制。而技术壁垒一旦设立，则很难对付。

（二）贸易技术壁垒的主要表现形式和内容

1. 各种技术法规

技术法规是指包含或引用有关技术标准的法规，其内容主要涉及劳动安全、环境保护、卫生与健康、交通规则、无线电干扰、节约能源与材料、消费者保护等。在市场经济国家，商品技术要求一般为推荐性标准，不具有强制约束力。但这些标准在法律或规则中被引用，就具有了法律效力，并成为贸易保护的工具。

2. 严格的技术标准

传统的标准和标准化活动被认为是企业组织生产的依据，而当前随着国际贸易竞争的激烈，许多国家有意识地利用标准化作为竞争的手段，把强制性标准或标准中的技术差别作为贸易保护主义的措施，特别是在保证食品卫生、保护环境和人身健康安全方面，许多国家和地区都制定了严格的技术标准。

3. 商品及其包装的特殊要求和规定

各国因所处的地理环境不同，消费水平和消费结构不同，对进口商品的品种、规格、花色、款式或其他外观以及商品包装和标签提出了限制条件。进口的商品必须符合这些规定；否则，不准进口或禁止上市销售。

4. 工业产权、知识产权的技术保护

随着贸易国际化和自由化以及国际间技术文化交流日益频繁，属于工业产权和知识产权这类无形财产权在国际贸易中的纠纷案越来越多，有关国际组织和国家相继制定了这方面的国际公约或本国的法规，以保护本国的技术经济利益。

5. 质量认证和认可制度、物品编码系统、计量单位、标志等

在国际贸易中，不仅标准能构成贸易的技术壁垒，而且质量认证和认可制度、物品编码、标志、计量单位等往往也成为技术壁垒的手段。国际贸易对商品的质量认证、认可制度尤为重视，有些国家甚至限制没有经过认证的商品进入本国市场。

【做中学 6-1】采用国际标准，打破贸易技术壁垒

标准是国际贸易的媒介和桥梁，也是买卖双方互相信任的依据。现在国际贸易中采用的标准有四种类型：一是国际标准；二是出口国要参考进口国的标准；三是按本国标准生产；四是采用买方或卖方或买卖双方共同协商同意的技术要求。国际标准是大多数国家所能接受的，在国际贸易中，以国际标准作为交易双方的技术依据，使双方都处于平等的地位，不会因标准的差异而产生技术壁垒，因而可以消除国际贸易中的技术壁垒。此外，采用国际标准还可以提高本国的标准水平和商品在国际市场上的竞争力，公正地解决国际贸易中的纠纷。

6

（三）标准化在国际贸易中的作用

国际贸易离不开标准化，标准化是经济、技术交流的纽带，是国际贸易的调节工具。积极采用国际标准，对于消除贸易技术壁垒，发展对外贸易，增加出口贸易额具有十分重要意义。

1. 协调作用

消除贸易技术壁垒，解决产品之间的配套问题、互换问题、可靠性问题、安全问题；等等，要保持技术和生产活动中协调一致，必须进行协调。标准化在国际贸易中协调作用最显著，它是一种“工程语言”和相互信任的依据。WTO《标准守则》是一项有关贸易中技术壁垒的多边协定，它要求有关各方面应采用国际标准作为他们的技术法规和标准的基础。

2. 推动作用

标准是国际贸易的媒介和桥梁，也是买卖双方互相信任的依据，在国际贸易中，不仅具有协调作用，还有很大的推动作用。在贸易谈判活动中，标准是基础，双方标准趋向一致，洽谈成功的可能性就大；否则，就容易失败。现在国际贸易中采用的标准有四种类型，第一种是采用国际标准作为贸易的依据；第二种是出口要参考进口国的标准；第三种是按本国标准

生产;第四种是采用买卖双方共同协商同意的技术要求。

通过采用国际标准使买卖双方达成相互了解,消除国际贸易中的技术壁垒,对于发展中国家来说,对外贸易以采用国际标准为佳。这是由于本国标准尚不先进,难以成交,采用国际标准,不但可以提高本国的标准水平和产品在国际市场上的竞争力,而且还可以避免对方提出高于国际标准的要求。

3. 保护作用

标准化在国际贸易中具有保护作用。在剧烈的竞争中为了保护本国利益筑起了新的贸易壁垒,各国往往利用标准中不同的要求来保护本国的民族工业,或者用提高标准水平的办法阻止进口。标准化在国际贸易中使保护主义者有机可乘,给国际贸易带来影响,但它也可以用来保护本国利益。

4. 仲裁作用

在国际贸易中,标准是进行仲裁的依据。随着国际贸易的发展,买卖双方在技术上的纠纷不断增加,为解决这些纠纷进行仲裁,一般不是以样品、样机为交货和验收的依据,而是以技术标准为依据。检验可以按合同规定的标准检验,尤其是采用国际上统一制定的客观的、中立的、为买卖双方所能接受的国际标准中的试验方法、检验方法、抽样方法进行检验,可以防止贸易中以次充好、以劣充优,使经济上的强者不能去诈骗经济上的弱者,公正地解决贸易中的纠纷。

三、国际标准概述

(一) 国际标准

国际标准是指由国际上有权威的专业组织制定,并为世界上大多数国家承认和通用的标准。通常是指国际标准化组织(ISO)和国际电工委员会(IEC)所制定的标准,以及经国际标准化组织确认并公布的其他国际组织制定的权威标准。

国际标准化组织(ISO)是世界上最大的非政府性国际标准化专门机构,是联合国经社理事会和贸易发展理事会的甲级咨询机构。它的宗旨是世界范围内促进标准化工作的发展,以利于国际商品交流和互助,并扩大在知识、科学技术和经济方面的合作。其主要活动是制定国际标准,协调世界范围内的标准化工作和进行标准情报交流。

一项国际标准的制定要经过各级技术组织充分讨论和多次修正,使所提标准方案既能代表当代科技发展水平,又要经过严格的试验验证,以保证标准的科学性和先进性,同时,还要广泛征求各方面(其成员团体及有关国际组织)的意见,使标准切合各有关方面的需要,这反映了国际标准的民主性。在通过一项标准时,不但需要75%以上正式成员团体的投票赞成,而且还要经过理事会审查批准,充分体现了国际标准的严肃性。

国际标准为推荐性标准,国际标准号的组成包括标准代号、顺序号和发布年代号三部分,如图6-1所示。

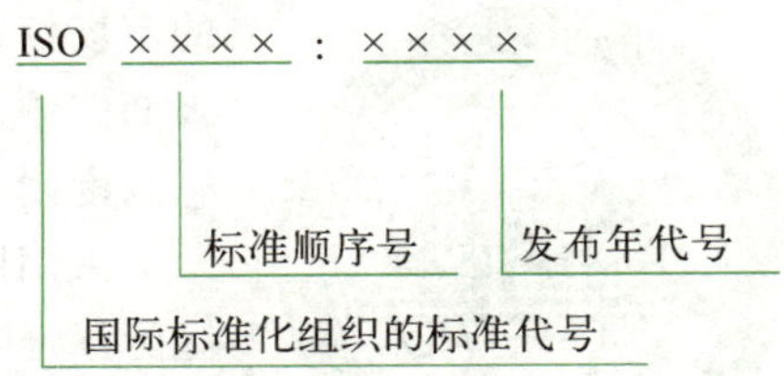

图6-1 国际标准编号

（二）国外先进标准

国外先进标准是指未经ISO确认并公布的其他国际组织的标准、发达国家的国家标准、区域性组织的标准、国际上有权威的团体标准和企业（公司）标准中的先进标准。

（三）我国采用国际标准状况

采用国际标准包括采用国际标准和国外先进标准。随着经济和国际贸易的发展，采用国际标准和国外先进标准是我国一项重大的技术经济政策，是促进技术进步、提高产品质量、扩大对外开放、加快与国际惯例接轨、发展社会主义市场经济的重要措施。

1. 采用国际标准的含义

我国颁布的《采用国际标准和国外先进标准管理办法》规定：采用国际标准和国外先进标准（简称采标），是指将国际标准或国外先进标准的内容，经过分析研究，不同程度地转化为我国标准（包括国家标准、行业标准、地方标准和企业标准），并贯彻实施。

2. 我国采用国际标准的程度

在采用国际标准中，根据我国标准与被采用的国际标准之间技术内容和编写方法差异的大小，采用程度分为等同采用、等效采用和非等效采用三种。

（1）等同采用，指技术内容相同，没有或仅有编辑性修改，编写方法完全相对应。

（2）等效采用，指主要技术内容相同，技术上只有很小差异，编写方法不完全相对应。

（3）非等效采用，指技术内容有重大差异。

采用国际标准的程度仅表示我国标准与国际标准之间的异同情况，而不表示技术水平的高低。

为了便于查找和统计，采用国际标准的程度在标准目录中应分别用三种图示符号来表示，在电报传输或电子数据处理中可分别用三种缩写字母来表示，如表6－1所示。

表6－1 国际标准采用程度符号

采用程度	图示符号	缩写字母代号
等同采用	$\equiv$	idt 或 IDT
等效采用	$=$	eqv 或 EQV
非等效采用	$\neq$	neq 或 NEQ

3. 采用国际标准标志制度

为了鼓励企业积极采用国际标准，提高采用国际标准产品的市场信誉和社会知名度，加快采用国际标准步伐，国家技术监督部门颁发了《采用国际标准产品标志管理办法》，实施采标标志制度。

采用国际标准产品标志（简称采标标志），是我国产品采用国际标准和国外先进标准的一种专用证明标志，是企业对产品质量达到国际标准或国外先进标准的自我声明形式。采标标志由企业自愿采用，并对使用采标标志的产品质量承担法律责任。采用国际标准标志，如图6－2所示。

图6－2 采用国际标准标志

任务引例解析

商品标准化水平是衡量一个国家生产技术水平和管理水平的尺度，是现代化的一个重要标志。现代化水平越高，就越需要商品标准化。国际贸易更离不开标准化，标准化是沟通国际技术合作的纽带，是经济、技术交流的纽带，是国际贸易的调节工具。

国际标准是大多数国家所能接受的，在国际贸易中，以国际标准作为交易双方的技术依据，使双方都处于平等的地位，不会因标准的差异而产生技术壁垒，因而可以消除国际贸易中的技术壁垒。积极采用国际标准，对于消除贸易技术壁垒，发展对外贸易，增加出口贸易额具有十分重要意义。

任务三　我国商品标准的认知与分析

任务引例

某企业为了提高产品的性能，增加产品的市场竞争能力，特制定了企业标准作为生产的依据。该标准除了符合国家的相关标准外，在几项关键指标上，还远远高出了国家标准的规定，与国际标准水平相当。为了让消费者了解该企业产品的质量水平远高于市场上同类产品的性能，企业在其产品的包装上标注了自己的企业标准。不久该产品就被国家有关质量监督部门查处了。

请问：在我国的商品标准是如何分类和分级的？各级商品标准之间是一种什么关系？

【知识准备与任务分析】

一、商品标准概述

（一）商品标准的概念及其特征

商品标准是对商品的质量以及与质量相关的某些或全部要求所做的统一规定。它是从事工农业生产的一种共同技术依据，也是部门之间交接验收商品的共同准则。

商品标准是为保证商品能满足人们的基本需要，对商品必须达到的某些或全部要求所制定的标准，包括品种、技术要求、试验方法、检验规则、包装、标志、运输和储存条件等。商品标准是商品生产、质量验收、监督检验、贸易洽谈、储存运输等的依据和准则，也是对商品质量争议做出仲裁的依据。对于正式生产的各类商品，都必须制定相应的商品标准。

国家标准、行业标准和地方标准的代号、编号办法，由国务院标准化行政主管部门统一规定。企业标准的代号、编号办法，由国务院标准化行政主管部门会同国务院有关行政主管部门规定。标准的出版、发行办法，由制定标准的部门规定。

（二）商品标准的特征

1. 统一性

商品标准的本质特征是统一。由于需要统一的范围不同、内容不同，便产生了不同级别和不同类型的商品标准。不同级别的商品标准在不同的使用范围内统一，不同类型的商品标准从不同的角度和不同的侧面进行统一。但统一并不意味着全部统死，商品标准并不限制商品花色品种的多样性和技术的进步。

2. 科学性与先进性

商品标准的科学性、先进性是以科学技术和实践经验的综合成果为基础。凡制定一项商品标准，都要将国内外有关的科研新成果、新技术和生产、使用实践中积累的先进经验和各项参数，经过综合分析、反复验证、概括提炼纳入标准，并要求根据科学技术的发展及时修订。因此，商品标准是科学技术和生产发展水平的标志。

3. 严肃性

商品标准有特定的形成程序和形式，这是指标准的制定有着自己特有的一套格式和审批颁布程序，体现了标准的严肃性。

4. 民主性与权威性

商品标准不能只是个别部门少数人的主观意志或局部利益的反映，而应该是由有关方面的代表，从全局利益出发，通过认真调研、反复讨论、充分协商，在对标准中的实质性问题取得一致(普遍接受)的基础上，共同作出的统一规定。既能体现民主性，又能体现权威性。

二、我国商品标准的分类

(一) 商品标准的表达形式

按商品标准的表达形式不同，商品标准分为文件标准和实物标准。

文件标准是用特定格式的文件，通过文字、表格、图样等形式，表达全部或部分商品质量及有关内容的统一规定。绝大多数商品标准都是文件标准。

6

实物标准是指对某些难以用文字准确表达的质量要求(如色泽、气味、手感、质感等)，由标准化主管机构或指定部门用实物做成与文件标准规定的质量要求完全或部分(某一方面)相同的标准样品(标样)，按一定程序颁发，作为文件标准的补充，同样是生产、检验、贸易洽谈、收购定价等有关方面共同遵守的技术依据。实物标准大多是文件标准的补充件，没有单独颁发的。

(二) 标准的受约束程度

按标准的受约束程度不同，商品标准分为强制性标准和推荐性标准。

强制性标准是依法必须执行的标准，对于违反强制性标准的行为，国家将依法追究当事人的法律责任。根据我国《标准化法》的规定，保障人体健康，人身、财产安全的标准和法律、法规规定强制执行的标准是强制性标准。

强制性标准以外的标准是推荐性标准。推荐性标准是指具有普遍指导作用而又不宜强制执行的标准。推荐性标准不具有法律约束力。但推荐性标准被强制性标准引用，或纳入指令性文件便具有了约束力。企业明示执行的推荐性标准，在企业内部具有强制性和约束力，并应承担相应的质量责任。

推荐性标准又称自愿性标准。在实行市场经济体制的国家，大多实行推荐性标准。国家制定的标准，由各企业自愿采用、自愿认证，国家利用经济杠杆鼓励企业采用。

(三) 商品标准的成熟程度

按商品标准的成熟程度不同，商品标准分为：正式标准和试行标准。

试行标准与正式标准具有同样的效用，同样具有法律约束力。其标准号与正式标准号表示方法相同，只是在封面的右下角要注明“试行年、月、日”。试行标准一般在试行二三年后，经过讨论修订，再作为正式标准发布。应该说明，绝大多数标准都是正式标准。

(四) 商品标准的保密程度

按商品标准的保密程度不同，商品标准分为公开标准和内部标准。

我国的绝大多数标准都是公开标准，少数涉及军事技术或尖端技术机密的标准，只准在国内或者有关单位内部执行。内部标准的代号是在公开标准号后加汉语拼音字母 n(内)，如 GBn 表示国家内部标准。根据有关规定，标准中是不允许引用上述内部发行标准的。

三、我国商品标准的分级

按照商品标准发生作用的范围或审批权限，我国商品标准可分为国家标准、行业标准、地方标准和企业标准。

(一) 国家标准

我国《标准化法》规定：对需要在全国范围内统一的下列技术要求，应当制定国家标准(含标准样品的制作)：

(1) 互换配合、通用技术语言要求。

(2) 保障人体健康和人身、财产安全的技术要求。

(3) 基本原料、燃料、材料的技术要求。

(4) 通用基础件的技术要求。

(5) 通用的试验、检验方法。

(6) 通用的管理技术要求。

(7) 工程建设的重要技术要求。

(8) 国家需要控制的其他重要产品的技术要求。

国家标准由国务院标准化行政主管部门编制计划，组织草拟，统一审批、编号、发布。

工程建设、药品、食品卫生、兽药、环境保护的国家标准，分别由国务院工程建设主管部门、卫生主管部门、农业主管部门、环境保护主管部门组织草拟、审批；其编号、发布办法由国务院标准化行政主管部门会同国务院有关行政主管部门制定。法律对国家标准的制定另有规定的，依照法律的规定执行。

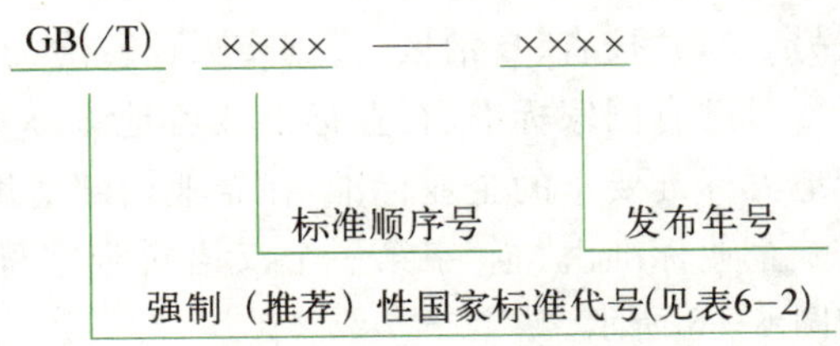

图 6-3　国家标准编号

国家标准编号由国家标准代号、发布标准顺序号、标准发布的年号组成，如图 6-3 所示。

(二) 行业标准

我国《标准化法》规定：对没有国家标准而又需要在全国某个行业范围内统一的技术要求，可以制定行业标准(含标准样品的制作)。制定行业标准的项目由国务院有关行政主管部门确定。

行业标准由国务院有关行政主管部门编制计划，组织草拟，统一审批、编号、发布，并报国务院标准化行政主管部门备案。

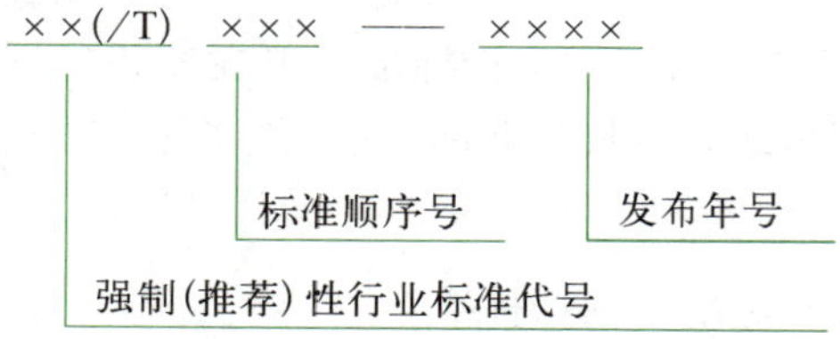

图 6-4 行业标准编号

行业标准在相应的国家标准实施后，自行废止。

行业标准编号由行业标准代号、标准顺序号和发布年号组成，如图 6-4 所示。

(三) 地方标准

我国《标准化法》规定：对没有国家标准和行业标准而又需要在省、自治区、直辖市范围内统一的工业产品的安全、卫生要求，可以制定地方标准。制定地方标准的项目，由省、自治区、直辖市人民政府标准化行政主管部门确定。

地方标准由省、自治区、直辖市人民政府标准化行政主管部门编制计划，组织草拟，统一审批、编号、发布，并报国务院标准化行政主管部门和国务院有关行政主管部门备案。

法律对地方标准的制定另有规定的，依照法律的规定执行。

地方标准在相应的国家标准或行业标准实施后，自行废止。

地方标准编号由地方标准代号、地方代号、标准顺序号和发布年号组成，如图 6-5 所示。

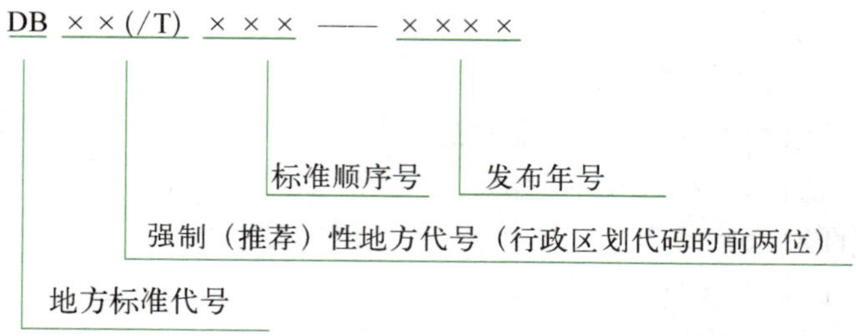

图 6-5 地方标准编号

(四) 企业标准

我国《标准化法》规定：企业生产的产品没有国家标准、行业标准和地方标准的，应当制定相应的企业标准，作为组织生产的依据。企业标准由企业组织制定(农业企业标准制定办法另定)，并按省、自治区、直辖市人民政府的规定备案。

对已有国家标准、行业标准或者地方标准的，鼓励企业制定严于国家标准、行业标准或者地方标准要求的企业标准，在企业内部适用。

企业标准由“企”字第一个汉语拼音字母“Q”、企业代号、标准顺序号和发布年号组成，如图 6-6 所示。

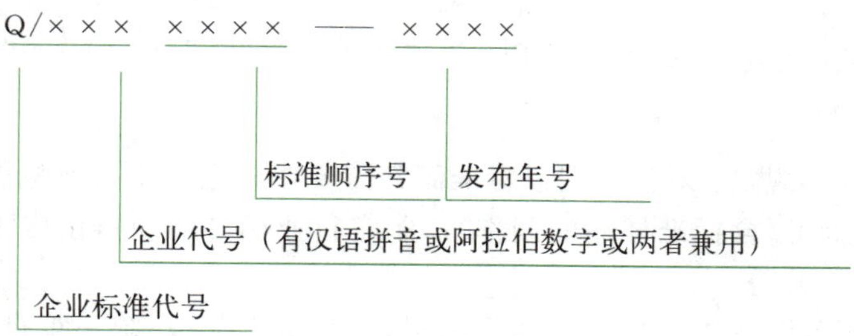

图 6-6 企业标准编号

表 6-2 国家标准代号

序号	代号	含义	管理部门
1	GB	中华人民共和国强制性国家标准	国家标准化管理委员会
2	GB/T	中华人民共和国推荐性国家标准	国家标准化管理委员会
3	GB/Z	中华人民共和国国家标准化指导性技术文件	国家标准化管理委员会

任务引例解析

我国各级商品标准之间的关系是：对需要在全国范围内统一的技术要求，应当制定国家标准；对没有国家标准而又需要在全国某个行业范围内统一的技术要求，可以制定行业标准；对没有国家标准和行业标准而又需要在省、自治区、直辖市范围内统一的工业产品的安全、卫生要求，可以制定地方标准；企业生产的产品没有国家标准、行业标准和地方标准的，应当制定相应的企业标准，作为组织生产的依据。对已有国家标准、行业标准或者地方标准的，鼓励企业制定严于国家标准、行业标准或者地方标准要求的企业标准，在企业内部适用。

【任务设计——商品标准分析】

工作实例：

GB 12904 是我国《商品条码》的国家标准，属于强制性标准，GB/T 18283 是我国《店内条码》的国家标准，属于推荐性标准。请运用所学理论比较分析上述两个标准。

【操作步骤】

第一步：了解我国标准的分类及其特性，明确我国强制性标准和推荐性标准的特点、要求及应用。

第二步：查阅 GB 12904 和 GB/T 18283 标准的有关资料，比较其主要条款。

第三步：比较 GB 12904 和 GB/T 18283 标准的特点、要求及应用，分析《商品条码》国家标准强制性和《店内条码》国家标准推荐性的必要性。

第三步：撰写标准分析报告。

6

任务四 认证认可的认知与分析

任务引例

在本项目任务三引例的材料中所述，某企业受到查处后，企业质量管理人员感到不解。产品包装上标注企业的生产标准，是为了向消费者表明其产品质量指标严于国家标准，产品的质量怎么会不合格呢？如若标注国家标准，又怎么能体现出自己的产品是按照更高指标的标准来生产的呢？

监管人员解释："虽然企业可以制定严于国家标准的企业标准，但只能作为内部标准使用。企业若要向消费者表明自己产品的质量达到了更高的质量水平，可以向经我国有关部门认可的第三方认证机构申请认证，就可以证明其产品达到某一水平或某一标准"。

请问：什么是认证和认可？

【知识准备与任务分析】

一、认证认可的概念

为了规范认证认可活动，提高产品、服务的质量和管理水平，促进经济和社会的发展，国家制定了《中华人民共和国认证认可条例》。

条例所称"认证"，是指由认证机构证明产品、服务、管理体系符合相关技术规范和相关技术规范的强制性要求或者标准的合格评定活动。

条例所称"认可"，是指由认可机构对认证机构、检查机构、实验室以及从事评审、审核等认证活动人员的能力和执业资格予以承认的合格评定活动。

根据《中华人民共和国认证认可条例》的规定，我国实行统一的认证认可监督管理制度。国家对认证认可工作实行在国务院认证认可监督管理部门统一管理、监督和综合协调下，各有关方面共同实施的工作机制。国务院认证认可监督管理部门应当依法对认证培训机构、认证咨询机构的活动加强监督管理。认证认可活动应当遵循客观独立、公开公正、诚实信用的原则。

二、认证证书和认证标志的概念

为了加强对产品、服务、管理体系认证的认证证书和认证标志（以下简称认证证书和认证标志）的管理、监督，规范认证证书和认证标志的使用，维护获证组织和公众的合法权益，促进认证活动健康有序的发展，根据《中华人民共和国认证认可条例》等有关法律、行政法规的规定，国家质量监督检验检疫总局公布了《认证证书和认证标志管理办法》。适用于认证证书和认证标志的制定、发布、备案、使用和监督检查。

由国家认证认可监督管理委员会（简称国家认监委）依法负责认证证书和认证标志的管理、监督和综合协调工作。地方质量技术监督部门和各地出入境检验检疫机构（统称地方认证监督管理部门）按照各自职责分工，依法负责所辖区域内的认证证书和认证标志的监督检查工作。禁止伪造、冒用、转让和非法买卖认证证书和认证标志。《管理办法》也规定了相应的罚则。

《管理办法》将"认证证书"定义为"产品、服务、管理体系通过认证所获得的证明性文件。认证证书包括产品认证证书、服务认证证书和管理体系认证证书"。

《管理办法》将"认证标志"定义为"证明产品、服务、管理体系通过认证的专有符号、图案或者符号、图案以及文字的组合。认证标志包括产品认证标志、服务认证标志和管理体系认证标志"。认证标志分为强制性认证标志和自愿性认证标志。

自愿性认证标志包括国家统一的自愿性认证标志和认证机构自行制定的认证标志。强制性认证标志和国家统一的自愿性认证标志属于国家专有认证标志。认证机构自行制定的认证标志是指认证机构专有的认证标志。

强制性认证标志和国家统一的自愿性认证标志的制定和使用，由国家认监委依法规定，并予以公布。认证机构自行制定的认证标志的式样(包括使用的符号)、文字和名称，应当遵守以下规定：

(1) 不得与强制性认证标志、国家统一的自愿性认证标志或者已经国家认监委备案的认证机构自行制定的认证标志相同或者近似。

(2) 不得妨碍社会管理秩序。

(3) 不得将公众熟知的社会公共资源或者具有特定含义的认证名称的文字、符号、图案作为认证标志的组成部分(如使用表明安全、健康、环保、绿色、无污染等的文字、符号、图案)。

(4) 不得将容易误导公众或者造成社会歧视、有损社会道德风尚以及其他不良影响的文字、符号、图案作为认证标志的组成部分。

(5) 其他法律、行政法规，或者国家制定的相关技术规范、标准的规定。

三、我国强制性产品认证

为了完善和规范强制性产品认证工作，切实维护国家、社会和公众利益，根据国家产品安全质量许可、产品质量认证的法律法规的规定以及国务院赋予国家质量监督检验检疫总局和国家认证认可监督管理委员会的职能，国家于 2001 年制定发布了《强制性产品认证管理规定》。

《强制性产品认证管理规定》规定，国家对涉及人类健康和安全，动植物生命和健康，以及环境保护和公共安全的产品实行强制性认证制度。国家对强制性产品认证公布统一的《中华人民共和国实施强制性产品认证的产品目录》(以下简称《目录》)，确定统一适用的国家标准、技术规则和实施程序，制定和发布统一的标志，规定统一的收费标准。凡列入《目录》的产品，必须经国家指定的认证机构认证合格，取得指定认证机构颁发的认证证书，并加施认证标志后，方可出厂销售、进口和在经营性活动中使用。

强制性产品认证标志的名称为“中国强制认证”(英文名称为“China Compulsory Certification”，英文缩写为“CCC”，也可简称为“3C”标志。)，认证标志是《目录》中产品准许其出厂销售、进口和使用的证明标记。中国强制认证标志实施以后，将逐步取代原来实行的“长城”标志和“CCIB”标志。

CCC 强制认证标志的图案由基本图形和认证种类标注组成，如图 6－7 所示。在认证标

基本图形　　认证种类标注(强制安全认证标志)图形

图 6－7　CCC 强制认证标志

6

志基本图案的右部印制认证种类标注，证明产品所获得的认证种类，认证种类标注由代表认证种类的英文单词的缩写字母组成，如图 6－7 右图中的“S”代表安全认证。国家认证认可监督管理委员会根据认证工作需要制定和发布有关认证种类标注。

【做中学 6－2】 有哪些商品上或包装上应标有 3C 标志？

学生可根据生活经验在课堂上列举数个商品，教师可不作评价，要学生课后解决该问题。

具体要求：学生课后到学校附近的商店内，调查商品上或其包装上标有 3C 标志的商品名称，查阅《中华人民共和国实施强制性产品认证的产品目录》，将所调查的商品归入《目录》的某一类之中。

四、认可机构及主要认证标志

（一）中国合格评定国家认可委员会(CNAS)及其标志

中国合格评定国家认可委员会（英文缩写为：CNAS）是根据《中华人民共和国认证认可条例》的规定，由国家认证认可监督管理委员会批准设立并授权的国家认可机构，统一负责对认证机构、实验室和检查机构等相关机构的认可工作。中国合格评定国家认可委员会是在原中国认证机构国家认可委员会（CNAB）和原中国实验室国家认可委员会（CNAL）基础上整合而成的。

CNAS 徽标是代表 CNAS 机构本身的图形标识。CNAS 徽标式样如图 6－8 所示。

CNAS 徽标的式样　　IAF－MLA/CNAS 联合徽标　　ILAC－MRA/CNAS 联合徽标

图 6－8　CNAS 徽标式样

CNAS 认可标识是 CNAS 颁发的、供获准认可的机构使用的、表示其认可资格的图形标识。认可标识分为中文版和英文版，由 CNAS 徽标和标明认可制度的文字、注册号组成，文字和注册号置于 CNAS 徽标的正下方，使用 Arial 字体。

（二）常见的认证标志

1. 国家级或省市级产品质量监督检验中心授权标志

国家级或省市级产品质量监督检验中心授权标志，即产品质量检验机构考核合格符号分为省级和国家级。根据《中华人民共和国产品质量法》的规定，产品质量检验机构必须经省级以上质量监督管理部门或其授权的部门考核合格后，方可承担产品质量检验任务。凡考核合格的检验机构，应在其发出的考核合格范围内的检验报告上及有关工作文件上使用统一的考核合格符号。印有考核合格符号的检验报告，具有法律效力，可作为判定产品质量的依据。

考核合格符号由 CAL 三个英文字母形成的图形和检验机构考核合格证书编号两部分

组成。CAL 分别是“中国考核合格检验实验室”相应英文单词(China Accredited Laboratory)的字头,证书编号是省级以上质量监督管理部门按技监监函(1994)04 号文向其考核合格的产品质量检验机构颁发的证书的编号。省级以下检验机构的编号为()省质监认字()号;国家级质检机构的编号为国质监认字()号。CAL 认证标志如图 6-9 所示。

国家级或省市级产品质量监督检验中心授权标志

国质监认字(　　)号
或(　　)省质监认字(　)号

图 6-9　CAL 认证标志

国家计量认证标志

(　)量认(省)字(　)号
(　)量认(国)字(　)号

图 6-10　CMA 认证标志

2. 国家计量认证标志

《中华人民共和国计量法》中规定:为社会提供公证数据的产品质量检验机构,必须经省级以上人民政府计量行政部门对其计量检定、测试能力和可靠性考核合格,这种考核称为计量认证。计量认证是我国通过计量立法,对为社会出具公证数据的检验机构(实验室)进行强制考核的一种手段,也可以说是政府对实验室的强制认可。经计量认证合格的产品质量检验机构所提供的数据,用于贸易出证、产品质量评价、成果鉴定作为公证数据,具有法律效力。

取得计量认证合格证书的产品质量检验机构,可按证书上所限定的检验项目,在其产品检验报告上使用计量认证标志,标志由 CMA 三个英文字母形成的图形和检验机构计量认证书编号两部分组成。CMA 分别由英文 China Metrology Accreditation 三个词的第一个大写字母组成,意为“中国质量认证”。省级以下检验机构计量认证证书编号为:()量认(省)字()号;国家级检验机构计量认证证书编号为:()量认(国)字()号。CMA 认证标志如图 6-10 所示。

3. 中国环境标志——十环 I 型标志

中国环境标志——“十环 I 型标志”是建立在第三方设立的根据产品生命周期评价体系的标准之上,是一个基于多重准则的标志,如图 6-11 所示。该标志由国家环保总局认证中心认证,是目前最权威的绿色标志。

十环 I 型标志是一种官方的产品证明性商标,图形的中心结构表示人类赖以生存的环境,外围的十个环紧密结合,环环紧扣,表示公众参与共同保护环境;同时十个环的“环”字与环境的“环”同字,其寓意为“全民联合起来,共同保护人类赖以生存的环境”,因此而称为“十环标志”;获准使用该标志的产品不仅质量合格,而且在生产、使用和处理过程中符合特定的环境保护要求,与同类产品相比,具有低毒少害、节约资源等环境优势。

环境标志是一种产品的证明性商标,它表明该产品不仅质量合格,而且在生产、使用和处理处置过程中符合环境保护要求,与同类产品相比,具有低毒少害、节约资源等环境优势。

图 6－11 环境标志

4. 绿色食品标志

“绿色食品”标志是一种特定质量标志，它专为证明出自良好生态环境、无污染、无公害、安全营养食品之用。现已作为证明商标，经国家工商行政管理局商标局核准注册，其商标专用权受《中华人民共和国商标法》保护。农业部统一负责“绿色食品”标志的颁发和使用管理。绿色食品标志由三部分构成，即上方的太阳、下方的叶片和中心蓓蕾，分别代表了生态环境、植物生长和生命的希望。标志为正圆形，意为“保护”“安全”，如图 6－12 所示。

图 6－12 绿色标志

【做中学 6－3】绿色食品标志的使用

凡从事食品生产、加工的企业，需要在某项产品上使用“绿色食品”标志的，必须依照《农业部“绿色食品”标志管理暂行办法》的有关规定提出申请，经审查，符合标准的，授予《绿色食品证书》及专用编号，准其使用，企业方可在该项指定的产品上使用“绿色食品”标志。由农业部定期将准许使用“绿色食品”标志企业名单报国家工商行政管理局商标局备案。

绿色食品所具备的条件是：

(1) 产品或产品原料产地必须符合绿色食品生态环境质量标准。

(2) 农作物种植、畜禽饲养、水产养殖及食品加工必须符合绿色食品生产操作规程。

(3) 产品必须符合绿色食品标准。

(4) 产品的包装、贮运必须符合绿色食品包装贮运标准。

5. “QS”企业产品生产许可标志

QS 企业产品生产许可，即工业产品生产许可，国家为了保证直接关系公共安全、人体健康、生命财产安全的重要工业产品的质量安全，贯彻国家产业政策，促进社会主义市场经济健康、协调发展，制定了《中华人民共和国工业产品生产许可证管理条例》，纳入《国家实行生产许可证制度的工业产品目录》的产品生产企业必须依照规定程序取得《工业产品生产许可证》方可从事产品生产，任何企业未取得生产许可证不得生产列入目录的产品。任何单位和个人不得销售或者在经营活动中使用未取得生产许可证的列入目录的产品。

（1）工业产品生产许可证标志。工业产品生产许可证标志由“企业产品生产许可”拼音 Qiyechanpin Shengchanxuke 的缩写“QS”和“生产许可”中文字样组成。标志主色调为蓝色，字母“Q”与“生产许可”四个中文字样为蓝色，字母“S”为白色，如图 6-13 所示。QS 标志由企业自行印(贴)。可以按照规定放大或者缩小。

工业产品生产许可证编号采用大写汉语拼音 XK 加十位阿拉伯数字编码组成：XK××-×××-×××××。其中，XK 代表许可，前两位(××)代表行业编号，中间三位(×××)代表产品编号，后五位(×××××)代表企业生产许可证编号。企业必须在其产品或者包装、说明书上标注生产许可证标志和编号。

根据产品特点难以标注的裸装产品，可以不标注生产许可证标志和编号。

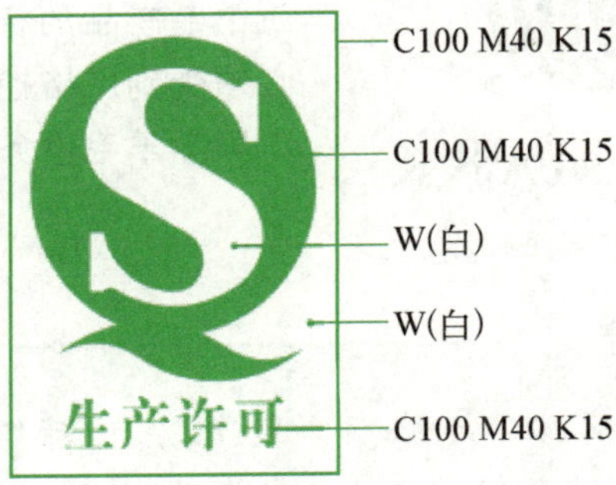

图 6-13 “QS”企业产品生产许可标志

（2）企业食品生产许可证标志。食品生产许可证是工业产品许可证制度的一个组成部分，是为保证食品的质量安全，由国家主管食品生产领域质量监督工作的行政部门制定并实施的一项旨在控制食品生产加工企业生产条件的监控制度。该制度规定：从事食品生产加工的公民、法人或其他组织，必须具备保证产品质量安全的基本生产条件，按规定程序获得《食品生产许可证》，方可从事食品生产；其次，产品出厂必须经检验合格并加印(贴)食品市场准入标志。没有食品市场准入标志的，不得出厂销售。

取得食品生产许可证的企业在使用食品市场准入标志时，不能变色，并标注食品生产许可证证书编号。

食品生产许可证编号由英文大写字母 QS 与 12 位阿拉伯数字组成。其中前 4 位阿拉伯数字为受理机关编号，具体按行政区划代码区分；中间 4 位阿拉伯数字为产品类别编号，由国家质检总局统一规定；后 4 位阿拉伯数字为该产品类别获证企业序号，由发证机关按发证顺序给出。

【做中学 6-4】 食品质量安全市场准入制度

(1) 对食品生产企业实施生产许可证制度。对于具备基本生产条件、能够保证食品质量安全的企业,发放《食品生产许可证》,准予生产获证范围内的产品;未取得《食品生产许可证》的企业不准生产食品。这就从生产条件上保证了企业能生产出符合质量安全要求的产品。

(2) 对企业生产的食品实施强制检验制度。未经检验或经检验不合格的食品不准出厂销售。对于不具备自检条件的生产企业强令实行委托检验。这项规定适合我国企业现有的生产条件和管理水平,能有效地把住产品出厂安全质量关。

(3) 对实施食品生产许可制度的产品实行市场准入标志制度。对检验合格的食品要加印(贴)市场准入标志——QS 标志,没有加贴 QS 标志的食品不准进入市场销售。这样做,便于广大消费者识别和监督,便于有关行政执法部门监督检查,同时,也有利于促进生产企业提高对食品质量安全的责任感。

6. 国际羊毛标志

国际羊毛标志是国际通用的提供消费者识别优良品质羊毛产品的标志。使用羊毛标志的产品,其生产过程必须受到严格控制,其成品出厂前须经抽样检验,合格后由国际羊毛事务局授权使用羊毛标志,如图 6-14 所示。

WOOLMARK

图 6-14 纯羊毛标志

任务引例解析

认证是指由认证机构证明产品、服务、管理体系符合相关技术规范和相关技术规范的强制性要求或者标准的合格评定活动。

认可是指由认可机构对认证机构、检查机构、实验室以及从事评审、审核等认证活动人员的能力和执业资格予以承认的合格评定活动。

【任务设计——产品认证认可的分析】

工作实例:

选择学校附近的某一商店,调查分析店内商品包装上有关认证认可标志的标志名称、类别及属性。

【操作步骤】

第一步:选择商店,调查商品包装上的认证、认可标志,并做好记录;

第二步:根据认证认可的概念,分析二者关系;

第三步:结合所学理论,确定各认证、认可标志的名称和属性;

第四步:比较分析各认证标志的属性和特点;

第五步:撰写《认证认可分析报告》。

项目小结

商品标准与认证认可的认知与分析项目的内容结构图如图 6 - 15 所示。

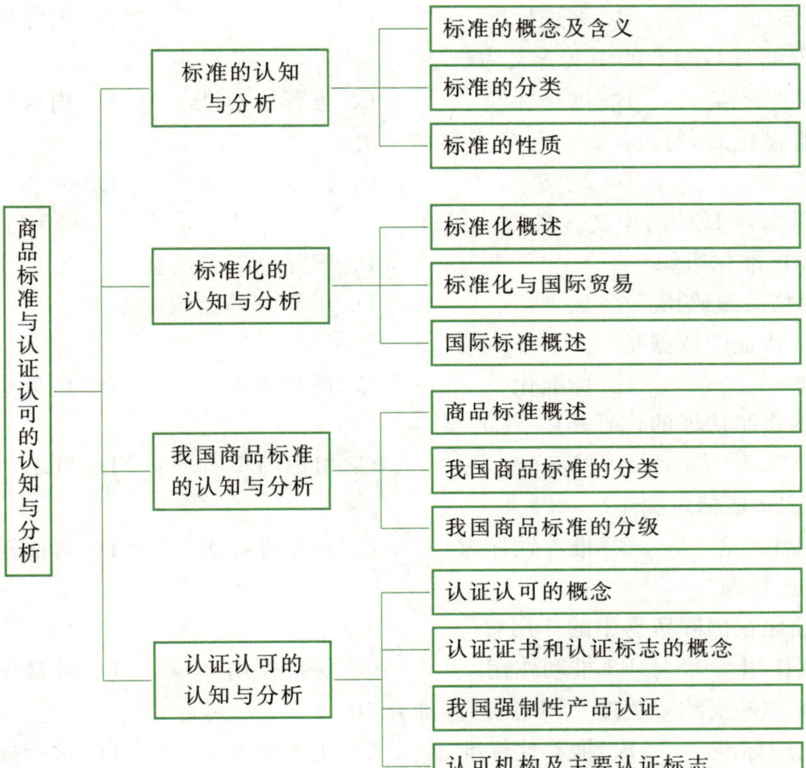

图 6 - 15　商品标准与认证认可的认知与分析项目的内容结构图

主要概念

标准　标准化　国际标准　商品标准　认证　认可

习题与训练

一、习题

（一）名词解释

标准　标准化　国际标准　商品标准　文件标准　实物标准　认证　认可　认证证

书 认证标志

(二) 选择题

1. 单项选择题

(1) ( )是指为了在一定的范围内获得最佳秩序,经协商一致制定并由公认机构批准,共同使用的和重复使用的一种规范性文件。

A. 实物标准 B. 先进标准 C. 标准 D. 国际标准

(2) 字母缩写 GB/T 的中文含义为( )。

A. 强制性标准 B. 试行标准 C. 推荐性标准 D. 内部标准

(3) 标准制定后,每过( )年应当复审一次。

A. 1～3 B. 3～5 C. 5～6 D. 6～8

(4) 字母缩写 IEC 的中文含义为( )。

A. 国际标准化组织 B. 国际电工委员会

C. 国际物品编码协会 D. 世界贸易组织

(5) 质量认证的依据是( )。

A. 标准 B. 标准化 C. 质量体系 D. 质量信誉

(6) 中国强制认证的代号是( )。

A. “CCC” B. “DB” C. “DB/T” D. “GB”

(7) “QS”认证标志属于( )。

A. 强制性标志 B. 推荐性标志 C. 通用性标志 D. 自愿性标志

2. 多项选择题

6

(1) 标准化在国际贸易中的作用有( )。

A. 协调作用 B. 推动作用 C. 保护作用 D. 仲裁作用

(2) 按标准的受约束程度不同,商品标准分为( )。

A. 强制性标准 B. 推荐性标准 C. 正式标准 D. 试行标准

(3) 按照商品标准发生作用的范围或审批权限,我国商品标准可分为( )。

A. 国家标准 B. 行业标准 C. 地方标准 D. 企业标准

(4) 产品质量认证的合格表示方式是颁发( ),并予以注册登记。

A. 标准 B. 合格证 C. 认证证书 D. 认证标志

(5) 以下标志属于推荐性标志的是( )。

A. 纯羊毛标志 B. 绿色食品标志 C. QS 标志 D. 环境标志

(6) 认证证书主要包括( )。

A. 产品认证证书 B. 服务认证证书

C. 管理体系认证证书 D. 商检机构认证证书

(三) 判断题

(1) 我国采用国际标准的形式有等同采用、等效采用和非等效采用。 ( )

(2) GB/T 12113—1996 表示 1996 年发布的第 12113 号强制性国家标准。 ( )

(3) 在我国有国家标准,还可以制定行业标准和地方标准。 ( )

(4) 国家认监委是我国认证认可工作的主管机构。 ( )

(5) 经国家认可机构评定合格的认证机构的认证活动才具有法律效力。 (　　)

(6) 环境标志、绿色食品标志和3C标志都是推荐性标志。 (　　)

(四) 简答题

(1) 什么是标准？标准的含义有哪些？

(2) 我国的商品标准是如何分类和分级的？各级商品标准之间有何关系？

(3) 什么是认证、认可？

(4) 中国强制认证是指什么？认证标志是什么？

(五) 论述题

(1) 什么是国际标准？论述为什么各国采取积极的态度采用国际标准。

(2) 什么是贸易技术壁垒？分析贸易技术壁垒产生的原因及危害。

(3) 肯德基能够做到在世界任何一家餐厅出售相同的产品和服务，试述其原因。

二、训练

1. 选择某类商品，查阅其质量标准，列出质量指标，分析商品的质量要求。
2. 调查某市场上的多种产品，了解这些产品实施3C强制认证的情况。

项目七　商品检验的认知与分析

职业能力目标

1. 理解商品检验、商品抽样、商品品级和商品质量监督的概念；
2. 掌握商品检验、商品抽样和商品品级的基本方法；
3. 了解商品质量监督的种类和形式。

典型工作任务

1. 商品检验的认知；
2. 商品检验的方法与分析；
3. 商品品级的认知与分析；
4. 商品质量监督的认知与分析。

任务一　商品检验的认知

任务引例

2011年8月3日，西陵工商分局执法人员在眼镜市场商品质量检查中，对同德医药零售连锁有限公司在宜昌市解放路15号销售的"阿玛妮""百丽"牌太阳镜进行了随机抽样检验，于当日送武汉产品质量监督检验所检验。2011年8月15日，武汉产品质量监督检验所对上述两种抽样产品分别出具检验报告，结论均为"该商品质量不合格"。

西陵工商分局认定，当事人的行为违反了《中华人民共和国产品质量法》规定，责令当事人立即停止销售不符合国家标准的产品，没收违法所得17 364元，并处罚款计人民币19 680元。

（资料来源：百度文库，《商品质量监测十大案例 宜昌》，引文有增删）

请问：什么是商品检验？什么是商品抽样？

【知识准备与任务分析】

一、商品检验的概念

商品检验是指商品的卖方、买方或者第三方在一定条件下，借助于某种手段和方法，按照合同、标准或国家的有关法律、法规、惯例，对商品的质量、规格、数量以及包装等方面进行检查，并做出合格与否或通过验收与否的判定，或为维护买卖双方合法权益，避免或解决各种风险损失和责任划分的争议，便于商品交接结算而出具各种有关证书的业务活动。

商品的质量检验是商品检验的中心内容，狭义的商品检验即指商品的质量检验，是根据商品标准规定的各项质量指标，运用一定的检验方法和技术，去综合评定商品质量优势，确定商品品级的活动。

二、商品检验的分类

根据不同的目的及要解决的任务，商品检验有不同的形式和种类。

1. 第一方检验、第二方检验和第三方检验

(1) 第一方检验

第一方检验，即自检，也称出厂检验或生产检验。生产检验是商品生产者为了控制产品质量，对原材料、半成品和成品进行的自我约束的检验活动。这种检验是企业质量管理的职能之一，也是企业质量体系的基本要素之一，经检验合格的商品应有“质量合格证”标识。

(2) 第二方检验

第二方检验，又称验收检验或买方检验。验收检验是商品的买方为了杜绝不合格品进入流通、消费领域，维护自身和消费者的利益，保证购买的商品满足需要，以便买卖成交或适于使用，对所购买的商品进行的检验活动。

(3) 第三方检验

第三方检验。第三方检验是指处于买卖利益之外的第三方，以公正、中立、权威的非当事人身份根据有关法律、合同或标准所进行的检验活动。其目的在于正确地维护买卖双方合法权益和国家利益，协调矛盾。

2. 单位产品检验和批产品检验

单位产品是组成受检产品总体的基本单位，检验中单位产品的划分，可以与生产、收购、销售或储运中的划分一致，也可不一致。批产品是在一定条件下生产、购入或入库的特征相同的若干单位产品组成的总体。

3. 批产品检验可分为全数检验和抽样检验

全数检验是对受检批中的所有单位产品逐个地进行检验，也称全面检验或百分之百检验。这种方法可提供较多的质量信息，给人以心理的安全感，适用于批量小、质量特征单一、精密、贵重、重型的关键产品，但不适用于批量大、价廉、质量特性复杂、需要进行破坏性检验的产品。

抽样检验是根据预先确定的抽样方案，从受检批中随机抽取少量单位产品，组成样本，再根据对样本中单位产品逐一地测试的结果，与标准或合同规定比较，最后从样本质量状况统计推断整批产品质量状况的检验方法。抽样检验适用于批量大、价值低、检验项目多以及本身为连续体的产品。但抽样检验也存在着提供的质量信息少，有可能误判和不适用于质量差异程度较大的产品批等缺点。

三、商品抽样

产品的质量情况是通过检验来获得的，检验时所耗用的产品叫做样品。显然，不可能每

件产品都通过检验，只可能从受检的产品中，按规定抽取一定数量、具有代表性的部分，这个部分产品（仅占整批产品中一个极少比例）要能代表整批产品的真实情况。

（一）商品抽样的概念

商品抽样是根据标准或合同规定的要求，从被检验商品中按照一定的方法采集样品的过程。即在检验整批商品质量时，用一定的方法，从中抽取具有代表性的一定数量的样品，作为评定这批商品的质量依据，这种抽取样品的工作，称为商品抽样。

（二）商品抽样的原则

要从一大批被测物品中，采取到能代表整批被测物质质量的少量样品，必须遵守一定的规则，掌握适当的方法，并防止在采样过程中，造成某种成分的损失，外来成分的污染等情况的发生。因此，商品抽样要遵循以下原则：

1. 代表性原则

绝大多数商品的鉴定，是从被鉴定商品中抽取一部分进行鉴定，这些被抽取的样品，是鉴定工作的对象，也是决定商品质量的主要依据，因而要求抽取的样品必须具有代表性；否则，即使鉴定所用的仪器设备再精密，鉴定方法再科学，鉴定结果再准确，也是毫无意义的。

2. 典型性原则

针对所要达到目的而抽取的能充分说明这一目的的样品称为典型样品。典型样品一般在当发现或怀疑商品有腐败、污染、掺杂、伪造以及含有某些毒物等情况时采集抽取，所采集抽取的样品应当是可疑的商品，而不能用均匀的样品，以保证所抽样品具有典型性。当一批商品中只有局部或部分由于运输、储存不当而造成品质劣变时，必须好次分开，分别抽样鉴定，以免相互影响或掩盖真相而造成鉴定结果的失真。

3. 适时性原则

由于很多商品的组成、成分、含量等会随着时间的推移而发生迅速的变化，因而要求鉴定者及时抽样并及时进行鉴定。

（三）抽样的要求

7

正确的商品抽样方法是保证获得准确检验结果的重要前提。为了使拣出的样品具有代表性，对抽样有如下要求：

（1）抽样应当依据抽样对象的形态、性状，合理选择抽样工具与样品容器。抽样工具、容器必须清洁，不含被检验成分，供微生物检验的样品应无菌操作。

（2）外地调入的产品，抽样前应检查有关证件，如商标、货运单、质量检验证明等，然后检查外表，包括检查包装以及起动日期、整批数量、产地厂家等情况。

（3）按各类商品的抽样要求抽样，注意抽样部位分布均匀，每个抽样部位的抽样数量（件）保持一样。

（4）抽样的同时应做好抽样记录。内容包括：抽样单位、地址、仓位货位、车间号、日期、样品名称、样品批号、样品数量、抽样者姓名等。

（5）抽取的样品应妥善保存，保持样品原有的品质特点。抽样后及时检验。

（四）样品的保留与说明

一般样品在检验结束后应保留一个月以备需要时复查，保留期限从检验报告单签发日起计算;易变质食品不予保留。保留样品应加封存放在适当的地方,并尽可能保持其原状。

对于在检验中发现有理化指标不合格的产品,应按该产品标准中检验规则的要求,重新抽样复检,复检时的抽样量一般规定为正常抽样量的两倍,即加倍量。

食品检验取样一般皆系取可食部分,以所检验样品计算。如送检样品感官检查已不符合食品卫生标准或已腐败变质,可不必再进行理化检验。

(五) 商品抽样的方法

抽样的目的是在于尽可能用少的样本,来反映待检商品批量的真实质量水平,所以抽样时所抽取的样品,必须具有普遍性,因此用什么方法抽样,对准确评定整批商品的质量至关重要,既要尽可能避免抽样的系统误差,即排除倾向性抽样,又要尽量减少随机性误差。商品抽样的方法很多,应用最为普遍的是随机抽样。所谓随机抽样,即群体中的每一个体,都有同样被拣取的机会,抽样者完全用偶然的方法拣取,事先并不考虑拣取哪一个样品。

【做中学 7-1】 随机抽样主要方法

(1) 简单随机抽样。简单随机抽样是在同一批同类商品中不加挑选地抽取若干作为样品,做到对批中全部商品完全随机化,任何商品都有被抽出的机会。这种方法简单,适用于批量不大商品的抽样,具体执行时又有直接抽样法、抽签法和随机数表法等形式。

(2) 分层随机抽样。分层随机抽样先将一批同类商品划分为若干部分,然后从每部分中随机拣取若干试样。商品在生产过程中发生质量缺陷往往是间隔出现的,采取分层随机抽样法,能克服单纯随机抽样法可能会漏掉集中性的缺陷。

(3) 多段随机抽样。多段随机抽样是把一批同类商品先划成若干部分,用简单随机抽样法随机拣取几个部分,然后再从所拣出的每个部分中随机拣取若干个商品。最后,将上述拣出的所有商品集中起来即为试样。此法适用于一个大包装内有几个独立小包装商品的抽样。

(4) 规律性随机抽样。规律性随机抽样是按一定规律从整批同类商品中拣取样品。对同批或同类商品按顺序进行编号,即 1,2,3,4,5…按自然数进行排列。首先,按简单随机抽样法从 0~9 确定一个中选号码作为样品的第一个,然后通过公式:$S=$总商品个数/样品个数,确定抽样距离 S。如果中选号码为 x,则被选出的样品号码为:x, $x+S$, $x+2S$, $x+3S$, …, $x+nS$。

任务引例解析

商品检验是指商品的卖方、买方或者第三方在一定条件下,借助于某种手段和方法,按照合同、标准或国家的有关法律、法规、惯例,对商品的质量、规格、数量以及包装等方面进行检查,并做出合格与否或通过验收与否的判定,或为维护买卖双方合法权益,避免或解决各种风险损失和责任划分的争议,便于商品交接结算而出具各种有关证书的业务活动。

商品抽样是根据标准或合同规定的要求,从被检验商品中按照一定的方法采集样品的过程。

7

任务二 商品检验的方法与分析

任务引例

为了更好地了解床垫产品的质量安全水平，北京市消费者协会最近组织了一次专门针对床垫产品的比较试验。北京市消费者协会这次比较试验选择了在北京市场和网络上热销的50种床垫产品，其中包括37件弹簧软床垫和13件棕纤维弹性床垫。依据相关国家标准的要求，这次比较试验对床垫的面料和芯料的物理性能、甲醛释放量等卫生安全指标以及产品标志等多个项目进行了检测。检测结果显示，50件床垫样品中，有25件样品质量存在问题，不合格率高达50%。

其一，耐干摩擦色牢度检测，经过检测试验人员确认，37件弹簧软床垫样品中，4件产品不合格，不合格率为10.8%。13件棕纤维弹性床垫中，3件产品不合格，不合格率为23.1%。

其二，耐久性是反映床垫使用寿命的指标。而在这次比较试验中，37件弹簧软床垫样品有9件产品不合格，不合格率为24.3%。13件棕纤维弹性床垫有8件产品不合格，不合格率高达61.5%。

其三，根据国家标准的要求，床垫产品中甲醛释放量不得高于0.050 $mg/m^2 \cdot h$，而在这次比较试验中，37件弹簧软床垫样品中有2件产品甲醛释放量不合格，不合格率为5.4%；13件棕纤维弹性床垫中有6件产品甲醛释放量不合格，不合格率为46.2%。

（资料来源：央视网，《不安全的床垫》）

请问：商品检验的方法有几种？各有什么特点？

【知识准备与任务分析】

7

商品种类繁多，检验项目各异，其检验的基本方法是一致的，有感官检验法、理化检验法和生物检验法。

一、商品的感官检验

感官检验法是借助人体正常的感觉器官，结合实践经验对商品进行检验的方法。

（一）感官检验的方法

感官检验法主要包括视觉检验法、嗅觉检验法、味觉检验法、触觉检验法和听觉检验法五种。这些检验方法，使用时应当综合运用，相互补充。

1. 视觉检验法

视觉检验法是利用人的视觉器官观察物体的外观、外形、对光的透过或反射、色泽，以及有无杂质等各种视觉现象，来检验商品质量的一种方法。通过眼睛观察，评价商品的色泽、形状、结构、整齐度、光洁度、新鲜度、表面疵点、包装、标签等是否符合标准要求。观察时，一般可以先集中某点、某一部位或某一个体看，形成印象，然后再推广开去看样品总体，与原先形成的印象对照，并修正原先形成的印象，再做客观评价。

视觉检验时，应在相同的光照条件下进行，并且避免光线直射进入眼睛，造成眼睛疲劳。色盲或色弱及视力不正常的人员不宜作视觉检验。

2. 嗅觉检验法

嗅觉检验法是利用人的嗅觉器官来检验商品质量的一种方法。主要用于有气味商品的感官检验，它是通过闻商品的气味来评价商品的质量。

人的嗅觉器官是鼻腔，人的嗅觉灵敏度因人而异，而且与外界条件如温度、湿度、大气压等有关。嗅觉检验法尤其适宜食品与化妆品等商品的质量检验。对于气味较浓的商品，可以直接闻嗅；对于味较淡的商品或低温季节检验时，液态商品可滴一滴在左手掌上，用右手食指快速摩擦后闻嗅；需要鉴别食品等商品深部气味时，可用新削竹签刺入，拔出后立即闻嗅。根据气味的程度和种类判断商品的新鲜度或劣变程度。

在进行食品嗅觉检验时，吸气要注意离物品先远后近，先轻后重，最后将食物送入口内，通过咀嚼和吞咽，香气由鼻咽部进入鼻道，再一次体会气味特征。

3. 味觉检验法

味觉检验法是利用人的味觉器官来检验商品质量的一种方法。主要用于食品商品的检验，它是通过品尝食品的滋味、风味来评价食品的质量和人们的嗜好。质变严重的食品不得做口味检验。

食品的滋味和风味，是决定食品质量的重要因素。正常的食品应该具有特定的滋味和风味。食品品种不同，其滋味和风味不同；食品的加工方法不同，其滋味和风味也不同；食品的新鲜程度不同，其滋味和风味也有所不同。因此，味觉检验是食品检验的重要方法。

进行味觉检验时，口中要无异味；否则，会影响到商品检验的准确性。味觉的敏感度同样与检验人员的身体状况，精神状态，味觉嗜好，以及样品的温度等因素有关。

4. 触觉检验法

触觉检验法是利用人的触觉器官来检验商品质量的一种方法。它主要是通过手触及商品时的感觉来评价商品的质量，通常称手感。

手是人体触及商品最方便而又敏感的部位，手的皮肤表面长有密集的神经末梢和各种感应垫，能对商品的冷暖感、软硬度、弹塑性、平滑程度等特征产生一定的感觉。检验时，根据检验对象采用手按、拉、捏、揉、摸、折、弯曲等手段进行。

食品的口感是指味觉以外的物理特性。一般认为食品的味道基本上是化学性的，而口感主要包括食品的硬度、弹性、脆性、咀嚼性，对于液状流质态食品，则主要包括有流动性、附着力、凝结性、黏性、粗糙感、粒感、均匀感、温度等物理特性对口腔的刺激性。食品的口感非常复杂，是由多种因素综合在一起产生的一种复合感觉。

5. 听觉检验法

听觉检验法是利用人的听觉器官来检验商品质量的一种方法。它是通过商品在外力触动下产生的声音以及声音的清脆与沉闷程度来评价商品的质量。

利用听觉检验商品质量，要根据商品的性能和特点，选择具体的技术方法，同时要求环境安静，听力集中，商品的放置要妥当等；否则，会影响到检验的准确性。

以上五类检验方法，各有特点，检验时应当综合运用，相互补充。

【做中学 7－2】感觉的几种现象

不同的商品会引起人们对它们的不同感觉，在感官检验中，要充分地重视这种感官与刺激之间的相互作用、相互影响，以免引起误差。

（1）适应现象。适应现象是由于感觉器官在同一刺激物的持续作用下，敏感性发生变化的现象。一般情况下，强刺激的持续作用，使敏感性降低。微弱刺激的持续作用，使敏感性提高。在感官检验时，应避免一开始就接受强刺激。

（2）对比现象。当两个刺激同时或连续存在时，一般把一个刺激的存在使另一个刺激增强的现象，称为对比现象。同时给予两个刺激，叫同时对比；先后连续给予两个刺激，叫先后对比。在进行感官检验时，应尽可能避免对比现象的影响，故在品尝评比几种食品时，品尝评比每一种食品前都要用温水彻底漱口，以消除前一种食品的影响。

（3）变味现象。由于第一个刺激的影响，使得第二个刺激发生质的变化的一种现象。在品尝多种食品时，应考虑到变味现象的影响，克服的办法就是注意漱口和中间休息。

（4）相乘和拮抗现象。相乘现象是指几种刺激同时作用的效果超过每一种刺激单独作用的总和。与相乘现象相反的是拮抗现象，由于一种刺激的存在，使另一种刺激减弱。

（二）感官检验的要求

1. 检验员的要求

感官检验员是感官检验的执行主体。要做好这项工作，检验员应具备的基本条件有：

（1）敏感性。感官检验员必须具有正常的视觉、嗅觉和味觉敏感性。

（2）健康情况。健康是保证正常的感官感觉的基础，检验员不能有病痛、过敏等疾病，也不能有特殊嗜好与偏爱，更不允许有明显的个人气味。

（3）表达能力。感官检验的结果靠检验人员用恰当的语言来表达，因此，需要检验员有一定的语言表达能力和语言文字理解水平。

7

（4）知识和才能。检验员必须具有相关产品的专业知识，具有一定的理解和分析能力，具有集中精力不受外界影响的能力。

2. 感官检验的环境条件

（1）采光和照明。光线决定人的视觉敏感性，过亮、过暗及直射等不适的光线都将导致视觉的疲劳和误差。最好以人眼最适宜的自然光线[200～400 lx（勒克斯）]，也可用日光灯、白炽灯照明，但应照明均匀，无阴影。

（2）减少噪声。检查室环境噪声应低于 40 dB（分贝），安静的环境有助于提高注意力。

（3）温度、湿度适宜。适宜的温度和湿度给人以舒适感。最适室温为 21～25℃，相对湿度约 60％。

（4）换气。感官检验区必须是无味的，最好有换气设备，以确保拥有一个清新空气的环境。

二、商品的理化检验

理化检验法是指借助仪器设备、化学试剂，通过测定商品的物理、化学性质来确定商品的化学组成、含量及结构的一类分析方法。

(一) 化学检验法

化学检验法是运用化学原理与方法,应用化学试剂与仪器对商品的化学成分、含量进行测定的一类检验方法。化学检验的方法很多,按商品检验的目的分为定性分析法和定量分析法两类。

1. 定性分析法

定性分析法是测定商品化学成分的种类和性质的方法。定性分析的目的,在于检验某一物质是否存在,它是根据被检验物的化学性质,经适当的分离后,与一定的试剂产生化学反应,根据反应所呈现的特殊颜色或特定状态来判定其存在与否。

2. 定量分析法

定量分析法是测定商品成分含量的方法。定量分析的目的在于检验某一物质的含量,它是在商品定性分析的基础上对商品化学成分进行的量的分析。

(1) 称量分析。它是将被测成分与样品中的其他成分进行分离,然后称量该成分的质量,计算出被测物质的含量。

(2) 容量分析。它是将已知浓度的标准溶液,由滴定管加到被测溶液中,直到所用标准溶液的物质的量与被测成分的物质的量相等时为止。反应的终点可借指示剂的变色观察,根据标准溶液的浓度和消耗标准溶液的体积,计算出被测成分的含量。

(二) 物理检验法

物理检验法是根据物理学原理,利用各种仪器或机械来检验商品性质的方法。

1. 度量衡检验法

度量衡检验法是通过各种度量衡器具对商品的长度、细度、体积、重量等物理量的测定,来确定商品质量的方法。

2. 光学检验法

光学检验法是通过各种光学仪器对商品的色泽、成分、结构和性质的测定,来确定商品质量的方法。主要的光学仪器有显微镜、放大镜、折光仪、旋光计、光谱分析仪器等。

3. 热学检验法

热学检验法是通过各种热学仪器对商品的熔点、凝固点、沸点、保温性、耐寒耐热性的测定,来确定商品质量的方法。主要用来分析商品在一定的温度下商品状态和机械性能的变化。

4. 力学检验法

力学检验法也称机械性能检验法,是通过各种器械对商品施加一定的外力,测定商品的机械性能,来确定商品质量的方法。商品机械性能包括强度、硬度、弹性、脆性、伸长率、耐磨性、透气性、透水性等项目的检验,多用于工业品和材料的品质评价。

三、商品的生物检验

生物检验法是食品质量检验的重要内容之一,主要是微生物检验法。在各类食品的卫生指标中,含有微生物指标,如细菌、菌落总数、大肠菌群、致病菌等细菌指标,有的还含有霉菌指标。通过检验,判断食品被细菌、霉菌污染的程度,并预测食品的保质期。

生物检验法除微生物检验法以外,还有生物试验法、组织学分析法等。生物试验法主要用于检验新食物资源、辐照食品、添加剂、药物等营养价值的评价和安全性毒理学的评价。

组织学分析法主要采用解剖，测定细菌的结构、形状、特点。

任务引例解析

商品检验的方法主要有感官检验法、理化检验法和生物检验法。

感官检验法具有简便、快速、经济、实用的优点，是其他检验方法不可替代的，因而感官检验法在商品检验中有着广泛的应用。但是，感官检验法也有其局限性，主要用于检验色泽、气味、滋味、口味、形状、音响、硬度、弹性等商品的外部特征，并且检验结果容易受检验者生理、心理、受教育水平、习惯爱好以及检验的时间、空间等因素的影响。

理化检验往往在实验室或专门场所进行，故又称实验室检验法。理化检验是一类应用广泛、技术先进、科学性强的检验方法，既可以对商品进行定性分析，又可以进行定量分析，分析的结果准确、客观。理化检验法也具有需要一定的设备和技术，仪器设备投资较大，检验时间长，多数为破坏性检验等缺点。

生物检验法不同于感官检验法和理化检验法，它包括培养基的制备、灭菌、接种、培养和检验等基本环节。培养基制备是用人工的方法将多种营养物质按微生物生长的需要而调制营养基质的过程，培养基供微生物生长利用；灭菌是指完全杀死检验所用器具和检验场所所有微生物的过程，包括加热灭菌、紫外线灭菌等方法；接种是将食品等商品样品经破碎或稀释等处理后移植到培养基上的过程，这是微生物检验工作中的重要操作，整个过程要求在无菌条件下进行；培养是将接好种的培养基在一定的温度、湿度等条件下放置一定的时间，使微生物生长、繁殖，以便识别、检验；检验是微生物检验法的最后环节，它将培养后的微生物经涂片或染色后借助显微镜进行形态观察、检验，以确定微生物的种类和数量。

任务三　商品品级的认知与分析

任务引例

7

GB/T 26530 地理标志产品——崂山绿茶。

崂山绿茶产于山东省青岛市崂山区。崂山地处黄海之滨，属温带海洋性季风气候，土壤肥沃，土壤呈微酸性，素有“北国小江南”之称。1959 年，崂山区“南茶北引”获得成功，形成了品质独特的崂山绿茶。崂山绿茶具有叶片厚、豌豆香、滋味浓、耐冲泡等特征。其按鲜叶采摘季节分为春茶、夏茶、秋茶；按鲜叶原料和加工工艺，分为卷曲形绿茶和扁形绿茶。2006 年 10 月，国家质检总局批准对崂山绿茶实施地理标志产品保护。

实施的崂山绿茶国家标准将崂山绿茶分为四个等级标准，把崂山绿茶的品质概括为“叶片厚、滋味浓、香气高、耐冲泡”，这将成为崂山绿茶区别于龙井、铁观音等茶系的主要特征。

在崂山绿茶国家标准中，成品崂山绿茶按感官品质分为特级、一级、二级、三级四个等级，其中特级又被分为一、二等。

特级崂山绿茶色泽翠绿，汤色嫩绿明亮，滋味鲜醇爽口，叶底嫩绿明亮；三级崂山绿茶色泽墨绿，汤色黄尚亮，滋味尚醇正，叶底暗绿；其他等级介于两者之间。

请问：什么是商品品级？如何划分商品品级？

【知识准备与任务分析】

一、商品品级的概念

商品品级是表示商品质量优劣的一种标志，它是指对同一品种的商品，按其达到商品质量标准的程度所确定的等级。划分商品等级的工作，称为商品品级。商品分级是商品检验的重要内容之一。

商品品质通常用“等”或“级”的顺序来表示，如一等、二等、三等或一级、二级、三级，有的也用甲等、乙等、丙等或甲级、乙级、丙级来表示。商品品级的设置，不同的商品其数目的多少不同，少则两个，多则六七个。

二、商品品级的划分

商品品级的划分是以商品标准规定的质量指标为准绳，以商品检验的结果为依据，通过对商品外观质量和内在质量指标的检验，确定商品的品级。

任务引例解析

划分商品品级的方法主要有记分法和限定法。

（一）记分法

记分法通常有两种方式，一种为百分记分法，另一种为限定记分法。

1. 百分记分法

百分记分法常用于食品的品级划分与评定。它是将各项指标的标准状况规定为一定的分数，重要的指标占分数高，次要的指标占分数低。如果各项指标均完全合乎标准要求，则总分为 100 分；如果某一项质量指标不合乎标准要求，就按该项的分值酌情扣分，最后根据总分高低按分数段来分等级。百分记分法分数越高，商品质量越好。

2. 限定记分法

限定记分法常用于纺织商品的品级划分。它是将商品的各种疵点规定为一定的分数，以疵点分数的总和高低按分数段来分等级。商品的缺陷越多，分数的总和越高，商品的品级越低。

（二）限定法

限定法常用于日用工业品的品级划分。它是在商品可能产生疵点的范围内规定各类商品每个品级限定疵点的种类和数量，以及不能出现的疵点和决定成品为废品的疵点限度等。

7

任务四　商品质量监督的认知与分析

任务引例

2012 年下半年，福建省质量技术监督局组织对省内企业生产的饮料产品进行了监督抽查，共抽查全省企业生产的茶饮料、植物蛋白饮料、固体饮料、果蔬汁饮料、碳酸饮料以及瓶(桶)装饮用水产品等582批次,合格543批次,抽样批次合格率为92.2%。

抽查发现,有38家企业生产的39批次饮料产品不符合标准的规定,涉及蛋白质、原果汁含量等品质指标以及菌落总数、酵母、铜绿假单胞菌等微生物指标。其中,有29批次产品微生物指标(菌落总数、霉菌和酵母菌、铜绿假单胞菌)超标,其主要原因是部分企业未能持续保证生产必备条件、生产设备及环境达不到规定要求,或是瓶(盖)消毒不彻底及不密封造成二次污染。有5批次饮料产品品质指标(蛋白质、原果汁含量)不符合标准(产品明示值)的要求,主要原因是企业生产工艺控制不严。有1批次碳酸饮料超量使用甜味剂、防腐剂。

针对抽查发现的主要质量问题,省质量技术监督局已责成当地质量技术监督部门严格按照《食品安全法》等法律法规的规定,对不合格企业依法进行处理,限期整改。同时,公布本次抽查的质量合格、不合格产品及企业名单,引导消费者选购。

(资料来源:《2012年下半年饮料产品抽查结果通报》,引文有增删)

请问:商品质量监督有哪些种类?

【知识准备与任务分析】

一、商品质量监督概述

商品质量监督是贯彻执行商品标准的手段,是保证和提高商品质量并取得经济效益的措施,也是标准化工作的重要组成部分。只有通过商品质量监督才能及时反馈商品标准的执行情况,为制定、修订商品标准提供可靠的依据。

商品质量监督,是指国家指定的商品质量监督专门机构,按照国家质量法规和商品标准的规定,对生产和流通领域的商品质量和质量保证体系进行监督的活动。

商品质量监督与商品质量管理不同。商品质量监督所要解决的问题,是企业生产经营的商品是否达到既定法规和标准的要求,并在此基础上对企业的质量保证工作实行监督。履行商品质量监督的职能部门,是由国家授权的法定机构,而不是普通的群众团体和民间组织。履行商品质量监督的依据,主要是国家的质量法规和批准发布的正式标准,并多属于强制性标准。

二、商品质量监督的形式

商品质量监督的形式种类很多,可以归纳为抽查型质量监督、评价型质量监督和仲裁型质量监督三种。

(一) 抽查型质量监督

抽查型质量监督,是指国家质量监督机构通过对从市场或企业抽取的商品样品进行监督检验评价其质量是否达到商品标准要求的一种监督活动。

抽查型质量监督形式,一般只抽检商品的实物质量,不检查企业的质量保证体系。抽查的主要对象是涉及人体健康和人身、财产安全的商品,影响国计民主的重要工业产品,重要的生产资料商品和消费者反映有质量问题的商品。

（二）评价型质量监督

评价型质量监督，是指国家质量监督机构通过对企业的产品质量和质量保证体系进行检验和检查，考核合格后，以颁发产品质量证书、标志等方法确认和证明产品已经达到某一质量水平，并向社会提供质量评价信息，实行必要的事后监督，以检查产品质量和质量保证体系是否保持或提高的一种质量监督活动。

评价型质量监督是国家干预产品质量、进行宏观管理的一种重要形式。产品质量认证、企业质量体系认证、环境标志产品认证、评选优质产品、产品统一检验制度和生产许可证发放等都属于这种形式。

（三）仲裁型质量监督

仲裁型质量监督，是指质量监督检验机构通过对有质量争议的商品进行检验和质量调查，分清质量责任，做出公正处理，维护经济活动正常秩序的一种质量监督活动。

仲裁型质量监督具有较强的法制性，由国家质量监督管理部门承担，一般是经省级以上人民政府产品质量监督管理部门或其授权的部门审查认可的质量监督检验机构作为仲裁检验机构。

任务引例解析

我国的商品质量监督可分为国家的质量监督、社会的质量监督和用户的质量监督。

1. 国家的质量监督

国家的质量监督，是指国家授权指定第三方专门机构，以公正立场对商品质量进行的监督检查。这种法定的质量监督，是以政府行政的形式，对可能危及人体健康和人身、财产安全的商品，影响国计民生的重要工业产品及用户、消费者组织反映有质量问题的商品，实行定期或经常的监督、抽查和检验，公开公布商品质量抽查检验结果，并根据国家有关法规及时处理质量问题，以维护社会经济生活正常秩序和保护消费者的合法权益。

2. 社会的质量监督

社会的质量监督，是指社会团体、组织和新闻机构根据消费者和用户对商品质量的反映，对生产和流通领域的某些商品质量进行的监督。这种质量监督，是从市场一次抽样，委托第三方检验机构进行质量检验和评价，将检验结果特别是不合格商品的质量状况和生产企业名单予以公布，以造成强大的社会舆论压力，迫使企业改进质量，停止销售不合格商品，对消费者和用户承担质量责任。

3. 用户的质量监督

用户的质量监督，是指内、外贸部门和使用单位为确保所购商品的质量而进行的质量监督。这种质量监督是购买大型成套设备和装置，以及采购生产企业生产的商品时，进驻承制单位和商品生产厂进行质量监督，发现问题有权通知企业改正或停止生产，及时把住质量关，以保证商品质量符合所规定的要求。

项 目 小 结

商品检验的认知与分析项目的内容结构图如图 7－1 所示。

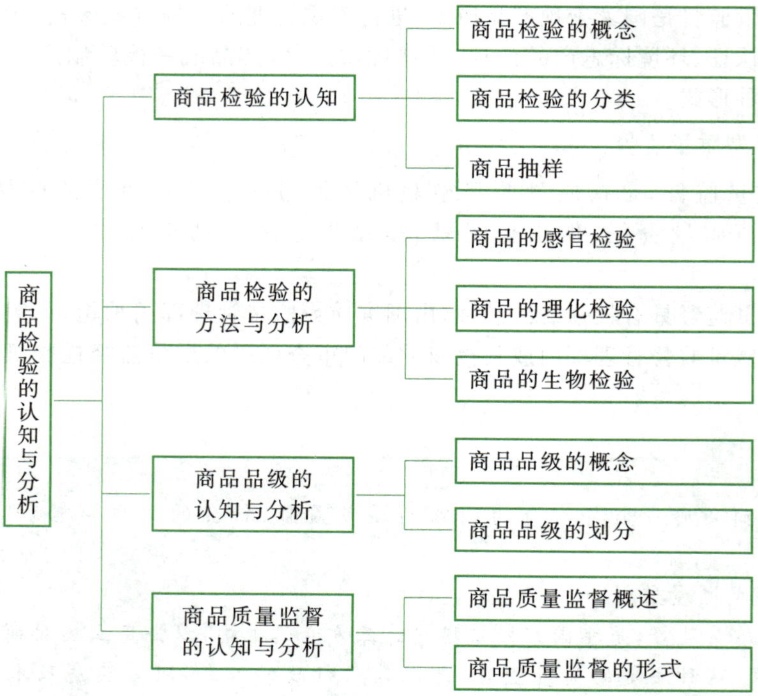

图 7－1 商品检验的认知与分析项目的内容结构图

主 要 概 念

商品检验　商品抽样　感官检验法　理化检验法　商品品级　商品质量监督

习 题 与 训 练

（一）名词解释

商品抽样　商品检验　商品品级　商品质量监督

（二）选择题

1. 单项选择题

（1）限定记分法分值越高，商品质量等级越（　　）。

A. 高　　B. 一般　　C. 低　　D. 以上都不是

(2) 检验商品的弹性、韧性、硬度、温度等质量特性时,用(　　)检验法。

A. 视觉　　B. 听觉　　C. 嗅觉　　D. 触觉

(3) 检验商品的外形结构、颜色、表面疵点等质量特征时,用(　　)检验法。

A. 视觉　　B. 听觉　　C. 嗅觉　　D. 触觉

(4) 商品检验的依据是(　　)。

A. 商品认证　　B. 商品标准　　C. 商品贸易　　D. 商品监督

2. 多项选择题

(1) 商品抽样的原则有(　　　　)。

A. 代表性原则　　B. 一般性原则　　C. 典型性原则　　D. 逻辑性原则

(2) 燃烧时有烧毛发气味的纤维是(　　　　)。

A. 棉花　　B. 羊毛　　C. 涤纶　　D. 蚕丝

(3) 划分商品品级的方法一般有(　　　　)。

A. 记分法　　B. 感官法　　C. 限定法　　D. 抽样法

(4) 商品质量监督的形式有(　　　　)。

A. 抽查型　　B. 评价型　　C. 社会型　　D. 仲裁型

(三) 判断题

(1) 商品的感官检验具有准确、客观的特点。(　　)

(2) 商品的破坏性检验是商品不能全检的因素之一。(　　)

(3) 商品检验的依据主要是商品标准。(　　)

(4) 百分计分法分值越高质量等级越高。(　　)

(5) 国家的质量监督是指国家授权指定的第三方专门机构,以公正立场对商品质量进行的监督检查。(　　)

(四) 简答题

(1) 商品抽样的原则和方法各有哪些?

(2) 商品检验的方法有几种?各有什么特点?

(3) 商品品级的划分方法有哪些?

(五) 论述题

(1) 试述怎样才能使商品抽样更具有代表性。

(2) 分析商品检验与商品标准的关系。

(3) 试述商品质量监督的必要性。

项目八　商品包装的认知与分析

职业能力目标

1. 理解商品包装的概念及功能；
2. 了解商品包装分类及设计要求；
3. 掌握商品包装材料的种类及特点；
4. 掌握商品销售包装和运输包装的基本知识；
5. 了解商标的基本知识。

典型工作任务

1. 商品包装的认知；
2. 商品包装材料的认知与分析；
3. 商品销售包装的认知与分析；
4. 商品运输包装的认知与分析；
5. 商标的认知。

任务一　商品包装的认知

任务引例

世界上最大的化学公司——杜邦公司的营销人员经过周密的市场调查后，发明了著名的杜邦定律：即63%的消费者是根据商品的包装和装潢进行购买决策的；到超级市场购物的家庭主妇，由于精美包装和装潢的吸引，所购物品通常超过她们出门时打算购买数量的45%。可以看出，包装是商品的脸面和衣着，它作为商品的“第一印象”进入消费者的眼帘，撞击着消费者购买与否的心理天平。

（资料来源：人际关系网，《商品包装中的一些教训和案例说明》）

请问：商品包装的含义是什么？

【知识准备与任务分析】

一、商品包装的概念

包装是指“为在流通过程中保护产品、方便储运、促进销售，按一定技术方法而采用的容器、材料及辅助物等的总体名称。也指为了达到上述目的而采用容器、材料和辅助物的过程中施加一定技术方法等的操作活动”.(《包装术语基础》GB/T 4122 .1)。

现代商品包装概念反映了商品包装的商品性、目的性和生产活动性。第一，商品和包装共同组成了统一的商品体。商品包装是实现商品价值和使用价值的有效组成部分。商品包装所消耗的劳动，包括物化劳动和活劳动，都属于社会必要劳动的一部分。商品包装本身具有价值和使用价值，商品包装的价值包含在商品的价值中，在出售商品时得到补偿。第二，使用某种材料，按照一定技术方法形成的包装容器是为了在流通和消费领域中实现商品的价值和使用价值，它是一种工具和手段。第三，商品包装是商品生产的一个重要组成部分。绝大多数商品，只有经过包装工序以后，才算完成生产过程，包装是任何商品生产的最后一道工序。因此，商品包装不仅是一种物质形态，也是一种技术、经济活动。

二、商品包装的基本功能

商品包装在商品生产、流通和消费各领域中，均有着重要的作用。其基本功能有以下四点。

（一）保护功能

商品包装的主要功能是保护商品的品质完好和足量，实现商品的价值和使用价值。商品从离开生产线到消费者手中，有时要经过几个月，甚至几年。商品在运输、储存和销售过程中，会受到各种因素的影响，从而产生物理、机械、化学、生物学等品质变化，甚至使已经形成的商品使用价值丧失。科学、合理的商品包装能够有效地保护商品，减少损失，具有相当大的社会、经济效益。

（二）容纳功能

包装的第二个功能是容纳。许多商品本身没有一定的集合形态，如液体、气体和粉状商品，只有依靠包装的容纳才能具有一定的形态，没有包装就无法运输、销售和使用。对于一般结构的商品，包装的容纳增加了商品的保护层，有利于商品质量的稳定；对于食品、药品、化妆品、卫生用品等商品，包装的容纳还能保证商品卫生；对于结构复杂的商品，包装的容纳能使其外形整齐规范，便于组合成大型包装；对于质地疏松的商品，包装的容纳使其合理压缩，可充分利用包装空间，节约包装费用，节省运输空间。

（三）便利功能

商品包装的便利功能是指包装为商品从生产领域向流通领域和消费领域转移提供一切方便。商品包装是商品流通的工具之一。商品从出厂后要经过运输装卸、开箱验收、储存保管、展示销售等一系列流通环节，才能到达消费者手中。为了提高流通效率，降低运输储存费用，加速商品流转，对商品按形态、数量、尺寸、规格、互相配套进行包装，以便在运输过程中最大限度利用运输工具的装载空间，在装卸过程中进行机械化作业，在储存过程中最大限度利用仓储空间，在收发转移过程中易于识别、验收、计量、清点。

销售包装随着商品一起出售给消费者，具有方便、指导消费的作用。包装的大小、形态便于消费者携带、保存和使用。尤其是在使用过程中，包装的图案、商标、文字说明等，让使用者产生商品的真实感。包装上介绍商品的成分、性质、用途和使用方法、使用期限，能最大限度地发挥商品功能。还有包装上对使用中可能发生的问题提出警告，并对处理方法给予指导，以免消费者的利益受到损害。

（四）促销功能

商品的销售包装主要以销售为目的，它与商品一起到达消费者手中，起到宣传、美化、推销商品的作用。销售包装通过造型、装潢、文字说明传递商品信息，便于货架陈列，引起消费者购买欲望，起到“无声推销员”的作用。精心构思设计，装潢美观、大方的商品包装，有时本身就是一件具有保存价值和美学价值的艺术品。

商品包装是商品的外衣，在市场竞争中往往可以起到“掩蔽”或“放大”内在商品价值的作用。

三、商品包装分类

现代商品品种繁多，性能和用途千差万别，对商品包装的要求、目的、形态、方法和方式各不相同。商品包装种类繁多，所用材料和生产方法不同，性能特点和用途范围也不一样。为了充分发挥商品包装的功能，必须对商品包装进行科学的分类。

（一）商品包装按商品流通过程的目的分类

商品包装按商品流通过程的目的不同，可区分为销售包装和运输包装。

1. 销售包装

销售包装又称内包装，是直接接触商品并随商品进入零售网点和消费者或用户直接见面的包装。销售包装主要以满足销售的需要为目的，通常随同商品卖给顾客，也有很多销售包装参与商品消费。销售包装一般要与商品直接接触，包装体与商品体是在生产中结合成一体。销售包装起着直接保护、美化、宣传商品的作用，还可方便商品陈列展销和方便顾客识别选购，对促进销售起重要作用，对于消费者也能起到方便携带、使用、保存、识别等作用。

2. 运输包装

运输包装指以满足运输、装卸、贮存要求为主要目的的商品包装。它具有保障产品的运输安全、方便装卸、加速交接、点验等作用。

运输包装一般不与商品直接接触，而是由许多小包装（销售包装）集装而成。运输包装在运输、装卸、储存中，起到保护商品、方便储运、提高效率以及传达信息、方便管理等作用。

（二）商品包装按照包装层次分类

按照商品包装的层次分为：个体包装、中包装、外包装。

1. 个体包装

个体包装是指以单个商品为一个销售单位的包装形式。有些销售单元的商品包装又分为内包装和外包装。内包装是指直接接触商品的包装，如化妆品、酒等无定形商品的包装，这些商品的包装造型在设计时，重点考虑的是美观、别致，方便实用，能很好地保护商品，但这些造型的商品不易堆叠。因此，在这些商品的内包装外面加一个方便堆叠的外包装，造型多为方体。

2. 中包装

中包装是指商品个体包装的外层包装。在流通过程中与个体包装共同起到促进销售、方便使用的作用,所以个体包装和中包装也称为销售包装。中包装一般是由若干个单位商品的小包装组成的整体包装。

3. 外包装

外包装是指商品的外部包装,在流通中主要起到保护商品、方便运输的作用,又称为运输包装或大包装。

(三) 按照包装材料

按照包装材料可分为:纸板、塑料、木材、金属、玻璃、纺织品、复合材料和其他材料包装。

(四) 按照商品包装的防护技术方法

按照商品包装的防护技术方法可以分为:防水包装、防潮包装、防锈包装、防震包装、防霉包装、防尘包装、防辐射包装、防盗包装、防爆包装、防燃包装、防虫包装、泡罩包装、贴体包装、收缩包装、拉伸包装、真空包装、条形包装、充气包装、无菌包装、透气包装、喷雾包装、保鲜包装、隔热包装、速冻包装、儿童安全包装、木夹板包装、集装箱包装、托盘包装等。

(五) 按包装使用次数分类

按包装使用的次数,包装可分为一次用包装、多次用包装和周转用包装。

1. 一次用包装

一次用包装是指只能使用一次,不再回收复用的包装。它是随同商品一起出售或销售过程中被消费掉的销售包装。这种包装在拆装后,包装容器受到破坏不能按原包装再次使用,只能回收处理或另作他用。

2. 多次用包装

多次用包装是指回收后经适当加工整理,仍可重复使用的包装。多次用包装则是对原包装再次使用,重新包装商品,有的包装还能继续回收复用多次。多次用包装主要是商品的外包装和一部分中包装。

3. 周转用包装

周转用包装是指工厂和商店用于固定周转多次复用的包装容器。其特点是带有某种意义的强制性回收性质。如液化气瓶、压缩钢瓶等。

任务引例解析

商品包装包含了两层含义:一是指盛装商品的容器及其他包装材料,通常称作包装物,是包装的物质形态;二是指盛装商品时所采用的技术操作活动,是包装的作用过程。

任务二 商品包装材料的认知与分析

任务引例

易拉罐——包装容器之王。

20世纪30年代，易拉罐在美国成功研发并生产。这种由马口铁材料制成的三片罐——由罐身、顶盖和底罐三片马口铁材料组成，当时主要用于啤酒的包装。目前我们常用的由铝制材料制作而成的二片罐——只有罐身片材和罐盖片的深冲拉罐诞生于20世纪60年代初。

易拉罐技术的发展，使其被广泛运用于各类商品包装当中，啤酒、饮料、罐头等大多都以易拉罐进行包装。据悉，全世界每年大约生产的铝制易拉罐已经超过2 000亿个。目前，易拉罐已经成为市场上应用范围最广、消费者接触使用最多、最频繁的包装容器，是名副其实的包装容器之王。易拉罐消费量的快速增长，使得制造易拉罐的铝材消费量也有大幅增长，目前制作易拉罐的铝材已经占到世界各类铝材总用量的15%。

随着易拉罐使用量的增加，世界各国为了节省资源和减少包装成本，纷纷研发更轻、更薄的新型易拉罐。铝制易拉罐也从最开始的每1 000罐25 kg，缩减到20世纪70年代中期的20 kg。现在每1 000罐的重量只有15 kg，比20世纪60年代平均重量减轻了大约40%。

除了推出更轻、更薄的铝制易拉罐以外，目前各国对易拉罐的回收利用率也不断增高。早在20世纪80年代美国铝制易拉罐的回收利用率就已经超过50%，在2000年达到62.1%。日本的回收利用率更高，目前已超过83%。

（资料来源：百度文库，《包装案例》，引文有删减）

请问：商品的包装材料主要有哪些？

【知识准备与任务分析】

一、纸和纸板

在包装材料中纸属于软性薄片材料，无法形成固定形状的容器，常用作裹包衬垫和口袋。纸板属于刚性材料，能形成固定形状的容器。

纸与纸板是按定量（指单位面积的重量，以每平方米的克数表示）或厚度来区分的。凡定量在200 g/m^{2}以下或厚度在0.1 mm以下的统称为纸，定量在200 g/m^{2}以上或厚度在0.1 mm以上的统称为纸板或板纸。有些产品定量虽达200～250 g/m^2，由于习惯的原因，仍称为纸，如白卡纸、绘图纸等。用于包装的纸和纸板的种类如图8-1所示。

- 包装用纸
  - 纸
    - 普通包装纸：牛皮纸、纸袋纸、包裹纸等
    - 特殊包装纸：邮封纸、鸡皮纸、羊皮纸、上蜡纸、透明纸、沥青纸、油纸、耐碱纸、防锈纸等
    - 包装装潢纸：书写纸、胶版纸、铜版纸、压花纸、肋纹纸、表涂层纸等
  - 纸板
    - 纸板：箱板纸、黄板纸、白板纸、卡片纸等
    - 瓦楞纸：瓦楞原纸、瓦楞纸板

图8-1 包装用纸和纸板的种类

纸和纸板的应用相当广泛。在运输包装中，用瓦楞纸板制成的纸箱逐渐取代了木箱、条筐、竹篓等。

【做中学 8－1】举例说明纸和纸板应用

在销售包装中纸和纸板应用也很广，如纸袋、纸盒、纸杯、标签、吊牌、商标纸等。此外，还有大量直接裹包产品的用纸，如羊皮纸、保光泽纸、防油纸、防潮纸、防锈纸等。

二、塑料

塑料除具备一般包装材料的基本性能外，还具有多种优良性能，而无其他包装材料的锈蚀、沉重、破碎、腐烂、渗透等缺点。但是，塑料作为包装材料也有不少缺点，如强度不如钢铁；耐热性不及玻璃；在外界因素长期作用下易老化；有些塑料有异味；有些塑料的内部分子有可能渗入内装物；易产生静电；其价格受石油价格影响而波动。所有这些都限制了塑料在包装中的应用。

常用的塑料包装材料的种类如图 8－2 所示。

- 包装用塑料
  - 塑料
    - 热塑性塑料：聚乙烯、聚氯乙烯、聚苯乙烯、聚丙烯和各种塑料薄膜等
    - 热固性塑料：酚醛塑料、脲醛塑料等
  - 复合塑料
    - 塑料与塑料复合
    - 塑料与其他系列复合：与纸复合、与金属复合、与木板复合等

图 8－2　塑料包装材料的种类

【做中学 8－2】举例说明塑料在包装中的应用

我国塑料包装容器主要有：塑料纺织袋、塑料周转箱和钙塑箱、塑料打包带和捆扎绳、塑料中空容器、塑料包装薄膜、泡沫塑料、复合材料等。

三、玻璃

玻璃本身具有优良的特性，其加工制造技术不断进步，是现代包装的主要材料。玻璃用于包装的优点是：玻璃的保护性能良好，有高度的透明性，便于观察内容物的情况。绿色、棕色的玻璃有很好的保护作用，医药品多采用其作为包装材料。玻璃对所有的气体、溶液或溶剂完全不渗透，是理想的包装材料。但是，玻璃用作包装材料有耐冲击强度低、碰撞时易破碎，自身重量大、运输成本高、能耗大等缺点，限制了玻璃的应用。用于包装的玻璃品种如图 8－3 所示。

- 包装用玻璃
  - 普通瓶罐玻璃：主要是钠、钙硅酸盐玻璃等
  - 特种玻璃：中性玻璃、石英玻璃、微晶玻璃、着色玻璃、玻璃钢(钢化玻璃)

图 8－3　玻璃包装材料的种类

【做中学 8－3】举例说明玻璃在包装中的应用

玻璃作为运输包装主要用于存放化工产品(如强酸类)。玻璃纤维复合材料用于包装粉状化工产品和矿产物粉料。玻璃也用于销售包装制作玻璃瓶和玻璃罐，用于存放酒、饮料、食品、药品、化学试剂、化妆品和文化用品等。

四、金属材料

金属包装材料是指把金属压制成薄片，用于产品包装的材料。金属材料用于包装有许多优点，如金属材料牢固、不易破碎、不透气、防潮、防光，能有效地保护内装物；金属有良好的延伸性，容易加工成型。钢板镀上锌、锡、铬等具有很好的防锈能力；金属表面有特殊的光泽，使金属包装容器具有良好的装潢效果。但是，金属材料在包装上的应用受到成本高、能耗大，在流通中易产生变形，易生锈等因素的限制。包装用金属材料的种类主要如图 8－4 所示。

- 包装用金属
  - 黑色金属
    - 板材：薄钢板、镀锌薄钢板、马口铁等
    - 带材：打包钢带、铁丝、圆钉等
  - 有色金属
    - 板材：铝板、合金铝板等
    - 箔：铝箔、合金铝箔等

图 8－4 金属包装材料的种类

【做中学 8－4】 举例说明金属在包装中的应用

刚性金属包装材料主要用于加工运输包装的铁桶、集装箱；也可用于加工饮料、食品销售包装的金属罐；还有少量用于加工各种瓶罐的盖底和捆扎材料等。软性金属包装材料主要用来制造软管、金箔和复合材料，如食品的包装。

五、木材

木材用于包装有许多优点，如木材具有优良的强度/重量比，有一定的弹性，能承受冲击、震动、重压等；木材资源广泛，可以就地取材；木材加工方便不需要复杂的加工机械设备；木材可加工成胶合板，可减轻包装重量，提高木材的均匀性，且外观好，扩大了木材的应用范围。但是，木材易于吸收水分，易于变形开裂，易腐烂，易受白蚁蛀蚀，还常有异味，不利于成批机械化加工，加之受资源限制、价格高等因素的影响，限制了木材在包装中的应用。

木材是一种天然材料，它本身因树种不同、生长环境不同、树的部位不同而在性质上产生很大差异，因此，使用时应进行合理的选择和处理。常用于包装的木材主要如图 8－5 所示。

- 包装用木材
  - 天然木材
    - 针叶木材：红松、落叶松、白松、马尾松、冷杉等软质木材
    - 阔叶木材：杨木、桦木、榆木、柞木等硬质木材
  - 人造木材
    - 纤维板：木丝板、刨花板等
    - 胶合板：三夹板、五夹板等

图 8－5 木材包装材料的种类

【做中学 8－5】 举例说明木材在包装中的应用

木材常用于那些批量小、体积小、重量大或体积大、重量大的产品，通常制作成小批量、强度高的包装容器，如木箱、木桶和木笼等。

任务引例解析

商品的包装材料主要有：纸和纸板、塑料、玻璃、金属材料、木材等。

【任务设计——商品包装材料分析】

工作实例：

选择某种日常生活用商品，分析其常用包装材料的种类和特点及其包装材料的适用性。

【操作步骤】

第一步：选择某种商品，查阅资料明确该商品的属性及特点；

第二步：调查该商品常用的包装材料的种类及特点；

第三步：根据所学理论，结合所包装商品的特点及要求，对这些包装材料进行适用性的分析。

任务三　商品销售包装的认知与分析

任务引例

色彩不仅易于表现情感，同时具有刺激视觉注意力，快速传达某种信息的作用，而商品包装的色彩搭配正是运用这一点，通过合理的色彩搭配来达到树立商品形象的目的。心理学有关研究表明，人的视觉器官，在观察物体时，最初的 20 秒内色彩感觉占 80%，而形体感觉占 20%，两分钟后色彩占 60%，形体占 40%，5 分钟后各占一半，并且这种状态将继续保持。可见，色彩给人的印象是多么迅速、深刻、持久。色彩搭配，一方面选择易于记忆辨认的色相为主色调（如红、绿、橙、蓝）或以单纯的色彩组合来表现商品的特定品质和个性风格；另一方面，通过鲜明的包装色彩产生强烈的视觉冲击力，引起购买欲。考虑商品的消费对象，从使用者年龄、观念、文化层次、审美品位去定位色彩的选择和搭配，以迎合不同消费群体的色彩偏好。

（资料来源：新浪博客，《商品包装材料研究 超市里的商品包装作用案例》，引文有删减）

请问：什么是销售包装？商品销售包装设计需要考虑哪些要素？销售包装标签上有哪些主要内容？

【知识准备与任务分析】

一、商品销售包装及其结构要素

商品销售包装主要是以满足商品销售为目的的包装，也称为商业包装。销售包装结构是指它的各个组成部分及其相互作用、相互联系的内在方式。销售包装由包装材料、造型、技法、装潢四大要素组成。

(一) 商品销售包装的材料要素

材料是构成销售包装的物质基础，包装造型、技法、装潢都是由包装材料来保证的。销售包装材料的性能，一方面与销售包装的形成有关，另一方面与销售包装的使用有关。因此，把销售包装材料的性能区分为两类：一是工艺性能，即为保证造型、技法、装潢实现的有关性能；二是使用性能，是与销售包装使用直接有关的性能。

销售包装材料通常有玻璃、金属、纸张、塑料及其复合材料等。

(二) 商品销售包装的造型(形体设计)要素

销售包装是一种容器，但仅有包装材料还不能形成包装容器，只有包装材料和造型结合，才能形成容器。同时造型还涉及销售包装的艺术形态和科学结构。因此，销售包装整体的基本功能与其造型有密切关系。

销售包装的基本造型通常有瓶、盒、罐、管、袋，并由此发展了许许多多不同形态和结构的造型。

(三) 商品销售包装的技法要素

销售包装技法是指包装操作时所采用的技术和方法。只有通过销售包装技法，才能使包装体和商品体形成一个整体。

随着销售包装使用环境对它所提出要求的变化和新兴科学技术的发展，商品销售包装技法日趋多样化和复杂化，已成为一个很宽的领域。销售包装的技法主要有收缩包装技法、拉伸包装技法、贴体包装技法、泡罩包装技法、真空包装技法、充气包装技法、吸氧剂包装技法、无菌包装技法、高温短时间杀菌法等。

(四) 商品销售包装的装潢要素

销售包装装潢是指销售包装的表面设计，是销售包装上所采用的以商品为命题的实用装饰艺术。就现代商品销售包装来说，装潢已不可或缺，其地位日趋重要。装潢是包装的脸面，需要由材料、造型和技法来配合和保证。

一个好的销售包装将是包装材料、造型、技法、装潢四个要素的巧妙结合。

二、商品销售包装使用环境的要求

由于商品与包装之间的关系是主从关系，所以销售包装满足商品对它提出的要求是首要的、基本的。同时还必须满足商品生产、流通、消费及社会所提出的要求。

(一) 生产

商品生产对包装提出的要求主要涉及以下问题：

(1) 包装所需材料是否适当、容易采购？

(2) 包装与生产线是否协调？

(3) 是否可利用原有设备来充填封装？

(4) 是否可以标准化？

(5) 是否能再降低成本？

(二) 物流

物流对包装提出的要求主要涉及以下问题：

(1) 在正常运输和储存条件下，包装会不会损坏？
(2) 能否再缩小体积而节省空间？
(3) 尺寸是否可以标准化，以减轻储运费用？

(三) 销售

销售对包装提出的要求主要涉及以下问题：
(1) 陈列时是否醒目，能否引人注意？
(2) 能否显示出商品特色？
(3) 是否强调了足够的销售策略？
(4) 与同类商品比较，是否更具竞争力？
(5) 能否减少被偷窃的可能性？

(四) 消费

消费对包装提出的要求主要涉及以下问题：
(1) 包装所使用的材料是否安全？
(2) 包装的大小、容量是否适合消费者的需要？
(3) 包装是否容易打开？是否轻易取出内容物？是否容易再封存？
(4) 包装的大小是否适于存放于冰箱、餐橱架、壁橱或其他储藏处？
(5) 包装是否坚固耐用？
(6) 价格是否合理？
(7) 能否方便地量出正确的使用量？
(8) 用过的包装能否复用？
(9) 外表是否美观？能否当作装饰品？
(10) 是否能显示地位，以满足消费者的优越感？

(五) 社会

社会对包装提出的要求主要涉及以下问题：
(1) 包装是否合乎节约资源的原则？
(2) 处理废弃物时是否会发生问题？
(3) 对所包装物品的安全有无影响？
(4) 包装与商品之间的容量比、价格比是否适当？

三、商品销售包装装潢

装潢要求采用多种有效的艺术手段，使包装能迅速、准确地显示商品各方面的情况。

(一) 商品销售包装造型结构设计

销售包装因与消费者直接见面，对商品的销售和生产影响很大。销售包装造型结构的功能，除了保护商品外，还要满足商品展销需要，方便消费者的选购和使用，促进商品销售。

1. 方便商品陈列展销、便于识别的销售包装

(1) 堆叠式包装。为了方便商品陈列展销，较少地占用货架，常把同类商品堆叠起来展销。为了适应这种陈列展销的需要而设计的包装造型称为堆叠式包装。如在冲压金属罐

时，使其顶部和底部形成凹凸，能相互吻合的形状，以便于上下放叠。

(2) 可挂式包装。这种包装可在货架上悬挂展销。这类包装造型结构的特点是具有吊钩、吊带、挂孔、网兜等装置，便于悬挂，可以充分利用货架的空间。常用的挂式包装有热成型挂式包装、卡纸型挂式包装以及盒、袋、套型挂式包装。

(3) 展开式包装。这是一种造型结构比较特殊的盖盒。常见的有在纸盒的盖上，根据画面图案压有折叠线。当盒盖关闭时，盒面平整，不影响堆码和装箱，打开盒盖，从折叠线处折转，盒面图案便显示出来，与盒内商品相衬托，具有很好的装饰和陈列效果。

(4) 透明包装和开窗包装。这种包装的特点是能够使消费者直接看到商品的形状、颜色和质量。透明包装有全透明和部分透明之分；开窗包装的"窗口"也有形状和大小之别。透明和开窗的部位，应以商品为主，充分显示商品本身的形态美。

(5) 习惯性包装。有些商品的销售包装已经逐渐形成某种习惯的造型，消费者一见到这种包装造型，就能识别出是哪类商品。对于名牌货的造型，沿用已久，在消费者的心目中留下了深刻的印象，造型结构则不轻易改动。

2. 方便消费者携带和使用的销售包装

(1) 便携式包装。包装造型长、宽、高度的比例要适当，以便消费者携带。有的包装体积较大，可增加手提的结构。

(2) 易开启式包装。具有密封结构的包装容器如瓶、罐、盒的封口，既要求密封，又要求开启容易，因此需要在容器上设计易开装置，用手撕、拉、拧的方法将其打开，便于消费者使用。

(3) 喷雾式包装。用来盛装液体商品如香水、空气清洁剂等的包装，采用按钮式喷雾容器，包装造型新颖、科学、使用方便。

(4) 复用包装。包装容器除用作商品的包装外，还可以给消费者提供其他用途。比如可以作为杯、碗、盆等各种日用品；有的可作为花瓶、灯座之类的装饰品和工艺品；有些儿童食品包装和童装包装本身就是很有趣的玩具。这种包装能促进商品的销售。

(5) 配套包装。商品配套出售的销售包装称为配套包装。可用同类商品搭配成套，也可用联系密切的不同商品进行搭配。

(6) 礼品包装。专供作为礼物用的销售包装称为礼品包装。礼品包装的容器造型和图案装饰，要美观大方，具有较高的艺术性，往往还饰以精美的吊牌、彩带、花结或装饰衬垫等，以增添华贵感，在流通和消费中给人以美好的心理感受。

(7) 适量包装。食品、日用化工、医药用品等的包装主要根据个人、一般家庭或单位使用的情况，进行适量包装，使消费者使用方便，同时也减轻消费者负担，有利于商品销售。

(二) 商品销售包装装潢的设计

商品包装装潢的设计包括图案设计、文字设计和色彩的运用。对装潢设计最根本的要求是通过各种艺术手段，达到准确地突出商品特性的目的。

1. 图案设计

包装装潢画面中的照片、绘画、装饰纹样及浮雕等形式，都称为包装画面的图案。透明包装和开窗包装中所显示出来的商品实物，也是装潢画面的一个组成部分。根据包装图案设计的表现手法，可以分为写实、抽象、夸张和概括、标志化、系列化和广告式等的设计手法。

(1) 写实设计手法包装。写实是对商品的主要形象及衬托主要形象的配物、配景、配色等作如实的描绘。写实可用实物照相或写实绘画的方法来表现。

（2）抽象设计手法包装。装潢画面图案不是直接、具体地反映商品有关的形象的设计手法。抽象设计手法包装注重形式感，讲究图案简洁鲜明而富有特性，除给人以美感外，还应含蓄地寓意深刻地把商品内在的实质表现出来，摆脱商品形状，引起人们对某些物态心理上、逻辑上的联想。

（3）夸张和概括的设计手法包装。把商品最有特征的部分，如形象、色彩、牌名、商标和用途等任何一个部分，抓住一点加以夸张、扩大，使商品的特征更加集中概括。

（4）系列化的商品包装。它是以一个商标图案，或者以同一色调、同一风格、同一包装造型，来统一不同品种、不同花色、不同规格的商品的装饰，形成统一的视觉形象，使之系列化。

（5）广告式包装。它是为了强化商品宣传效果和节省广告费用，无须借助一般的广告媒介，而是直接在销售点，利用有限的陈列空间，通过包装本身的“广告牌”和商品实物，加强消费者的第一印象，具有强烈的货架冲击力，易于获得比一般大众广告更直接、更生动的宣传效果。

2. 文字设计

文字设计是装潢设计的一个组成部分，它不仅起宣传商品、介绍商品的作用，又能在画面中起到装饰作用，甚至还能以文字的组合与变化来装潢整个画面。文字设计应该根据商品的特点和销售意图，采用艺术手法，力求画面美观，文字醒目。文字说明的语言要简练，用词要适当，而且易读，容易记忆。文字说明的内容有以下几个方面：

（1）商标、牌名和品名。商标、牌名和品名是文字说明的重点。文字必须简练鲜明、独具风格，布局位置突出，使消费者易于识别、易于记忆。

（2）数量、规格和成分。不同性质的商品有着不同的计量单位、不同规格和不同成分。显示了商品的内在质量，这是消费者关心的内容。

（3）用途、用法和功效。商品的用途、用法和功效用文字表达出来，有宣传商品、指导消费的作用。

（4）产地、生产和经销单位名称。在装潢画面上，经常用文字标明产地和生产或经销单位的名称，目的是维护生产厂家的声誉和经营利益。

装潢画面上运用文字有中文、外文，以及中、外文对照并用等几种形式。

中文字的运用。装潢画面上的中文字主要有印刷字体、传统书法和美术字三类。

外文字的运用。出口商品一般多采用外文字，使用英文较多。英文字体常采用罗马体、歌德体、意大利斜体和各种变体。

3. 色彩的运用

图案、文字、色彩是装潢表面设计的三要素。图案和文字都有赖于色彩来表现，色彩是装潢画面中先声夺人的艺术语言。色彩运用得当，能起到美化商品的作用，增强商品的竞销能力。

任务引例解析

商品销售包装是商品的附加物，因此，商品销售包装必须满足其所包装商品对它提出的要求。商品包装装潢是传递商品信息、宣传商品、促进商品销售的重要手段。

销售包装标签上主要内容除产品使用说明外，产品标识应当标注在产品或者产品的销售包装上。产品或者产品销售包装的最大表面的面积小于 10 cm^2 的，在产品或者产品销售包装上可以仅标注产品名称、生产者名称；限期使用的产品，在产品或者产品的包装上还应当标注生产日期和安全使用期或者失效日期。产品标识规定的其他标识内容可以标注在产品的其他说明物上。产品标识所用文字应当为规范中文，可以同时使用汉语拼音或者外文，汉语拼音和外文应当小于相应中文。产品标识使用的汉字、数字和字母，其字体高度不得小于 1.8 mm。产品标识应当清晰、牢固，易于识别。产品标识应当有产品名称，有生产者的名称和地址。国内生产的合格产品应当附有产品质量检验合格证明。国内生产并在国内销售的产品，应当标明企业所执行的国家标准、行业标准、地方标准或者经备案的企业标准的编号。产品标识中使用的计量单位，应当是法定计量单位。实行生产许可证管理的产品，应当标明有效的生产许可证标记和编号。根据产品的特点和使用要求，需要标明产品的规格、等级、数量、净含量、所含主要成分的名称和含量以及其他技术要求的，应当相应予以标明。净含量的标注应当符合《定量包装商品计量监督规定》的要求。

【任务设计——预包装食品标签的调查与分析】

工作实例：

在学校附近选择某一超市，观察预包装食品的销售包装，分析预包装食品的标签。

【操作步骤】

第一步：选择超市，观察预包装食品标签的主要内容；

第二步：运用所学理论，分析食品标签的作用及规范食品标签的必要性；

第三步：查阅 GB 7718《预包装食品标签通则》，列出预包装食品标签的基本要求，强制标示内容，强制标示内容的免除，非强制标示内容；

第四步：撰写预包装食品标签的调查与分析报告。

任务四 商品运输包装的认知与分析

任务引例

机电产品是近年来我国出口增长比较快的商品，运输包装的主要功能是保护电机的表观和结构不受损坏，保护电机的性能及其使用价值，从而极大限度地满足陆、海、空长途辗转运输、装卸、搬运、安全等方面的需要。如果是精密仪器，通常还要考虑到防锈、防潮、防震等方面的特殊需求。

由于通常机电产品重量相对较重，通常可采用木质包装。单纯从外包装的角度，机电包装可分为花格包装箱、封闭包装箱和高档钢边包装箱三种。通常包装箱底部与托盘搭配使用，方便叉车运输。

请问：什么是运输包装？商品运输包装设计应遵循哪些基本原则和要求？

【知识准备与任务分析】

一、商品的运输包装及其结构要素

商品的运输包装是以满足商品运输、装卸、储存需要为目的的包装。它既是保证运输、储存安全的条件，又是提高运输装卸、储存作业效率的物质基础。

商品的运输包装是由其技法、标志、造型、材料四大要素组成的。

（一）商品运输包装的技法要素

商品运输包装技法是指包装操作时所采用的技术和方法，是形成运输包装件的一个关键性要素。通过一定的包装技法使小包装件或商品和运输包装成为一个整体，运输包装技法往往与包装设备联系在一起，有时还需要一些辅助材料如衬垫材料、防潮材料、防锈材料、包扎材料等。

（二）商品运输包装的标志要素

商品运输包装标志是指在运输包装件外部制作的特定记号或说明，其主要作用是便于在物流管理中识别和辨认货物，良好的运输包装标志能加速货物交接和点验。

（三）商品运输包装的造型要素

商品运输包装造型是指运输包装所采用的实体形态，包括包装形状和尺寸。运输包装造型的主要形式是方形的箱、不定形的袋和圆柱形的桶。进行运输包装的造型设计，需要充分考虑商品体的特点以及考虑与包装材料、包装技法等相关关系。

（四）商品运输包装的材料要素

狭义地讲，运输包装材料是指制作包装容器所采用的材料；而广义来说，运输包装材料是指形成运输包装件中所采用的各种材料，包括制作包装容器所用的各种材料，制作包装标志中所用的材料以及应用包装技法中所采用的各种辅助材料。

二、商品运输包装标识

运输包装标识是指用简易的文字或图像在运输包装外面制作的特定记号或说明。其主要作用是便于商品在运输和保管中的辨认识别；防止错发错运，准确地将商品运到指定的地点或收货单位；有利于商品的安全装卸和堆码；提高工作效率，加速商品流转；采取正确的措施以保证商品的质量安全。

（一）运输包装收发货标志

运输包装收发货标志中的商品分类标志及其他标志和文字说明是运输包装信息中的一类重要信息。国家标准《运输包装收发货标志》(GB/T 6388)统一规定了铁路、公路、水路和空运的货物外包装上的分类标志及其他标志和文字说明的事项及其排列的格式。外包装件上的商品分类图示标志及其他标志和其他的文字说明排列格式的总称为收发货标志。

在标准中给出了百货、五金、化工、文化、交电、针纺、医药、农副产品、化肥、食品、农药和机械 12 种商品分类标志的图形及其颜色，而其他的各项文字说明，如供货号、货号、品名规格、数量、重量(毛重、净重)、体积(包装件的外形尺寸，长×宽×高)、生产日期、有效期限、生产工厂、收货地点和单位、发货单位、运输号码和发运件数等，可根据需要合理选用。

表 8-1 商品分类图示标志颜色

商品类别	颜色	商品类别	颜色
百货类	红	医药类	红
文化用品类	红	食品类	绿
五金类	黑	农副产品类	绿
交电类	黑	农药类	黑
化工类	黑	化肥类	黑
针纺类	绿	机械类	黑

图 8-6 商品分类图形标志

运输包装收发货标志又称识别标志，是储运过程中用来识别同批货物的标志。识别标志主要有以下几种。

1. 主要标志

主要标志是发货单位(人)向收货单位(人)表示该批商品的特定记号，多用简单文字并配以某种特定图形，如三角形，菱形、四边形等来表示。主要标志也叫唛头(mark)，为行业所通用，如表 8-1、图 8-6 所示。

2. 副标志

副标志是用来表示包装内所装货物的名称、规格、等级和数量。

3. 目的地标志

目的地标志是用文字表明货物运抵地点和收货单位(人)，必要时要指出中转站或港口。

4. 产地标志

产地标志是用文字表明该批货物的产地或发货地点，也可用双方约定的简称或代号来表示。

8

5. 件号标志

件号标志是将同批货物按顺序逐件编号，便于发货单位备查，也有利于收货单位验收和查询。

6. 体积和重量标志

体积和重量标志是用来表示每件包装货物的毛重、净重（均为 kg）、体积（m^3），便于参照计算运费，选择装卸和运输工具等。

（二）包装储运图示标志

国家标准 GB 191《包装储运图示标志》规定了包装储运图示标志的名称、图形、尺寸、颜色及使用方法，适用于各种货物的运输包装。标准给出了在运输和储存过程中的需要注意和执行的标志的名称和图形图示标志共 17 种重要的指示性信息。其名称和图形如表 8－2 所示。

表 8－2　包装储运图示标志的名称和图形图示

图形图示标志		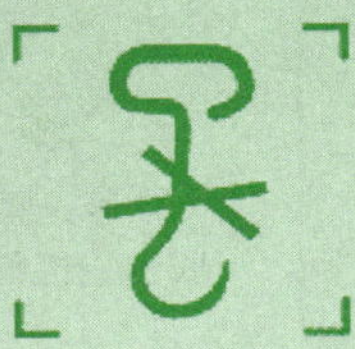			
标志名称	易碎品	禁用手钩	向上	怕晒	怕辐射
图形图示标志	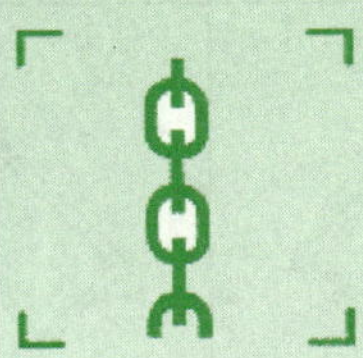		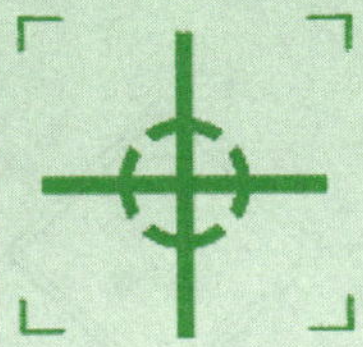		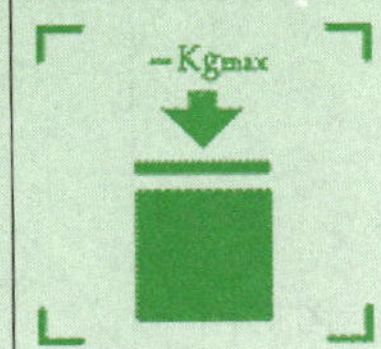
标志名称	由此吊起	怕雨	重心	禁止翻滚	堆码重量极限
图形图示标志	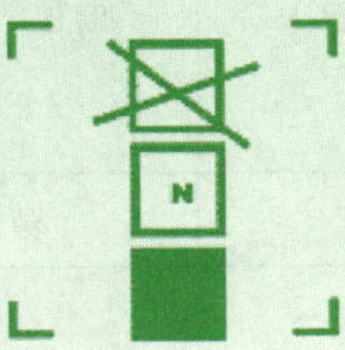				
标志名称	堆码层数极限	温度极限	此面禁用手推车	禁用叉车	由此夹起
图形图示标志		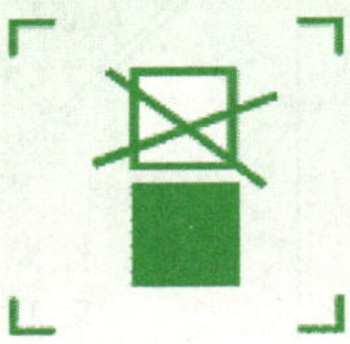			
标志名称	此处不能卡夹	禁止堆码			

包装储运图示标志又称指示标志。图示标志的颜色一般为黑色。如果包装件的颜色使图示标志显得不清晰，则可选用其他颜色印刷，也可在印刷面上选用适当的对比色。一般应避免采用红色和橙色。粘贴的标志采用白底印黑色。

（三）危险货物包装标志

危险货物包装标志又称危险品标志。标准规定了危险货物包装图示标志的种类、名称、尺寸及颜色等。标准适用于危险货物的运输包装。

标志的图形共 21 种，19 个名称，其图形分别标示了 9 类危险货物的主要特性，如表 8－3 所示。

表 8－3　　危险货物包装标志种类、名称、颜色和对应的危险品货物类项号

图形图示标志	 （符号：黑色；底色：橙红色） 1.1；1.2；1.3	 （符号：黑色；底色：橙红色） 1.4	 （符号：黑色；底色：橙红色） 1.5	 （符号：黑色或白色，底色：正红色） 2.1
标志名称	爆炸品	爆炸品	爆炸品	易燃气体
图形图示标志	 （符号：黑色或白色，底色：绿色） 2.2	 （符号：黑色，底色：白色） 2.3	 （符号：黑色或白色，底色：正红色） 3	 （符号：黑色，底色：白色红条 4.1
标志名称	不燃气体	有毒气体	易燃液体	易燃固体
图形图示标志	 （符号：黑色，底色：上白下红） 4.2	 （符号：黑色或白色，底色：蓝色） 4.3	 （符号：黑色，底色：柠檬黄色） 5.1	 （符号：黑色，底色：柠檬黄色） 5.2
标志名称	自燃物品	遇湿易燃物品	氧化剂	有机过氧化物

续 表

图形图示标志	 （符号：黑色， 底色：白色） 6.1	 （符号：黑色， 底色：白色） 6.1	 （符号：黑色， 底色：白色） 6.1	 （符号：黑色， 底色：白色） 6.2
标志名称	剧毒品	有毒品	有害品（远离食品）	感染性物品
图形图示标志	 （符号：黑色， 底色：白色， 附一条红竖条） 7	 （符号：黑色， 底色：上黄下白， 附二条红竖条） 7	 （符号：黑色， 底色：上黄下白， 附三条红竖条） 7	 （符号：上黑下白， 底色：上白下黑） 8
标志名称	一级放射性物品	二级放射性物品	三级放射性物品	腐蚀品
图形图示标志	 （符号：黑色， 底色：白色） 9			
标志名称	杂类			

标志的尺寸一般分为 4 种，有 50×50、100×100、150×150、250×250。如遇特大或特小的运输包装件，标志的尺寸可按规定适当扩大或缩小。

每种危险品包装件应按其类别贴有相应的标志。但如果某种物质或物品还有属于其他类别的危险性质，包装上除了粘贴该类标志作为主标志以外，还应粘贴表明其他危险性的标志作为副标志。标志应清晰，并保证在货物储运期内不脱落。标志应由生产单位在货物出厂之前标打，出厂后如改换包装，其标志由改换包装单位标打。

国家标准（GB 190 和 GB 13690）规定的危险货物包装标志和常用危险化学品标志都是强制性运输标志。

8

(四) 标志的使用方法

1. 标志的标打

一般采用粘贴、钉附和喷涂等方法，包装储运图示标志亦可采用印刷或拴挂的方法标打标志。印刷时，外框线及标志名称都要印上；喷涂时，外框线及标志名称可省略。

2. 标志的数目及位置

标志的数目及位置规定：箱状包装，位于包装端面或侧面明显处；袋装、捆包装，位于包装明显处；桶形包装，位于桶身和桶盖；集装箱、成组货物，粘贴四个侧面。

三、集合包装

集合包装是指在单件包装的基础上，把若干单件组合成一件大包装。以适应港口机械化作业的要求。主要有集装箱、托盘、集装袋包装。

(一) 集装箱

集装箱是指具有一定强度、刚度和规格专供周转使用的大型装货容器。使用集装箱转运货物，可直接在发货人的仓库装货，运到收货人的仓库卸货，途中更换车、船时，无须将货物从箱内取出换装。

1. 集装箱的定义

国际标准化组织 ISO 830：1981《集装箱名词术语》中，集装箱的定义为：

集装箱是一种运输设备：

(1) 具有足够的强度，可长期反复使用。

(2) 适于一种或多种运输方式的运送，途中装运时箱内货物不需换装。

(3) 具有快速装卸和搬运的装置，特别便于从一种运输方式转到另一种运输方式。

(4) 便于货物装满和卸空。

(5) 具有 1 m^3 及 1 m^3 以上的容积。

集装箱这一术语，不包括车辆和一般包装。

许多国家制定标准时都引用了这一定义，我国国家标准 GB 1992《集装箱名词术语》也引用了该定义。

2. 集装箱的分类

8

(1) 按用途分类。集装箱按箱内所装货物一般分为通用干货集装箱、保温集装箱、罐式集装箱、台架式集装箱、平台集装箱、敞顶集装箱、汽车集装箱、动物集装箱、服装集装箱。

(2) 按制造材料分，有木集装箱、钢集装箱、铝合金集装箱、玻璃钢集装箱、不锈钢集装箱等，各种材料集装箱的性能如表 8-4 所示。

表 8-4 各种材料集装箱的性能

项　目	重量	强度	加工性	耐腐蚀性	价格
铝制集装箱	轻	小	好	差	高
普通钢制集装箱	重	大	好	差	较低

续 表

项 目	重量	强度	加工性	耐腐蚀性	价格
不锈钢制集装箱	重	大	好	好	太高
玻璃钢制集装箱	重	大	好	好	一般

另外还有按结构分，有折叠式集装箱、固定式集装箱等，在固定式集装箱中还可分密闭集装箱、开顶集装箱、板架集装箱等；按总重分，有 30 t 集装箱、25 t 集装箱、20 t 集装箱、10 t 集装箱、5 t 集装箱、2.5 t 集装箱等。

集装箱计算单位（twenty-feet equivalent units, TEU）又称 20 ft 换算单位，是计算集装箱箱数的换算单位。目前各国大部分集装箱运输，都采用 20 ft 和 40 ft 长的两种集装箱。为使集装箱箱数计算统一化，把 20 ft 集装箱作为一个计算单位，40 ft 集装箱作为两个计算单位，以利统一计算集装箱的营运量。

（二）托盘包装

产品在供应链中的流通是从采购开始，经过生产、分配、销售最后到达用户手中，托盘包装是集合化包装方法之一，也是一种优异的现代物流方法。

托盘是广泛用于组合包装的器具。托盘化包装是把包装件按一定方式在托盘上堆码，再通过捆扎、裹包或胶粘等方式加以固定而形成搬运单元，便于机械化装卸、储运和管理。托盘化包装整体性能好，堆码稳定性高，可避免散垛摔箱问题，适合于机械化装卸，提高工作效率高，能减少流通过程中包装件发生碰撞、跌落、倾倒及野蛮装卸，提高产品运输的安全性。

1. 堆码方式

托盘化包装过程中，包装件在托盘上的堆码方式也很重要。包装件的堆码方式一般分以下四种形式：简单重叠式、交错式、纵横式和旋转式。托盘化包装过程中包装件的紧固方式有捆扎、胶合、拉伸包装、收缩包装、防护棱等。

2. 托盘的规格尺寸

为了使铁路货车、载重货车、集装箱以及其他装卸、运输设施和设备与托盘的尺寸相匹配，促进托盘包装作业连续化，降低物流成本，提高运输作业效率，ISO 规定了 6 种适用地区的托盘标准规格尺寸：

欧洲长方形：1 200 mm×1 000 mm；

欧洲长方形：1 200 mm×800 mm；

澳大利亚正方形：1 140 mm×1 140 mm；

美国长方形：1 016 mm×1 219 mm；

亚洲正方形：1 100 mm×1 100 mm；

澳大利亚正方形：1 067 mm×1 067 mm。

我国国家标准 GB/T 16470—1996 给出了 4 种托盘规格，即：1 200 mm×1 000 mm、1 200 mm×800 mm、1 140 mm×1 140 mm、1 219 mm×1 016 mm，规定了托盘包装的要求、抽样与实验方法等技术条件和联运平托盘外部尺寸系列(GB 2934)等。

我国目前流通中的托盘规格较多，主要包括：2 000 mm×1 000 mm、1 500 mm×

8

1 100 mm 等几十种规格。其中 1 100 mm×1 100 mm 和 1 200 mm×1 000 mm 两种规格相对比较多。

我国托盘在使用中基本是属于企业内部周转，对于生产企业，托盘的使用范围仅限于从企业的仓库和运输环节之间的搬运，对于物流企业来说，托盘也是局限于企业内部调配使用。

在高效率的现代物流系统中，托盘包装单元作为一个整体，从货物生产方直接送到最终的用户手中。如果在中途反复地更换托盘就会浪费人力，而且可能会由此造成包装产品破损。从而降低物流工作的效率，增加物流成本。

（三）集装袋

集装袋又称柔性集装箱，是集装单元器具的一种，配以起重机或叉车，就可以实现集装单元化运输。它适用于装运大宗散状粉粒状物料。集装袋是一种大容积的运输包装袋，盛装重量在 1 吨以上。集装袋的顶部一般装有金属吊架或吊环等，便于铲车或起重机的吊装、搬运。卸货时可打开袋底的卸货孔，即行卸货，非常方便。

1. 集装袋定义及各部件名称

国家标准 GB 10454—89 将柔性集装袋定义为：集装袋是一种柔性运输包装容器，结构上具有足够的强度，能适合于起吊运输工具的操作，有利于卸载的装置，能进行快速装卸，通常有进出料口。容体常在 500～2 300 L 之间，载重量通常在 0.5～3 t 之间。

2. 集装袋分类和型号

集装袋按内装货物可分为散装货物集装袋和小包装货物集装袋两大类。

散装货物集装袋结构有：

(1) 顶吊式结构。由集装袋侧面上基布缝制成的用于穿绳部位的结构。

(2) 侧吊式结构。吊带直接缝制在集装袋体的外侧面，或者是吊带穿在一个缝制在集装袋体侧面的中间部件的结构。

(3) 底吊式结构。吊带延伸到底部的网络状结构。

小包装货物集装袋分为全敞型、半敞型、箱体型三种结构。

(1) 全敞型。整个集装袋体可以平摊成一个平面。

(2) 半敞型。除上盖以外，另一个侧面可以敞开。

(3) 箱体型。只可打开上盖。

任务引例解析

运输包装，是为了尽可能降低运输流通过程对产品造成损坏，保障产品的安全，方便储运装卸，加速交接点验。人们将包装中以运输储运为主要目的的包装，又称外包装，其主要作用在于保护商品，防止在储运过程中发生货损货差，并最大限度地避免运输途中各种外界条件对商品可能产生的影响，方便检验、计数和分拨。

运输包装器具设计应遵循的基本原则：标准化、系列化原则；集装化、大型化原则；多元化、专业化原则；科学化原则；生态化原则等。

运输包装应具有以下基本要求：具有足够的强度、刚度与稳定性；具有防水、防潮、防虫、防腐、防盗等防护能力；包装材料选用符合经济、安全的要求；包装重量、尺寸、标志、形式等应符合国际与国家标准，便于搬运与装卸；能减轻工人劳动强度、使操作安全便利；符合环保要求。

【任务设计——商品的运输包装分析】

工作实例：

选择某一商品，分析该商品的运输包装。

【操作步骤】

第一步：了解该商品的质量属性及该商品常用的运输包装的种类和特点；

第二步：根据商品质量的储运特点及要求，分析该商品运输包装的材料、造型、技法和标志；

第三步：列出该商品运输包装上所标注的内容；

第四步：撰写商品的运输包装分析报告。

任务五 商标的认知

任务引例

某市工商局某工商所执法人员查扣了一批涉嫌商标侵权的"红牛营养液"，其产品的外包装和商标图案与知名饮料极其相似，但生产厂家却不一样，粗心的消费者一不小心就会混淆。

请问：什么是商标？商标的作用有哪些？

【知识准备与任务分析】

商标经过工商行政管理部门登记注册并予以公布，禁止他人仿效使用，享有专用权，并受到法律保护。商标也是商品包装装潢的重要组成部分，商标是区别不同企业同类商品的主要标志，商标也是名牌商品质量信誉的识别标记。

一、商标的概念

商标是商品的标记。商标是工商企业在其生产和经营的商品上所使用的一种享有专用权的标记，通常由文字、图形、符号或其他组合构成。商标代表商品（或产品）的一定质量，以表示某种商品同他种商品的不同。它通常注明在商品、商品包装材料及其他宣传品上面。

注册商标是指经商标局核准注册的商标，包括商品商标、服务商标和集体商标、证明商标；商标注册人享有商标专用权，受法律保护。

集体商标是指以团体、协会或者其他组织名义注册，供其组织的成员在商务活动中使用，以表明使用者在该组织中的成员资格的标志。

证明商标是指由对某种商品或者服务具有监督能力的组织所控制，而由该组织以外的单位或者个人使用于其商品或者服务，用以证明该商品或者服务的原产地、原料、制造方法、质量或者其他特定品质的标志。

二、商标的分类

商标可按构成和使用者等进行分类。

1. 按构成分类

按商标构成划分的有文字商标、记号商标、图形商标和组合商标四种形式。

(1) 文字商标。文字商标是指用文字构成的商标。我国的文字商标多用汉字，也可以加注汉语拼音。

(2) 记号商标。记号商标是由简明的具有特点的记号或符号构成的商标。常见的记号商标是圆形、方形、椭圆形、三角形、菱形等几何图形的变形及组合。

(3) 图形商标。图形商标指由图形构成的商标。

(4) 组合商标。组合商标是使用上面三种商标形式中的两种或三种组合而成的。

2. 按使用者分类

一般分为制造商标、销售商标和证明商标三种。

(1) 制造商标。制造商标又叫“厂标”，它是以企业名称来命名商标的。

(2) 销售商标。销售商标又叫“商业商标”，它是宣传商业经营者的标记。

(3) 证明商标。证明商标又称“保证商标”，是指经某一权威机构认证质量而使用的商标。

任务引例解析

商品的包装都有区别不同企业的一种专用标志，这就是商标。商标的作用主要有以下几点：

第一，标志作用。商标是区别同类商品不同生产者和经营者的标志，也是区别不同生产者产品质量的标记。通过商标可以明确商品的生产者和销售者的责任，有利于消费者对商品质量的监督，对企业的经营起着重大影响。

第二，宣传作用。商标是商品信誉的标志，企业可以利用商标宣传商品的质量，建立企业信誉。商标有广告的作用，有利于消费者选购商品，扩大商品的销售。

第三，商标是一种产权。商标是商品质量的代表。特别是名牌商标，其商品信誉高、质量优、销路好，其价值往往难以估量。

项 目 小 结

商品包装的认知与分析项目的内容结构图如图 8－7 所示。

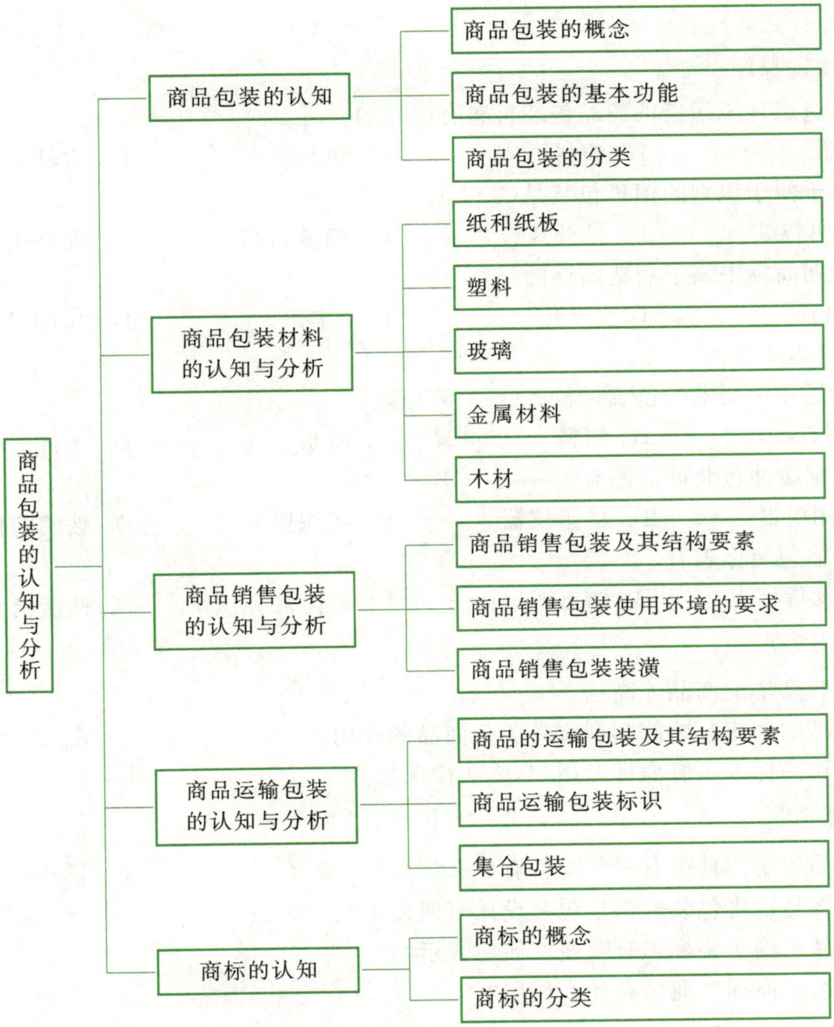

图 8－7　商品包装的认知与分析项目的内容结构图

主要概念

商品包装　销售包装　运输包装　集合包装　商标

习题与训练

一、习题

（一）名词解释

商品包装　销售包装　运输包装　集合包装　商标

(二) 选择题

1. 单项选择题

(1) 易造成环境污染的商品包装材料有( )。

A. 纸张 B. 塑料 C. 纸板 D. 木材

(2) 属于便于识别的销售包装是( )。

A. 透明包装 B. 易开式包装 C. 喷雾包装 D. 堆叠式包装

(3) 下列商标中属于制造商标的是( )。

A. "白猫" B. "三九" C. "丰田" D. "CCC"

2. 多项选择题

(1) 满足环保要求的包装材料有( )。

A. 纸张 B. 塑料 C. 纸板 D. 木材

(2) 适宜缓冲包装的商品有( )。

A. 家用电器 B. 精密仪器 C. 纺织服装 D. 玻璃陶瓷

(3) 运输包装标志有( )。

A. 收发货标志 B. 储运图示标志 C. 危险品标识 D. 性能指示标志

(三) 判断题

(1) 包装豪华的商品才高档。 ( )

(2) 商品的销售包装能起到宣传美化商品的作用。 ( )

(3) 注册商标人享有商标专用权,受法律保护。 ( )

(四) 简答题

(1) 商品包装的种类有哪些?各有什么特点?

(2) 什么是销售包装?销售包装设计有何要求?

(3) 商品运输包装标志有哪些?如何表示?

(4) 什么是商标?商标有什么作用?

(五) 论述题

(1) 论述商品包装的功能。

(2) 论述商品包装材料的种类,分析其适用性。

8

二、训练

1. 选择其一商品,依据所学理论,列出运输包装的结构要素,分析该商品属性及其对销售包装和运输包装的要求。

2. 结合"买椟还珠"故事试论商品的包装。

项目九　商品养护的认知与分析

职业能力目标

1. 理解商品养护、商品储存和商品运输的概念；
2. 明确商品养护的重要性；
3. 理解商品在储运过程中的质量变化及其变化的因素；
4. 掌握商品在储运过程中商品质量的保养和维护。

典型工作任务

1. 商品养护的认知；
2. 储运商品的质量变化及其影响因素与分析；
3. 商品储存期间的养护与分析；
4. 商品运输的安全管理。

任务一　商品养护的认知

任务引例

蔬菜属于生鲜易腐商品，空气过于干燥，萝卜容易空心；过于潮湿，叶菜类就容易腐烂。一般来说，番茄、黄瓜、南瓜、甘薯等应储存在温度稍高和比较干燥的地方；白萝卜、胡萝卜、甜菜等宜储存在冷凉湿润的环境里；洋葱、大蒜则适宜储存在冷凉干燥的地方。大部分蔬菜在-2 ℃以下就会结冰，结冰后会变质、走味、食而不鲜。水果的品种很多，生理特性也各不相同。温、湿度的变化对水果的影响也很大，它最怕"碰""热""冷"。为了保持果蔬类货物的原有品质，必须要掌握好保管场所适当的养护条件。因此，在长时间的运输和保管易腐货物时，必须根据它们各自的特性，要储存在适宜的环境中，才能保持其原有的品质。

（资料来源：百度百科，《易腐食品》，引文有删减）

请问：什么是商品养护？商品养护的目的与任务是什么？

【知识准备与任务分析】

商品养护是商品在储运过程中所进行的保养和维护。广义来讲，商品离开生产领域，在进入消费领域之前，这一段时间的保养与维护都称为商品养护。商品只能在一定的时期内和一定的条件下，保持其质量的稳定性。不同的商品，质量变化的快慢程度不同，因而采取的养护措施也不同。

商品本身和储运条件决定商品质量的变化程度，同时也决定了商品流通的时间界限。商品越容易发生质变，它对储运条件要求得越严格，它的空间流通就越狭窄，它的销售市场就越带有地方性。因此，易发生变质的商品，对它的流通时间限制就越大，就越需要商品养护。

商品养护是一项技术性非常强的工作，在商品养护过程中，应贯彻“以防为主，防重于治，防治结合”的方针。预防措施得当，储运的商品就不出问题或少出问题。治是商品出现质变后采取一定的办法进行救治，防止受害范围的扩大。“防”和“治”是商品养护不可缺少的两个方面。商品养护的重要性在于从数量上降低商品的损耗，在质量上保护商品的品质。

任务引例解析

商品养护的目的是研究商品在储存过程中受内外因素的影响，质量发生变化的规律；研究安全储存商品的科学养护方法，以保证商品的质量，避免和减少商品损失。

商品养护的基本任务就是面向库存商品，根据库存数量多少、发生质量变化速度、危害程度、季节变化，按轻重缓急分别研究制定相应的技术措施，使货物质量不变，以求最大限度地避免和减少商品损失，降低保管损耗。

任务二　储运商品的质量变化及其影响因素与分析

任务引例

商品在储运过程中，由于商品本身的性能特点，以及受外界各种环境因素的影响，可能发生质量的变化，造成商品的损耗或损失。因此，了解商品质量变化的规律和影响质量变化的因素，对于保护储运商品的质量、减少损失意义重大。

如任务一“任务引例”所说，易腐食品容易变质是由多方面的原因造成的，首先决定于货物本身所组成的性质，其次由于微生物的存在，酶的作用以及外界温度的影响等。其中因微生物的生长、发育和繁殖活动而造成货物腐败，是冷藏货物易腐变质的主要原因。此外，由于货物受压或因在运输过程中受到碰撞、震动而造成表面损伤，从而引起化学变化而腐败。这种腐败，开始时虽只局限于受损部分，但在一定条件下，由于微生物的作用，能迅速扩大引起整体腐烂。新鲜蔬菜有着丰富的营养价值，品种多，特性各异。由于蔬菜本身所组成的性质适宜于微生物的繁殖和生长，因此是一种易腐易坏的货物。蔬菜腐坏主要是温度、湿度、环境卫生条件和气体成分不适宜引起的。

（资料来源：百度百科，《易腐食品》，引文有删减）

请问：储运的商品容易发生什么变化？商品发生这些变化的原因是什么？

【知识准备与任务分析】

一、储运商品的质量变化

商品在储运过程中，可能发生质量变化的类型可以概括为物理变化和化学变化。

（一）储运商品的物理变化

商品的物理变化，是指仅仅改变商品本身的外部形态，而不改变商品性质的变化。

1. 储运商品一般的物理变化

(1) 挥发。挥发是低沸点的液体商品或经液化的气体商品在空气中经汽化而散发到空气中的现象。具有挥发性的液态商品，一般其表面分子都比较活跃，能不断地散发到空气中去。液态商品的挥发，不仅会造成商品数量减少，其商品质量也会降低。有些商品挥发出来的气体（如乙醚、丙酮）还会影响人体健康，甚至发生燃烧或爆炸事故。

液态商品的挥发速度与商品中易挥发成分的沸点、气温高低、空气流速以及与它们接触的空气表面积等因素有关。在一般情况下，商品中易挥发成分的沸点越低，气温越高，空气流速越快，接触空气表面积越大，挥发的速度就越快。因此，对易挥发的低沸点的液态商品，应特别注意其包装容器的严密和严格控制仓库温度，保持在低温条件下储存，并要经常检查，防止事故的发生。

(2) 溶化。溶化是某些具有较强吸湿性和水溶性的晶体、粉末状或膏状的商品吸收潮湿空气或环境中的水分至一定程度后溶解的现象。

影响商品溶化的因素，主要是商品的吸湿性和水溶性，此外还与空气接触表面积、空气相对湿度和气温等有关。一般情况下，气温和相对湿度越高，这类商品越容易溶化。所以这类商品在储运过程中应避免其防潮包装受损，也不能与含水量大的商品混存，要保持储运环境的干燥凉爽，堆码也不宜过高，以防止压力过大而加速商品溶化流失。

(3) 熔化。熔化是指某些低熔点的固体商品在温度较高时，发生变软变形甚至熔融为液体的现象。商品熔化的结果，有的会造成商品流失；有的会浸入包装，使商品和包装粘连在一起；有的商品产生体积膨胀，胀破包装；有的可能沾污其他商品；有的甚至因商品软化致使货垛倒塌，造成损失。

造成商品熔化的内在因素是商品成分熔点较低和易熔商品中含有某些杂质，其外界因素是日光直射和气温较高。这类商品在储运中应控制较低的温度，采用密封和隔热措施，防止日光照射，尽量减少温度的影响，特别是在炎夏季节，还要根据情况，适当采取降温措施。

【做中学 9-1】 举例说明熔化和溶化在生活中的实例

日常生活中食盐、食糖由于包装不严，在空气湿度较大时，就会吸潮溶化；蜡烛、巧克力及糖果等，在温度较高时，会变软、发黏、流动，即为熔化现象。

(4) 脆裂、干缩。某些商品在干燥空气中或经风吹过后，会出现脆裂或干缩现象。商品的脆裂、干缩能导致商品质量严重降低，也会给储存、运输和销售部门带来很大不便。因此，存储这类商品，应控制环境的相对湿度，防止日晒、风吹，使其含水量保持在合理范围内。

(5) 渗漏。渗漏是指液体商品，特别是易挥发的液体商品，由于包装容器不严密，或包装质量不符合商品的性能要求，包装内液体商品或受热或结冰膨胀或搬运装卸等原因而使包装破损所发生的外漏现象。商品的渗漏不但会造成商品流失，而且还会造成严重的空气和环境污染。所以对这类商品的储运，应加强交接验收，定期检查以及环境温湿度控制和管理。同时，木质容器要防止干燥干裂，金属容器要注意防潮防锈。另外，还要根据商品的特性，做好防高温或防冻工作。

（6）串味。串味是指吸附性较强的商品吸附其他气味、异味，从而改变商品本来气味的现象。具有吸附性、容易串味的商品，主要是它的成分中含有胶体物质，或具有疏松、多孔性的组织结构。

【做中学 9－2】 举例说明商品的串味在生活中的实例

常见的容易串味的商品有：大米、面粉、木耳、食糖、饼干、茶叶、卷烟等。常见的引起其他商品串味的商品有：汽油、煤油、腌鱼、腌肉、樟脑、卫生球、肥皂、化妆品以及农药等。

（7）沉淀。沉淀是指含有胶质和易挥发成分的商品，在低温或高温等因素影响下，引起部分物质的凝固，进而发生沉淀或膏体分离的现象。常见的商品有墨汁、墨水、牙膏、雪花膏等，饮料、酒等在仓储中，离析出纤细絮状的物质，而发生混浊沉淀的现象。

（8）沾污。沾污是指商品外表有其他污物，染有其他污秽的现象。商品沾污，主要是生产、储运中卫生条件差以及包装不严所致。对一些外观质量要求较高的商品，如绸缎呢绒、针织品、服装等要注意防沾污，精密仪器、仪表也要特别注意。

2. 储运商品的机械变化

商品的机械变化是指商品在外力作用下，发生形态变化。商品在搬运、装卸和堆码时，往往受到外力的碰撞、摩擦和挤压等机械作用而发生形态的变化，也叫机械损伤。

商品机械损伤形式，主要有破碎、散落、变形等。商品的机械损伤，有时会造成数量损失，有时会使质量发生变化，有时甚至完全失去使用价值。因此对于容易发生破碎和变形的商品，在储运过程中要轻拿轻放，避免高温、暴晒、撞击、重压，并保持包装完整。

（二）储运商品的化学变化

储运商品的化学变化过程即商品的质变过程，严重时会使商品失去使用价值。商品在储运过程中的化学变化，主要有一般的化学变化、生理生化变化和生物学变化。

1. 储运商品一般的化学变化

（1）分解。分解是指某些化学物质不稳定的商品，在光、热、酸、碱、潮湿空气等作用下，会发生化学分解的现象。分解不仅使商品的数量减少，质量降低，而且还会使其完全失效，有时产生的新物质还有危害性。

（2）水解。水解是指某些商品在一定条件下（如酸性或碱性条件）与水作用而发生的分解反应的现象。各种不同的商品，在酸或碱的条件下，发生水解的情况也不一样。羊毛纤维在碱性溶液中容易分解，而在酸性溶液中却比较稳定。

（3）氧化。商品与空气中的氧或其他氧化性物质接触会被氧化的现象。商品的氧化，不仅会降低商品质量，有时还会在氧化过程中产生热量，发生自燃，有时甚至发生爆炸事故。

【做中学 9－3】举例说明商品的氧化的实例

易于氧化的商品种类很多，例如，某些化工原料中的亚硝酸钠、亚硫酸钠、硫代硫酸钠、保险粉等，都属于易氧化的商品；棉、麻、丝等纤维织品，如长期与日光接触，会发生变色现象，这也是由于织品的纤维材料被氧化的结果。此外，桐油布、油纸、油布伞等桐油制品，如果没有干透就打包存储，容易发生氧化，引起自燃。

(4) 金属腐蚀。金属与周围环境(主要是空气)发生化学反应或电化学反应所引起的破坏现象，即为金属腐蚀。习惯上把金属在大气中，由于氧、水及其他物质的作用而引起的变色和各种各样的腐蚀，称为生锈或者锈蚀。

按锈蚀机理，金属的锈蚀可分为化学锈蚀和电化学锈蚀两种类型，化学锈蚀是指金属在干燥气体或非电解质溶液中的锈蚀，主要是金属被氧或二氧化硫氧化，在表面生成氧化膜，使金属表面生锈，降低光泽。有些氧化膜还能保护金属，使其不继续受到氧的侵蚀，对金属内部质量影响不大。电化学腐蚀是指在潮湿环境中，金属与水及溶解于水中的物质接触时，由于原电池作用而发生的电化学反应，这种腐蚀作用可以不断地向金属内部发展，使金属受到严重破坏。导致金属商品锈蚀的主要原因是发生电化学腐蚀。

金属锈蚀，与金属自身的特点有密切关系，还与储运的环境因素有关，主要有环境空气湿度、温度及空气中有害物质等。环境空气潮湿，有害物质多，温度升高都会加速金属商品的锈蚀。

(5) 老化。老化是某些以高分子化合物为主要成分的商品，如橡胶制品、塑料制品以及合成纤维制品等，受日光、热和空气中氧等环境因素作用而失去原有性能，以致最后丧失其使用价值的化学变化。

在老化现象中，高分子材料变软、发黏是其降解的结果，变硬、发脆、龟裂、丧失弹性是其交联的结果。

影响商品老化的因素很多，主要有构成高分子商品的材料种类、化学组成、结构状态和加工方法，以及物理、化学和生物等因素，如光、热、氧等。

(6) 燃烧和爆炸。一般把能发光发热的剧烈的化学变化过程叫做燃烧。爆炸是指物质自一种状态迅速地转变成另一种状态，并在瞬息间以机械功的形式放出大量能量的现象。

燃烧需要有可燃物质、助燃物质和具有一定的温度，三者缺一不可。多数可燃物质都是由碳、氢、氧组成，助燃物质属于氧化剂，一般指空气中的氧。各种可燃物质的着火点和燃烧时释放的热能不同，因此，可燃物质的燃烧需要维持一定的温度，才能保证燃烧的完全性。

从化学反应的原理讲，燃烧与爆炸的化学反应原理是相似的，主要是氧化还原反应，放出热量，产生气体。其主要区别在于反应速度，燃烧的反应速度缓慢，其传播的方式主要是热传导，并且一般用于燃烧的燃料在氧化时所需的氧是由外界提供的。爆炸是极迅速的反应，用做爆炸的爆炸物其本身就含有化学反应所需的全部氧和部分氧，不需外界供给。

在储运商品中，有磷、汽油、苯、油漆、赛璐珞、金属钠等易燃物品，有黑火药、雷管、导火索、爆竹等易爆物品。

2. 储运商品的生理生化变化

生化变化是指有生命活动的有机商品，在生长发育过程中，为了维持它的生命，本身所进行的一系列生理变化。如粮食、水果、蔬菜、鲜鱼、鲜肉、鲜蛋等有机商品，在储运过程中，受到外界条件的影响和作用，往往会发生这样或那样的变化，这些变化的形式主要有动植物食品商品的呼吸、后熟、发芽和抽薹、僵直、成熟和自溶等。

（1）呼吸。呼吸是活鲜食品最基本的生理活动。其本质是在酶的参与下进行的一种缓慢的生物氧化过程。

呼吸有两种类型：一种是有氧呼吸，是指活鲜食品在储运中，为了维持生命需要，在体内氧化还原酶的作用下，其体内葡萄糖和其他简单有机物与吸入的氧发生氧化反应，即：$C_6H_{12}O_6+6O_2\rightarrow 6CO_2+6H_2O+$热量；另一种是缺氧呼吸，是指在无氧或缺氧情况下的呼吸，即：$C_6H_{12}O_6\rightarrow 2C_2H_5OH+2CO_2+$热量。

从上述两种呼吸类型可看出，它们的呼吸基质是一样的，最终都是消耗了有机体内的营养成分并产生热量而降低商品质量。有氧呼吸产生的热量，部分用做活鲜食品生理活动的能量，部分释放到外界环境中，可使储藏环境的温度升高，加速活鲜食品的腐烂变质，同时还会促使霉腐微生物生长繁衍，这对维护储运的植物性活鲜食品如原粮、蔬菜、水果等质量是十分不利的。缺氧呼吸实质是酒精发酵，其最终产物是酒精和中间产物乙醛等，会破坏活鲜食品的组织，使其腐烂，如积累过多，还会引起活鲜食品细胞中毒，其后果比有氧呼吸更为严重。

【做中学 9－4】 举例说明商品的呼吸作用跟什么有关系。

呼吸作用进行得快慢，受其生物学特性（如种类、品种、成熟度、不同器官和组织以及不同的发育时期等）和外界环境条件（如湿度、空气成分、机械伤害和病虫害等）的因素影响。例如，蔬菜的呼吸强度以叶菜最高，果菜次之，块根菜和块茎最低。果实的呼吸强度以浆果最大，仁果次之，核果再次之，柑橘类较小。

（2）后熟。后熟是指瓜果、蔬菜等食品在脱离母株后继续其成熟过程的现象。瓜果、蔬菜等的后熟作用，能改进其色、香、味及口感的硬脆度等食用性能。果品、瓜类、有些菜类等商品在脱离母体后，物质的积累被迫停止，但食品中的有机成分的合成—水解平衡更趋向于水解作用方向，呼吸作用更趋向于缺氧呼吸类型，使商品质量和生理特性发生一系列变化，而后逐渐达到使用成熟度。后熟对这类食品在色泽、香气、口味及口感等方面有明显的提高，食用质量也得以改进。香蕉、柿子、西瓜和甜瓜等，只有达到后熟时，才具备良好的食用价值。但也会因它们的成分在组织或器官之间的转移和重新分配而逐渐进入衰老期，致使商品形态变劣、组织变粗和食用品质大为降低。后熟作用完成后，商品则容易发生腐烂变质，难以继续储藏甚至失去食用价值。

【做中学 9－5】 举例说明有后熟现象食品的后熟跟什么有关系。

促进有后熟现象食品后熟的因素主要是高温、氧气和某些刺激性气体的成分，如乙烯、酒精等。例如，苹果组织中产生的乙烯（又称内源乙烯），虽然数量极微，却能大大加快商品的后熟和衰老的进程。有时为了及早上市，对于某些菜果，如番茄、香蕉、柿子等，还可利用人工催熟的方法加速其后熟过程，以适应市场销售需要。

(3) 发芽和抽薹。发芽和抽薹是二年生的蔬菜(如马铃薯、葱头、大蒜等)在存储时经过休眠期后的一种继续生长的生理活动。发芽是蔬菜短缩茎上的休眠芽开始发芽生长,而抽薹则是短缩茎上生长点部位所形成的花茎生长的结果。发芽和抽薹主要发生在一些变态的根、茎、叶菜储存的后期,如马铃薯芽眼中休眠芽萌发,萝卜顶部抽薹等。发芽和抽薹的蔬菜,因大量的营养成分转向新生的芽或花茎,使这类食品组织细胞变得粗老或空心,失去原有的鲜嫩品质,并且不耐储存。造成蔬菜发芽和抽薹的因素主要有高温、高湿、充足的氧气和日光照射等。

(4) 僵直。僵直是刚屠宰的家畜肉、家禽肉和刚死亡的鱼等动物性生鲜食品的肌肉组织发生的生理生化变化。动物死亡之后,呼吸停止,依靠血液循环的肌肉供氧也随之停止,但这时肉中的各种酶仍未失活,一些酶催化的生化反应仍在进行,此时因无氧存在,糖原、葡萄糖的分解只能以无氧酵解的方式进行,其产物为乳酸。肉的 pH 逐渐下降,使原来肌肉呈柔软状态的成分减少,其结果造成肌肉组织收缩,失去原有弹性和柔软性,肉质变得僵硬。处于僵直阶段的肉,弹性差,保水性也差,无鲜肉自然气味,烹好时不易煮烂,熟肉的风味也差,不宜直接食用。但僵直阶段的肉(鱼)的主要成分尚未分解,基本保持了原有的营养成分,适合直接冷冻储藏。

(5) 成熟。当僵直阶段之后,肉中的水解酶开始活化,肌肉的 pH 逐渐回升,适宜的 pH 使组织蛋白酶开始发挥作用,缓慢地分解肌肉中的蛋白质为小分子肽或氨基酸、核苷酸,这不仅使蛋白质结构松弛,同时也赋予肉一种特殊香味和鲜味。

这种继僵硬之后,肌肉组织变得比较柔软嫩滑,具有弹性,切面富有水分,且有愉快香气和滋味,容易煮烂和咀嚼,食用性质改善的肉称为"成熟肉"。变化过程称为"肉的成熟(或后熟)"。经过成熟的肉有下列特征:肉质表面形成一层干膜,此干膜可防止其下层肉质干燥,又可防止外界微生物的侵入;肉的切面有肉汁流出;肉汤具特异的芳香气味;肉富有弹性;肉呈酸性反应。

肉中糖原含量与成熟过程有密切关系,宰前休息不足或过于疲劳的牲畜,由于肌肉糖原消耗多,成熟过程将延缓甚至不出现,而影响肉的品质。此外,环境的温度对肉的成熟过程也有着很大的影响。温度增高时,成熟过程相对地加快,但提高温度很容易引起肉的自溶和微生物的繁殖,导致肉的变质和腐败。成熟过程在 3～4℃,相对湿度为 70%～80%,并在良好的通风条件下进行为宜。

(6) 自溶。当肉的成熟作用完成后,肉的生物化学变化就转向自溶作用。自溶作用是肉腐坏作用的前奏。在自溶酶的作用下,肌肉中的复杂有机化合物进一步被分解为分子量低的物质过程称自溶。由于空气中的二氧化碳与肉中的肌红蛋白的相互作用,可使肉色泽变暗,弹性降低,处于自溶阶段的肉,虽尚可食用,但气味和滋味已大为逊色。而且,随着自溶作用的进行,肉的 pH 逐渐向中性发展,这就为各种细菌的繁衍创造了适宜的条件。实际上,肉在自溶阶段的后期,常伴随有细菌的活动,而且处于自溶阶段的肉,已不适合长期保存。

肉的自溶与外界温度条件有密切关系。当温度低时,自溶作用缓慢,当温度高时,自溶作用则加速进行。这主要是由于温度可以影响自溶酶的活性所致。

3. 储运商品的生物学变化

储运商品的生物学变化是指有生命活动的有机商品,受到其他生物的作用而发生的化学变化。生物学变化的形式有霉变、发酵、腐败、虫蛀、鼠咬等。

(1) 霉变。商品霉变是由于霉菌在商品上生长繁殖而导致的商品变质现象。霉菌是一种低等植物，无叶绿素，菌体呈丝状，主要靠孢子进行无性繁殖。空气中含有很多的肉眼看不到的霉菌孢子，商品在生产、储运过程中，它们落到商品表面，一旦外界温度、湿度适合其生长时，商品上又有它们需要的营养物质，就会生长菌丝。其中一部分伏在商品表面或深入商品内部，有吸取营养物质排泄代谢产物的功能，称为营养菌丝；另一部分菌丝竖立于商品表面，在顶端形成子实体或产生孢子，称为气生菌丝。菌丝集合体的形成过程，就是商品出现"长毛"或有霉味的变质现象。

【做中学 9-6】 举例说明商品为什么会发生霉变。

霉菌因不含叶绿素，不会自己制造养料，所以只能寄生于含营养的物质，只能靠菌丝细胞膜的渗透作用，通过水的溶解作用将养分吸入体内或将代谢产物排出体外。但霉菌的细胞膜能被低分子物质透过，对淀粉、纤维素、木质素等大分子物质，只能靠体内释放出的酶，先将大分子分解为水溶性的低分子物质，才能吸收到体内。因此霉菌种类不同，其所含的酶的种类也不同，其对商品的危害也有差异。

微生物的生长繁殖，除必要的营养物质外，还需要适宜的环境条件，主要受温度、湿度的影响，其次有渗透压、辐射、酸、碱、盐类的影响。

(2) 发酵。发酵是某些酵母(尤其是野生酵母)和细菌所分泌的酶，作用于食品中的糖类、蛋白质而发生的分解反应。发酵分为两种，一种是正常发酵，它广泛应用于食品酿造业。另一种是非正常发酵，即空气中的这些微生物在适宜环境条件下作用于食品而进行的发酵。常见的这类发酵有酒精发酵、醋酸发酵、乳酸发酵和酪酸发酵等，这些微生物能在酱油、醋、葡萄酒等商品表面形成一层薄膜，不但破坏了食品中的有益成分，使之失去原有的品质，而且还会出现不良气味，影响这类食品的风味和质量，有的还会产生有害人体健康的物质。防止食品在储运中发酵，除了注意卫生外，密封和控制较低温度也是十分重要的。

(3) 腐败。腐败主要是腐败细菌作用于食品中的蛋白质而发生的分解反应。尤其对含水量大和含蛋白质较多的生鲜食品最容易出现腐败。例如，植物性食品中的豆制品、动物性食品中的肉、乳、鱼、蛋等。腐败的基本原理是，食品中的蛋白质通过细菌自身分泌出的蛋白酶，先把蛋白质分解成氨基酸，除吸收一部分外，余下的将被进一步分解成多种有酸臭味和有毒的低分子化合物，同时还放出硫化氢、氨等有臭味的气体。

细菌引起肉类腐败变质，随环境条件、物理和化学因素不同而异。一般来说，在好气状态下的细菌活动主要使肉出现黏质或变色，在厌气状态下则呈现酸臭、腐败现象。

(4) 虫蛀、鼠咬。商品在存储过程中，经常遭受仓库害虫的蛀食和老鼠的咬损，使商品体及其包装受到损失，它们排泄的各种代谢废物还沾污了商品，有的使商品甚至完全丧失使用价值。

【做中学 9-7】 举例说明什么商品会被虫蛀或鼠咬。

害虫和老鼠在生长发育和其他生命活动中，需要蛋白质、脂肪、糖类、维生素、水分及无机盐等营养物质。因此,含有这类营养物质的商品容易被蛀咬而受到破坏。老鼠的生活习性又决定它啃咬物品,即使不是食物,也要被咬损,使受害商品的范围更广,同时,它们的粪便还沾污了商品,传染疾病。一般情况下,皮毛、毛制品、皮革制品、竹木制品、纸张、纺织品、烟草、中药材、粮油、豆类、肉品等,都会受到虫鼠的蛀咬。

二、引起储运商品质量变化的因素

引起商品质量变化的原因有内因和外因两个方面。商品质量变化的内因是指商品自身的自然属性,包括商品的化学成分、结构、性质等,这些属性使商品具有某种变化的可能。商品质量变化的外因是指商品所处的外部环境。在商品养护过程中,商品的自然属性不可能改变,只能通过控制商品所处的外部环境来控制商品质量的各种变化。这些外界因素主要包括:空气中的氧、日光、温度、湿度、微生物和昆虫等。

(一) 日光和空气中的氧

日光中含有热量、紫外线、红外线等,它对商品起着正反两个方面的作用:一方面,日光能够加速受潮物品的水分蒸发,杀死杀伤微生物和商品害虫,在一定的条件下,有利于商品的保护;但是另一方面,某些商品在日光的直接照射下,又发生破坏作用。如日光能使酒类挥发、油脂加速酸败、橡胶塑料制品迅速老化、纸张发黄变脆、色布褪色、药品变质、照相胶卷感光等。

空气中的氧非常活泼,能和许多商品发生作用,对商品质量变化影响很大。氧可以加速金属商品锈蚀;氧是好氧性微生物活动的必备条件,使有机体商品发生霉腐;氧是害虫赖以生存的基础,是仓库害虫发育的必要条件;氧是助燃剂,不利于危险品的安全储存;在油脂的酸败,鲜活商品的分解、变质中,氧都是积极的参与者。

(二) 空气的温度和湿度

1. 温度、湿度的概念

(1) 空气温度。空气温度是指大气冷热的程度,简称气温。衡量空气温度高低的尺度称为温标,常用的温标有摄氏和华氏两种。

空气温度主要从两个方面影响商品的质量变化:一是气温的高低影响着商品质量变化的速度。一般商品在气温降低时,质量比较稳定,气温升高时,商品容易变质。二是温差变化大时某些商品容易引起干缩、结块、熔化等。

(2) 空气湿度。空气湿度通常是指大气的相对湿度,也可以说是空气的干湿程度。空气湿度的变化对商品质量影响很大。湿度适宜,可保持商品的正常含水量,也可以维持商品的形态、重量等的正常状态。湿度增大或减小,可使商品引起潮解、膨胀、溶化或导致萎缩、干瘪、脆裂等。另外,空气湿度的增加,也会给附着在商品上的微生物繁殖提供条件。

2. 温度对商品质量变化的影响

气温是影响商品质量变化的重要因素。温度能直接影响物质微粒的运动速度。一般商品在常温或常温以下,都比较稳定,高温能够促进商品的挥发、渗漏、熔化等物理变化和化学变化;而低温又容易引起某些商品的冻结、沉淀等变化,温度忽高忽低,会影响到商品的稳定性;此外,温度适宜时会给微生物和仓库害虫的生长繁殖创造有利条件,加速商品的腐败变质和虫蛀。

3. 湿度对商品质量变化的影响

空气湿度的改变，能引起商品的含水量、化学成分、外形或体态结构发生变化。湿度下降，将使商品因放出水分而降低含水量，减轻重量。如水果、蔬菜、肥皂等会发生萎蔫或干缩变形，纸张、皮革制品等失水过多，会发生干裂或者脆损；湿度增高，商品含水量和重量相应增加，如食盐、食糖、化肥等易溶性商品的结块、膨胀或进一步溶化，钢铁制品生锈，纺织品、竹木制品、卷烟等发生霉变或被虫蛀等；湿度适宜，可保持商品的正常含水量、外形或体态结构和重量。

（三）微生物

微生物的存在是商品霉腐的前提条件。微生物在生命活动过程中分泌一种酶，它把商品中的蛋白质、糖类、脂肪、有机酸等物质，分解为简单的物质加以吸收，从而使商品受到破坏、变质，甚至丧失其使用价值。霉腐微生物的生存必须有一定的外界条件；否则，就不能生存。

1. 水分和空气湿度

当湿度与霉腐微生物自身的要求相适应时，霉腐微生物就生长繁殖旺盛；反之，则处于休眠状态或死亡。试验证明，只有当空气相对湿度达到75%以上时，多数商品的含水量才可能引起霉腐微生物的生长繁殖。因而通常把75%这个相对湿度叫作商品霉腐临界湿度。

各种霉腐微生物生长繁殖的最适宜相对湿度因菌属不同略有差异。一般细菌和酵母菌在空气相对湿度达到90%以上的环境中才能正常发育繁殖。多数霉菌生长的最低相对湿度为80%～90%；在相对湿度低于75%的条件下，多数霉菌不能正常发育。

2. 温度

根据微生物对温度的适应能力，可将其分为低温性微生物、中温性微生物和高温性微生物。每一类型的微生物对温度的要求又分为最低生长温度、最适宜生长温度和最高生长温度。超过这个范围其生长会滞缓或停止。

提示：不同类型的微生物对温度的要求如表9-1所示。

表9-1 不同类型的微生物对温度的要求

类型	最低限	最适温度	最高限
低温性微生物	0℃	5～10℃	20～30℃
中温性微生物	5℃	25～37℃	45～50℃
高温性微生物	30℃	50～60℃	70～80℃

霉腐微生物中，大多是中温性微生物，最适宜生长温度20～30℃，在10℃以下不易生长，在45℃以上停止生长。由此看出，高温和低温对霉腐微生物生长都有很大的影响。据研究，低温对霉腐微生物生命活动有抑制作用，能使其休眠或死亡；高温能破坏菌体细胞的组织和酶的活动，使蛋白质发生凝固作用，使其失去生命活动的能力，甚至会很快死亡。酵母菌在50～60℃时，5分钟就会死亡。许多细菌在60℃条件下，10分钟就会死亡。而个别细菌具有耐寒性，如鱼类的腐败菌中，有的在－7℃的条件下仍然生长。

3. 光线

日光对于多数微生物的生长都有影响。多数霉腐微生物在日光直射下经1～4小时即能大部分死亡。所以商品大都是在阴暗的地方才容易霉腐。日光的杀菌作用，主要是日光中的紫外线能强烈破坏微生物的细胞和酶。一般微生物在紫外线灯下照射3～5分钟就会死亡。

4. 溶液浓度

多数微生物不能在浓度很高的溶液中生长。因为浓度很高的溶液能使微生物细胞脱水，造成质壁分离，使其失去活动能力甚至死亡。因此，盐腌和蜜饯食品一般不易腐烂。但也有少数微生物对浓度高的溶液有抵抗能力，如蜜酵母能引起蜜饯食品的变质；嗜盐杆菌能使盐腌食品腐败。

5. 空气成分

多数霉腐微生物特别是霉菌，需要在有氧条件下才能正常生长，在无氧条件下不形成孢子。二氧化碳浓度的增加不利于微生物生长，如果改变商品储存环境的空气成分，如使二氧化碳逐渐增加，则氧会逐渐减少，那么微生物的生命活动就要受到限制，甚至死亡。

(四) 仓库害虫

仓库害虫在仓库里，不仅蛀食动植物性商品和包装，有些仓库害虫还能危害塑料、化纤等化工合成商品。此外，白蚁还会蛀蚀仓库建筑物和纤维质商品。仓库害虫在危害商品过程中，吐丝结茧，排泄各种代谢废物沾污商品，影响商品的质量和外观。

【做中学9-8】举例说明仓库内害虫特性。

仓库害虫大多来源于农作物，由于长期生活在仓库中，生活习性逐渐改变，能适应仓库的环境而继续繁殖，并具有以下特性：

① 适应性强。仓库害虫一般能耐热、耐寒、耐干、耐饥，并具有一定的抗药性。适宜仓库害虫生长繁殖的温度范围一般为18～35℃，仓库害虫在5～8月间生长繁殖最为旺盛，一般能耐38～45℃的高温。在10℃以下，大多数仓库害虫停止发育，0℃左右处于休眠状态，但不易冻死。大多数仓库害虫能生活于含水量很少的物品中。大部分仓库害虫能耐长时期的饥饿而不死，如黑皮囊能耐饥5年；花斑皮囊的休眠幼虫能耐饥8年，体长7～8毫米的幼虫，可缩小到2.5毫米，一旦恢复食性很快就长大起来。

② 食性广杂。仓库害虫的口器发达，便于咬食质地坚硬的食物，大多数仓库害虫具有多食或杂食性。

③ 繁殖力强。由于仓库环境气候变化小，天敌少，食物丰富，活动范围有限，雌雄相遇机会多等原因，仓库害虫繁殖力极强。

④ 活动隐蔽。大多数仓库害虫体形很小，体色较深，隐藏于阴暗角落或在商品中蛀成“隧道”危害商品，难以被发现，寒冬季节又常在板墙缝隙中潜伏过冬。

(五) 卫生条件和有害气体

卫生条件是保证商品免于变质腐败的重要条件之一。卫生条件不良，不仅使灰尘、油垢、垃圾、腥臭等污染商品造成某些外观疵点和感染异味，而且还为微生物、仓库害虫等创造了活动场所。

大气中的有害气体，主要来自燃料，如煤、石油、天然气、煤气等燃烧放出的烟尘以及工业生产过程中的粉尘、废气。对空气产生污染的主要是二氧化碳、二氧化硫、硫化氢、氯化氢和氮的氧化物等气体。

商品储存在有害气体浓度大的空气中，其质量变化明显。如二氧化硫气体溶解度很大，溶于水中能生成亚硫酸，当它遇到含水量较大的商品时，能强烈地腐蚀商品中的有机物。在金属电化学腐蚀中，二氧化硫也是构成腐蚀电池的重要介质之一。空气中含有0.01%二氧化硫，能使金属锈蚀增加几十倍，使皮革、纸张、纤维制品脆化。

任务引例解析

储运商品容易发生质量变化。商品自身的属性和商品所处的外部环境都会造成其质量发生变化。

【任务设计——某商品的质量变化及影响因素的分析】

工作实例：

选择某种日常生活用商品，分析其在储运过程中容易发生什么变化，分析其变化的原因。

【操作步骤】

第一步：在学校附近选择一家商场，选择观察其中几种商品包装上所标注的相关信息，如产品名称、产品类型、配料表或原料、营养成分（食品）、生产日期和保存期、贮藏方法等，并做好记录；

第二步：查阅相关资料了解这些商品的属性及特点，并做好记录；

第三步：根据所学理论，分析这些商品在储存期间容易发生的质量变化及其质变的因素；

第四步：撰写《某商品的质量变化及影响因素分析报告》。

任务三 商品储存期间的养护与分析

任务引例

商品在储存期间，表面看起来堆码得整整齐齐，一动不动，貌似处于静止状态，但实际上它每时每刻处于运动状态。这种运动不仅表现在电子围绕原子核飞速运转的微观运动上，同时表现在本质改变、形态改变的宏观运动上，如食盐结块、糖果变形、肥皂开裂、橡胶发黏、塑料变脆、土豆发芽、水果腐烂等。许多商品在存放过程中，因为这样或那样的原因，都会发生一系列的变化。因此，在长时间保管这些商品时，必须根据它们各自的特性，储存在适宜的环境中进行保管和养护，才能保持其原有的品质。

9

如香蕉的储存方法。采收后的香蕉，由于其本身产生乙烯，自我催化而成熟，在成熟过程中，产生更大量的乙烯而刺激周围的香蕉成熟，这样连锁反应以致大量成熟，成熟的香蕉不能继续存放很久。对青绿硬实（未熟）的香蕉，人们采用冷藏的方法，可降低其呼吸高峰的到来，延迟乙烯的大量产生，从而达到延长贮藏寿命的目的。据试验，75%～80%饱满度的香蕉，在11～12℃温度下贮藏，效果较好。温度低于10℃，则发生冷害。

请问：什么是商品储存？商品储存管理的基本要求有哪些？

【知识准备与任务分析】

一、商品储存概述

（一）商品储存的概念

商品储存是在商品严格检验的前提下，由分散汇集到流通领域，并通过妥善保管，然后投入市场销售的物流活动。储存是以改变“物”的时间状态为目的的活动，以克服产需之间的时间差异，获得更好的效用。库存主要是指仓库中暂时停滞状态的物品。

储存作为一种普遍存在的社会经济现象，表现为三种形态，即生产储存、流通储存和国家储备。

（1）生产储存。生产储存是生产企业为了满足生产消耗的需要，保证生产的连续性和节奏性而建立的储存，其中有原材料、材料、半成品的储存，也有辅助生产用的工具、零件、设备乃至劳保用品的储存。生产储存管理的关键在库存量的控制上，库存量过大，一方面增加了企业的负担，另一方面也不利于社会资源的利用。

（2）流通储存。流通储存是为了满足生产和生活消费的需要，补充生产和生活消费储备的不足而建立的储存。其中有商业和物资部门为了保证销售和供应而建立的物资和商品储存、生产企业待销待运的成品储存，以及在车站、码头、港口、机场中等待中转运输和正在运输过程中的物资和商品。

（3）国家储备。国家储备是流通储存的一种形式，是国家为了应对自然灾害、战争和其他意外事件而建立的长期后备。

（二）商品储存的作用

（1）创造“时间效用”。储存可以解决生产与消费之间的时间差，使商品在需要时及时获得，保障了商品供给。需要解决这方面问题的主要是季节性生产和全年消费或季节性消费和全年生产之间的矛盾。由于一些商品生产与消费的时间不同，因此时间效用的含义是，同种“物”由于时间状态不同，其使用价值的实现程度可能有所不同。

（2）创造利润。物流被认为是企业的“第三利润源”，其中储存是主要部分之一。

【做中学 9-9】 举例说明储存利润。

储存利润之说，是从下面几个方面体现的：① 有了库存保证，就无须紧急采购，不致加重成本。② 有了储存保证，就能在有利时机进行销售，或在有利时机购进，增加了销售利润，或减少了购入成本。③ 储存是大量占用资金的一个环节，仓库建设、维护保养、进库、出库等又要大量耗费人力、物力、财力，储存过程中的各种损失也是很大的消耗。因而，储存中节约的潜力也是巨大的。通过储存的合理化，减少储存时间，降低储存投入，加速资金周转，走降低成本之路来增加利润。

商品储存也经常有冲减物流系统效益、恶化物流系统运行的趋势，主要是因为储存的代价太高。

二、商品储存管理的基本要求

商品储存是一项综合性的技术工作，储存商品的保管是商品储存过程的一项重要工作，是保证商品在储存期间质量完好的关键环节。

商品保管既有技术问题，又有管理问题，是一门综合性应用科学，不仅需要熟悉和掌握储存商品的原料、性能、结构、成分、规格、品种等方面的知识，同时必须熟悉和掌握同商品保管有关的物理学、化学、昆虫学、气象学等自然科学的基础理论知识。搞好商品保管，具体应做好以下几个方面的工作。

（一）严格验收入库商品

要防止商品在储存期间发生各种不应有的变化，首先在商品入库时要严格验收，弄清商品及其包装的质量状况。对吸湿性商品要检测其含水量是否超过安全水分，对其他有异常情况的商品要查清原因，针对具体情况进行处理和采取救治措施。

（二）适当安排储存场所

商品储存场所主要包括：货场、货棚和库房。选择适当的储存场所是商品安全储存的基础。在选择商品储存场所中，由于不同商品的性能不同，对保管条件的要求也不同，要根据商品的性能和保管要求，安排适宜的存放地点。对怕潮易霉、易潮解和易生锈的商品，应存放在干燥通风的库房里；怕热和易挥发的商品，应存放在温度较低的阴凉处；鲜活易腐商品，应存放在低温库内；性能相互抵触或易串味的商品不能在同一库房混存，以免相互产生不良影响；危险品应该专库存放，符合防毒、防爆、防燃、防蚀的要求。同时要做到分区分类，科学存放，即品种分开，干湿分开，新陈分开，好差分开，尤其对消防方法不同的商品，不能同库混放，以免互相影响，发生事故。

（三）科学进行堆码

商品堆码是指商品的堆放形式和方法。堆码应当符合安全、方便、多储的原则。堆码形式要根据商品的种类、性能、数量、储存季节等条件决定。不同的商品，堆码方法也应有所不同。地面潮气、阳光和雨雪对商品质量影响很大，要切实做好货垛下垫隔潮工作和货垛的遮苫工作。

货垛的垛形与高度，应根据各种商品的性能和包装材料，结合季节气候等情况妥善堆码。含水率较高的易霉腐商品，热天应码成通风垛；容易渗漏的商品，应码成间隔式的行列垛。此外，库内商品堆码应留出适当的距离，俗称“五距”，有顶距、灯距、墙距、柱距、垛距，对易燃商品还应留出适当防火距离。

（四）控制好仓库温度、湿度

仓库的温度和湿度，对商品质量变化的影响极大。各种商品由于其本身特性. 对温湿度一般都有一定的适应范围，超过这个范围，商品质量就会发生不同程度的变化。因此，应根据库存商品的性能要求，适时采取控制与调节温湿度的办法，力求把仓库温、湿度保持在适宜商品储存的范围内，以维护商品质量安全。

（五）认真进行商品在库检查

做好商品在库检查，对维护商品安全具有重要作用。对在库储存的商品管理，要建立健全定期和不定期、重点和一般相结合的检查制度。检查方法以感观检查为主，充分利用检测设备，必要时要进行理化检验。对检查中发现的问题，应立即分析原因，采取相应的补救措施，以保证商品的安全。

在库检查工作中，除检查商品外，还应检查库内各种仪器设备运转情况，确保设备处于良好状态。同时还要认真检查仓库的清洁卫生和消防设备，并做好防虫、防火、防霉等工作。

（六）搞好仓库清洁卫生

储存环境不清洁，易引起微生物、虫类孳生繁殖，危害商品。因此，对仓库内外环境应经常清扫，彻底铲除仓库周围的杂草、垃圾等物，必要时使用药剂杀灭微生物和潜伏的害虫。

三、商品储存过程中的养护措施

（一）仓库温湿度的控制与调节

商品在仓库储存过程中的各种变质现象，如霉变、锈蚀、虫蛀、溶化、挥发、燃爆等，几乎都与空气温湿度有密切关系，仓储商品保管的中心环节就是控制好仓库的温湿度。

为了维护仓储商品的质量完好，创造适宜于商品储存的环境，当库内温湿度适宜商品储存时，就要设法防止库外气候对库内的不良影响；当库内温湿度不适宜商品储存时，就要及时采取有效措施调节库内的温湿度。实践证明，采用密封、通风与吸潮相结合的办法，是控制和调节库内温湿度行之有效的办法。

1. 密封

密封是仓库温湿度管理的基础，它是利用一些不透气、能隔热、隔潮的材料，把商品严密地封闭起来，以隔绝空气，降低或减小空气温湿度变化对商品的影响。密封也是进行通风、吸湿等方法的有效保证。如果运用得当，可以收到防潮、防霉、防热、防溶化、防干裂、防冻、防锈蚀、防虫等多方面的效果。

密封保管应注意的几点事项是：

第一，密封前要检查商品质量、温度和含水量是否正常，如发现生霉、生虫、发热等现象就不能进行密封。发现商品含水量超过安全范围或包装材料过潮，也不宜密封。

第二，密封的时间要根据商品的性能和气候情况来决定。怕潮、怕溶化、怕霉的商品，应选择在相对湿度较低的时节进行密封。

第三，密封材料，常用的有塑料薄膜、防潮纸、油毡纸、芦席等。密封材料必须干燥清洁，无异味。

第四，密封常用的方法有“整库”密封、“小室”密封、“货垛”密封以及按货架、按件密封等。

2. 通风

通风是根据空气流动的规律，利用库内外空气温度不同而形成的气压差，有计划地使库内外的空气交换，来达到调节库内温湿度的目的。气压差越大，空气流动就越快。当仓库内外温度差越大时，空气流通就越快；若库外有风，借风的压力更能加速库内外空气的对流。但风力亦不能过大(风力超过 5 级灰尘较多)。正确地进行通风，不仅可以调节与改善库内的温湿度，还能及时地散发商品及包装物的多余水分。

通风一般用于仓库的散热散湿。其特点是简便易行，经济节约，收效大。通风方法有自然通风和机械通风。

3. 吸湿和加湿

在不能采用通风来调节湿度或需要迅速改变湿度的情况下，可采用吸湿剂、空气去湿机吸湿或用洒水、湿擦、盛水等方法增湿。在仓库储存中多数日用化工商品和纺织品要降低湿度，多数生鲜商品和鲜活商品需要增加湿度。

仓库中通常使用的吸潮剂有氯化钙、硅胶等。近年来仓库普遍使用机械吸潮的方法。吸湿机是把库内的湿空气通过抽风机，吸入吸湿机冷却器内，使它凝结为水而排出。吸湿机一般适宜于储存棉布、针棉织品、贵重百货、医药仪器、电工器材和烟糖类的仓库吸湿。

4. 升温和降温

在不能用通风来调节温度时，可用暖气设备来提高库房温度，也可用空调设备来升温或降温。

（二）仓储商品霉腐的防治

商品防霉腐就是针对商品霉腐的原因所采取的有效措施。在仓库储存中，主要是针对商品霉腐的外因，用化学药剂抑制或杀死寄生在商品上的微生物，或控制商品的储存环境条件。

针对商品霉腐所需的条件，商品防霉腐的方法有：化学药剂防霉腐、气相防霉腐、气调防霉腐、低温冷藏防霉腐、干燥防霉腐等方法。

（三）仓储商品虫蛀的防治

商品中发生害虫如不及时采取措施进行杀灭，常会造成严重损失。仓库害虫的防治有以下一些方法。

1. 杜绝仓库害虫来源

要杜绝仓库害虫的来源和传播，必须做好以下几点：

第一，商品原材料的杀虫、防虫处理；

第二，入库商品的虫害检查和处理；

第三，仓库的环境卫生及备品用具的卫生消毒。

2. 药物防治

使用各种化学杀虫剂，通过胃毒、触杀或熏蒸等作用杀灭害虫，是当前防治仓库害虫的主要措施。常用的防虫、杀虫药剂有驱避剂、杀虫剂、熏蒸剂。

此外，仓库害虫的预防，还有高温杀虫、低温杀虫、电离辐射杀虫、灯光诱杀、微波杀虫、远红外线杀虫等方法。

（四）仓储商品锈蚀的防治

金属锈蚀，是指金属受到周围介质的化学作用或电化学作用而被损坏的现象。

1. 金属制品的防锈

金属制品的防锈，主要是针对影响金属锈蚀的外界因素进行的。

（1）控制和改善储存条件。金属商品储存的露天货场，要尽可能远离工矿区，特别是化工厂，应选择地势高、干燥的场地。较精密的五金工具、零件等金属商品必须在库房内储存，并禁止与化工商品或含水量较高的商品同库储存。

（2）涂油防锈。在金属制品表面涂（或浸或喷）一层防锈油脂薄膜。

防锈油分为软膜防锈油和硬膜防锈油两种。软膜防锈油防锈能力稍差，但容易用有机溶剂清除；硬膜防锈油防锈能力强，但油膜不易清除。防锈油都具有易燃成分和一定的毒性。

（3）气相防锈。利用一些具有挥发性的化学药品，在常温下迅速挥发，并使空间饱和。它挥发出来的气体物质吸附在商品表面，可以防止或延缓商品的锈蚀。

2. 金属制品的除锈

目前除锈的方法大体有手工除锈、机械除锈和化学除锈三种。

手工除锈主要是进行探、刷、磨以除去锈迹。机械除锈常见的有滚筒式除锈、抛光机除锈等。化学除锈是利用能够溶解锈蚀物的化学品，除去金属制件表面上锈迹的方法。

化学除锈液一般由两部分组成，一部分是溶解锈蚀物，大多是采用无机酸，其中以磷酸使用得最多，因为它的腐蚀性较小；另一部分是对金属表面起钝化（保护）作用的铬酸等。

金属制品的化学除锈主要是在各种酸液中进行，所以又叫“酸洗”。

（五）仓储商品老化的防护

防老化是根据高分子材料的变化规律，采取各种有效措施，以减缓其老化速度，达到延长其使用寿命的目的。防老化要从两方面进行，首先从老化内因着手，在生产中采用改进聚合和成型加工工艺或改性的方法，提高商品本身的稳定性，其次，可采用添加抗氧剂、紫外光稳定剂和热稳定剂等防老化剂抑制光、氧、热等外因的作用，也可用物理防护的方法，如涂漆、涂蜡、涂油、复合材料、浸渍或涂布防老化剂等，使商品免受外因的作用。

（六）仓储商品的防燃爆

易燃易爆商品在储存中，发生火灾与爆炸通常是在明火、摩擦和冲击、电火花、化学能或暴晒等外界因素作用下发生的。所以，库内绝对禁止吸烟和明火，禁止带入火种；禁止使用易因机械作用而产生火花的工具，禁止穿带铁钉的鞋入库，防止搬运中相互撞击、摩擦；必须将搬运用的电瓶车等装配防爆或封闭式电动机，平时应切断库内电器设备的电源；禁止使用能产生大量热量的吸湿剂吸潮；禁止聚集的日光照射，避免日光暴晒。

一旦发生火灾，要根据燃烧物品的性质采取相应措施进行灭火。

任务引例解析

商品储存是在商品严格检验的前提下，由分散汇集到流通领域，并通过妥善保管，然后投入市场销售的物流活动。

商品储存管理的基本要求是：严格验收入库商品；适当安排储存场所；科学进行堆码；控制好仓库温度、湿度；认真进行商品在库检查；提高仓库清洁卫生。

【任务设计——某商品的储存要求和养护措施的分析】

工作实例：

对任务三“任务设计”所选定的商品，分析它们的储存要求和养护措施。

【操作步骤】

第一步：在选定的其中几种商品包装上，观察所标注的储存及使用要求，并做好记录；

第二步：查阅相关资料了解这些商品的属性及特点，分析这些商品在储存期间有哪些基本要求，并做好记录；

第三步：根据所学理论，分析这些商品在储存期间要采取哪些养护措施，并做好记录；

第四步：撰写《某商品的储存要求和养护措施分析报告》。

任务四 商品运输的安全管理

任务引例

货车载一级危险品欲冒充香料过三峡被查获。10 月 8 日，一货车载 312 桶危险品，冒充香料乘载滚装船欲经水路从四川运至江西，在三峡大坝上游处被长航公安局宜昌分局民警查获。

警方查实，货单注明的“香料”实为总重达 7.076 吨共计 312 桶一级危险品，包括易燃液体乳酸乙酯 170 桶、乙酸乙酯 125 桶、乙缩醛 7 桶，酸性腐蚀品丁酸 10 桶，按规定这些货物均不得从水上运输，民警遂扣留该车。

（资料来源：中国新闻网，《货车载一级危险品欲冒充香料过三峡被查获》，引文有删减）

请问：什么是特种商品？特种商品运输有什么要求？

【知识准备与任务分析】

保证商品运输的安全，是从事商品运输工作的人员必须十分重视和努力完成的一项任务。商品运输质量的好坏将直接关系到社会生产和人民生活的需要，关系到人民生命和国家财产的安危，关系到企业的经济效益等重大问题。

一、商品运输概述

商品运输是指商品通过运力在空间的移动，其具体活动是对商品的载运及输送，是指利用设备和工具，将商品从一地向另一地运送的物流活动。其包括集货、分配、搬运、中转、卸下、分散等一系列操作。它是在不同地域范围内（如两个城市、两个工厂之间），以改变商品的空间位置为目的的活动，对商品进行空间位移。运输和搬运的区别在于，运输是在较大空间范围内的活动，而搬运是在同一地域之内的活动。

运输是物流不可缺少的环节，其重要性表现在以下几方面。

（一）运输是物流的主要功能之一

按物流的概念，物流是商品实体的物理性运动，这种运动不但改变了商品的时间状态，也改变了商品的空间状态。运输承担了改变商品空间状态的主要任务，是改变商品空间状态的主要手段；运输再配以搬运、配送等活动，就能圆满完成改变空间状态的全部任务。在现代物流观念未诞生之前，甚至就在今天，仍有不少人将运输等同于物流，其原因是物流中很大一部分责任是由运输承担的，运输是物流的主要功能之一。

（二）运输是社会物质生产的必要条件之一

运输是国民经济的基础和先行。马克思将运输称为“第四个物质生产部门”，是生产过程的继续。这个“继续”虽然以生产过程为前提，但如果没有它，生产过程则不能最后完成。虽然运输这种生产活动和一般生产活动不同，它不创造新的物质产品，不增加社会产品数量，不赋予产品以新的使用价值，而只改变其所在的空间位置，但这一变动能使生产继续下去，使社会再生产不断推进，并且是一个价值不断增值的过程，所以将其看成一个物质生产部门。

(三) 运输可以创造“场所效应”

场所效应的含义是：同种物品由于空间场所不同，其使用价值的实现程度则不同，其效益的实现也不同。由于改变场所而最大限度发挥使用价值，最大限度提高了产出投入比，因而称之为“场所效应”。通过运输，将物品运到场所效应最高的地方，就能发挥物品的潜力，实现资源的优化配置。从这个意义来讲，也相当于通过运输提高了物品的使用价值。

(四) 运输是社会生产领域和消费领域的中介、纽带和桥梁

运输需求几乎是所有经济主体所具有的普遍需求，运输是生产过程在流通领域的继续，是属于流通领域的物质生产过程。在经济活动中，它连接着生产和生产、生产和交换、生产和消费、交换和消费等各个环节，因此，运输在社会再生产和经济生活中处于十分重要的地位，它与国民经济各部门有着密切的关系，是解决众多的经济问题、社会问题、生态问题和其他问题的重要途径，是社会生产领域和消费领域的中介、纽带和桥梁。

(五) 运输是“第三个利润源”的主要源泉

首先，运输是运动中的活动，它和静止的保管不同，要靠大量的动力消耗才能实现，而且运输又承担大跨度空间转移的任务，所以活动的时间长、距离远、消耗大。消耗的绝对数量大，其节约的潜力也就大。其次，运费在物流的总成本中占据最大的比例，一般综合分析计算社会物流费用，运输费在其中占近50%的比例，有些产品运费高于其生产成本。因此，节约的潜力非常大。最后，由于运输总里程远，运输总量大，通过体制改革和运输合理化可大大减少运输吨公里数，从而获得比较大的节约。

二、商品运输安全管理的内容

商品运输安全管理的内容，主要包括两方面：一是防止商品运输事故；二是减少商品运输损耗。前者是防止商品在运输或装卸过程中，发生人身伤亡、商品毁损、短缺、残损、变质、水湿、盗窃、包装破漏以及单货不符、单货不同行造成的损失或差错事故等。后者是指减少商品在运输或装卸过程中，由于商品的物理、化学或生物学变化等自然原因所引起的商品减量和变质。例如，蔬菜、水果的水分蒸发、霉烂变质，油料及化工产品的挥发，食盐的走卤，食糖的受潮结块或溶化等。

商品运输安全管理，是关系到保护人民生命和国家财产的大问题。商品能否安全地运达目的地，对于增加国家财富，促进生产发展有着重要意义。流通部门有大量的商品需要通过运输环节，其中既有生产资料又有生活资料，这都是广大劳动人民辛勤劳动的成果，是我国进行社会主义现代化建设、保障人民生活需要必不可少的物质基础。只有及时、准确、安全、经济地把商品从产地运达销地，才能满足工农业生产和人民生活的需要，促进社会再生产过程的加快进行，更好地为社会主义现代化服务。

商品在运输过程中，都要经过发货、收货或中转以及装卸、搬运等环节。有的商品要经过长途运输，多次变换运输工具，有的商品要经过短途搬运，多次的收发手续。为保证商品在运输过程中的安全，有关部门都制定了相应的规章制度和安全操作规程，并要求严格执行。

三、商品运输安全管理的方针和基本措施

商品运输安全管理，首先必须坚决贯彻“以防为主”的方针，防止发生各种运输事故。作为商业运输工作人员，要树立坚定不移的“安全第一”思想，要把主要精力放在预防工作上。只有这样，才能做到防患于未然，防止各种货损、货差事故，确保人身、商品、设备的安全。

为了认真贯彻“以防为主”方针，保证商品安全运输，必须采取以下基本措施：

（一）加强对商品运输安全管理的领导

加强领导是做好商品运输安全管理的关键。各级储运部门和企业必须有一位领导分管安全管理工作，特别是基层企业除了有领导干部分管安全管理工作外，应有一定的组织形式或专门人员具体负责日常的运输安全工作。各级商业部门和基层储运企业应结合本地区本单位的实际情况，制定切实可行的商品运输安全措施，并定期安排计划、布置工作任务、检查安全情况、总结经验教训，不断地推动安全管理工作的开展，以确保商品运输安全。

（二）发动群众，加强运输安全管理

搞好商品运输安全管理必须发动和依靠广大职工共同努力。从事商品运输的广大职工，分别在商品运输过程中把各个工作环节和各道工序的安全工作做好了，整个商品运输的安全才有保证。因此，要对职工进行细致的坚持不懈的思想政治工作，使大家懂得做好运输安全的重要性，使得人人重视安全，在日常的具体业务操作中自觉遵守操作规程，注意安全，防患于未然。同时，要建立群众性的安全组织，把责任落实到班组和个人，以加强岗位责任制。

（三）建立和健全商品运输安全管理的规章制度，并坚持贯彻执行

行之有效的安全制度，是广大职工在长期的商品运输实践过程中用血的代价换来的；有关商品运输的规章制度是他们长期实践经验的结晶，如铁路货物运输规则、水路货物运输规则、联运规则、危险品运输规则等，必须坚持贯彻执行。各企业单位自己拟定的有关装卸、搬运、收货、提货、押运等安全制度，应采取分级管理、逐级检查、责任到人、实行奖惩的办法贯彻执行，以防止和避免事故发生。

（四）加强安全检查，推动安全管理工作的开展

运输安全大检查，是深入发动群众、依靠群众搞好安全管理工作的一种好办法。通过大检查，可以发动广大职工及时发现和消除事故隐患，堵塞漏洞、交流经验、推动运输安全管理工作，从而可以减少商品运输损耗和防止运输事故发生。通过检查工作，加强职工的安全思想教育，促进职工爱护工具设备、爱护商品，加强业务学习，改善操作方法，从而提高商品运输质量，确保商品运输安全。

（五）加强运输包装的管理

运输包装，又称大包装或外包装。它对保证商品安全运输，保护商品质量完好，方便装卸、搬运、交接和开展商品运输集装化、成组化，提高运输工作质量，都具有重要作用。因此，在商品运输过程中，必须加强运输包装管理。具体要求是：在运输包装方面，要根据商品的性质、价值、体积、重量合理选用包装形式和包装材料；在运输需要的标记、标志方面，如地区标记、供货标记、商品重量体积标记、指示标志以及其他标记、标志等，都必须严格执行国家有关规定，刷写或挂在商品包装的两端，文字要清晰，图案要清楚，不写同音异字或不规范的

简化字，颜色要不易褪色、脱落；在利用旧包装物时，对旧包装的标记、标志要彻底清除，以防混淆造成不应有的差错发生。

任务引例解析

特种商品是指理化上具有某些特殊性质的商品，如化工危险品、鲜活易腐商品、易碎流汁商品等。这些特种商品的运输必须采取相应的防护措施，才能使之完整无损地运达目的地，所以称为特种商品运输。由于这些商品的性质特殊，如危险品具有爆炸、着火、腐蚀、毒害、放射等特性；鲜活易腐商品具有容易变质霉烂特性；易碎流汁商品性脆易渗漏污染等。在运输过程中，一旦发生事故，轻则影响人民的日常生活，重则危害人民生命财产的安全。

四、特种商品运输的安全管理

(一) 特种商品在运输中的分类

1. 危险商品

危险商品是指在运输或使用过程中，稍不注意或处理不当，就会引起人身伤亡事故和国家财产毁损的商品。这些商品，根据不同的特性、形态以及受外界各项因素的影响和危险性的强弱分为九类。

大多数危险品同时具有多种危险性。如有些化工产品，既有强烈的氧化性，同时又具有爆炸性，分类则是按其主要危险性来区分类别。如化工商品、石油类商品、日用工业品中的火柴、赛璐珞制品，以及某些化妆用品、节日用的各种花炮，均属于具有危险性的商品。

2. 鲜活易腐商品

所谓鲜活易腐商品，就是指那些在运输过程中，需要采取特殊防护措施和保持一定温度，以防止腐坏变质、死亡掉膘的产品。如家禽、家畜、活鱼、鲜鱼类、肉类、动物油脂、鲜蛋、鲜奶、鲜蔬菜、鲜水果、冰鲜活植物以及要采取防护措施，保持一定温度，才能保证质量的商品(如某些西药、疫苗)。

鲜活易腐商品，大致可分为活禽畜、冻结易腐商品和非冻结易腐商品三大类。

(1) 活禽畜。包括活的鸡、鸭、鹅、猪、牛、羊、马、骡、驴、兔等。

(2) 冻结易腐商品。它的基本特性是在于它的温度保持在−8℃以下，否则，就会腐坏变质。商贸部门经营管理的冻结易腐商品有冻猪肉、冻羊肉、冻牛肉、冻兔肉、冻家禽、冻鱼等。

(3) 非冻结易腐商品。主要有鲜蔬菜、水果、鲜蛋等。

3. 易碎流汁商品

易碎商品是指那些在运输、搬运过程中，受外力撞击、摔碰、受压或行车(行船)震动等外力作用时容易破碎损坏的商品，如玻璃及其制品、玻璃器皿、保温瓶(胆)、电灯泡、电视机、收音(录音)机、照相机和精密仪器等。

流汁商品是指那些包装破损后能污染其他货物的液体流汁商品，如墨水、墨汁、打印油、酒、饮料、生发油、乳等。

(二) 特种商品在运输中的要求

(1) 在发运时，首先要检查运输工具的技术状况，按照商品的特性来选择和调配适用的运输工具，对与商品性质相抵触或影响运输安全的因素，要及时研究提出改进措施。同时商品的外部状况要符合运输的要求。如不合要求时，要督促有关部门按规定办理，严禁不适合运输要求的商品进行运输。

(2) 商品装卸时，要本着轻拿轻放，重不压轻的原则，严禁野蛮装卸。因为这些特种商品特性各异，如装卸不慎，易于发生运输事故或留有隐患。

(3) 在装卸机具堆装这些商品时，除了与承运部门认真交接外，并要注意加固工作，以防意外。

(4) 在运输过程中，派有押运人员的要明确其职责，押运人员要负责经常检查；未派有押运人员的应与有关部门讲明情况，以期引起重视。

(5) 接运时，要认真检查运输工具的有关部位，如窗、门、钩、扣及铅封有无异状。有关货物运输凭证是否与商品相符，是否齐全，商品的包装有无破漏等现象。如有问题，要及时向有关部门索取货运记录或普通记录，同时协同有关部门采取措施进行抢救，以免扩大损失。

由于特种商品性质特异，在发运、途中和到达时各有不同要求。

项 目 小 结

商品养护的认知与分析项目的内容结构图，如图 9－1 所示。

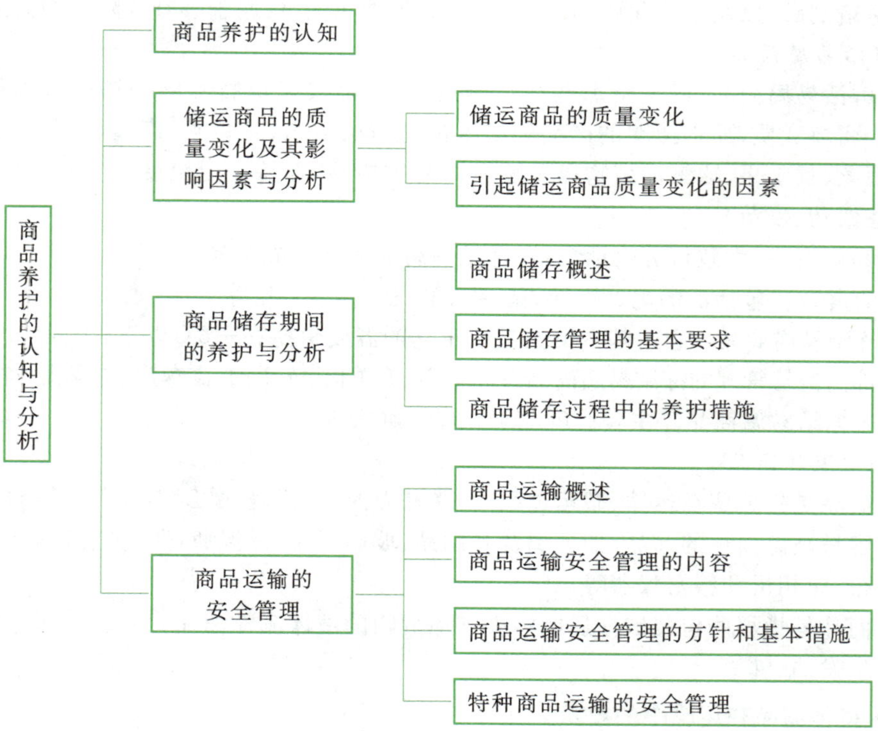

图 9－1 商品养护的认知与分析项目的内容结构图

主要概念

商品养护　商品储存　商品运输

习题与训练

一、习题

（一）名词解释

商品储存　商品运输　商品养护

（二）选择题

1. 单项选择题

（1）储运商品的物理变化不包括（　　）。

A. 挥发　B. 溶解　C. 串味　D. 水解

（2）易发生老化的商品是以下哪种商品（　　）。

A. 食品　B. 塑料　C. 五金　D. 陶瓷

（3）鲜活易腐商品是指是以下哪种商品（　　）。

A. 蔬菜　B. 橡胶　C. 白酒　D. 发乳

E. 香水

2. 多项选择题

（1）属于生理生化变化的有（　　）。

A. 老化　B. 呼吸　C. 后熟　D. 风化

（2）空气湿度的表示方法有（　　）等。

A. 相对湿度　B. 露点　C. 饱和湿度　D. 华氏温标

（3）控制与调节仓库温度的方法有（　　）。

A. 吸潮　B. 通风

C. 加湿　D. 升温和降温

（三）判断题

（1）空气的绝对湿度与温度的变化成正比关系。（　　）

（2）在绝对湿度一定的条件下，空气的相对湿度与温度成正比。（　　）

（3）呼吸作用不利于水果的贮藏。（　　）

（四）简答题

（1）商品在储存期间容易发生哪些质量变化？

（2）仓储商品发生质量变化的原因是什么？

（3）仓储商品养护的主要措施有哪些？

（五）论述题

（1）分析贮存商品的质量变化及其因素。

（2）试述特种商品的安全运输要求。

二、训练

1. 参观某一现代化仓库，了解其仓储设施及在库商品的情况，写出调查报告。
2. 选择某一商品，分析其质量属性的特点以及对储存和运输的要求，写出调查报告。

项目十　商品案例

职业能力目标

1. 了解酒的分类及特点，理解各类酒的质量属性；
2. 了解茶叶的分类及特点，理解茶叶的质量属性；
3. 了解纺织品和服装的使用说明，掌握服装号型和使用说明的图示符号；
4. 了解化妆品的分类及特点，理解各类化妆品的质量属性；
5. 了解宝玉石的分类及特点，理解各种宝玉石、金属首饰的材料属性及其佩戴知识；
6. 明确家用空气调节器的分类、性能和特点，理解家用空气调节器的基本质量要求，掌握家用空气调节器的选购、使用、维护的基本知识。

典型工作任务

1. 酒类商品的认知；
2. 茶叶商品的认知；
3. 纺织品和服装使用说明的认知；
4. 日用化妆品的认知；
5. 宝玉石及首饰的认知；
6. 家用空气调节器的认知。

任务一　酒类商品的认知

任务引例

小李要请朋友来家做客，特意去超市买葡萄酒。当问及导购员什么样的酒才是好酒时，导购员告诉他好酒一定是果香、酒精、单宁、橡木，所有元素之间的平衡。如果某种元素过于突兀，就失去平衡。还有就是感受香气和口感的复杂度和浓郁度、回味度都很重要。好酒有些通用的标准，如自然的颜色、和谐的香气、复杂或纯净感、适宜的浓郁程度、长而愉悦的余味、典型性及个性等。只要一瓶葡萄酒经过合格的酿造者精心酿造，包括精心筛选原料，精心的处理酿造工艺，保存状态也没有问题，那么应该就归于“好酒”的范畴。或者说，一瓶酒在被饮用时是很令人愉悦的、带给人很好享受的，应该说就是一瓶好酒吧。毕竟世界上有如此众多的葡萄酒生产国家和地区，各种不同的风格和酿造工艺，不同的风土特征和口味。

请问：酒是如何分类的？

【知识准备与任务分析】

酒是用含有糖类的原料，经水解后逐步地转变为单糖，然后在不同酵母所分泌的酶的作用下，进行酒精发酵而酿得的。如果所用原料含有大量单糖（如葡萄、苹果等），可以直接进行酒精发酵。

凡是含有酒精成分的饮料都称为酒。适量饮酒，有兴奋神经、舒筋活血、祛湿御寒等作用。许多低度酒，如黄酒、啤酒、果酒等还能给人们提供一定的营养素，有益于身体健康。酒液中加入药材的药酒，饮用有一定治疗和强壮身体的作用。但长期过量地饮用高浓度的酒，对人的身体健康是有害的。

一、酒的分类

（一）根据酿酒方法不同分类

1. 蒸馏酒

蒸馏酒是原料经发酵后用蒸馏法使酒液和酒糟分离产生的酒。这类酒的酒精含量较高，其他固形物含量极少，刺激性较强。如白酒、白兰地酒等均属此类。

2. 发酵原酒（或称压榨酒）

发酵原酒是原料经过糖化（或不经过糖化）和酒精发酵后，用压榨或过滤使酒与酒糟分离产生的酒。发酵原酒的酒精含量较低，而固形物含量较多，刺激性小，具有一定的营养价值。如啤酒、黄酒、果酒等均属此类。

3. 配制酒

配制酒是用成品酒或食用酒精与一定比例的糖料、香料、药材等配制而成的酒。这类酒含有糖分、色素和不同量的固形物，酒精含量因酒的品种不同而有所区别。各种露酒、药酒等都属于配制酒。

（二）按酒精含量分类

1. 高度酒

酒精含量在40度以上者为高度酒，如白酒、白兰地酒等。

2. 中度酒

酒精含量在20～40度之间者为中度酒，如多数配制酒属于此类。

3. 低度酒

酒精含量在20度以下的均为低度酒，如各种发酵原酒。

（三）按商品经营习惯分类

可分为白酒、黄酒、啤酒、葡萄酒、果酒、露酒和药酒。

二、酒的种类及其质量特点

(一) 白酒

以含淀粉或可发酵糖的物质为原料，经过糖化和发酵，用蒸馏方法而制成的一种无色、透明的液体称为白酒。白酒的酒精含量较高，易挥发燃烧，渗透力和刺激性强，不易变质。酿造白酒的原料有：含淀粉或糖分的原料、辅料、酒曲、酒母、水等。

1. 白酒的主要成分

白酒中的主要成分是酒精和水，此外还含有少量的其他成分，如醛类、酸类、高级醇及酯类等。酒的质量与这些成分的含量和比例有着密切的关系。

另外，白酒中还含有某些对人体有害的成分，国家食品卫生标准中有限量规定。

(1) 酒精。酒精是白酒的主要成分，也是衡量酒度高低的标志。白酒的酒度是以 20℃ 时酒精容量百分比表示的。白酒中酒精含量增加，刺激性增强，对人体健康也不利，所以不能以酒度高低来评价白酒的质量。

(2) 酸类。主要有醋酸、丁酸、己酸和少量的乳酸，是原料在发酵过程中受醋酸菌等微生物的作用而产生的。白酒中含有少量的有机酸对风味有好的作用。在白酒贮存过程中，酸与醇能酯化形成芳香的酯类。但含酸过多时，也会使白酒风味变劣，产生酸涩感觉。一般白酒中酸类含量不超过 0.1 g/100 mL(以醋酸计)。

(3) 醛类。白酒中所含醛类主要是乙醛，它是酒精发酵过程中的中间产物，具有较强的刺激性和辛辣味，并有害于人体。乙醛沸点低，新蒸出的白酒，含醛较多，所以新酒性烈。一般白酒中醛类的含量不超过 0.01 g/100 mL。

(4) 酯类。酯是醇类和羧酸酯化反应的产物，是一种芳香成分。在发酵后期酯的形成较多，白酒在储存过程中酯的含量也会有所增加。白酒中酯的种类很多，不同的酯具有各自的香气特点，因此，白酒的香型划分主要取决于芳香成分，而酯是其中最主要的芳香成分。优质的白酒类含量要求在 0.02 g/100 mL 以上(以醋酸乙酯计)。

(5) 杂醇油。杂醇油是高于酒精碳原子的饱和一元醇的总称。杂醇油大多具有不良的苦涩味，它能使饮酒者头晕不舒服，是恶醉之本。按国家食品卫生标准规定，白酒中杂醇油的总量不得超过 0.15 g/100 mL(以戊醇计)。杂醇油在贮酒中与羧酸发生酯化反应，能产生酯类。

(6) 甲醇。甲醇在人体内氧化生成甲醛，是有毒的成分，尤其对视神经影响较大。甲醇产生的原因是由于原料中果胶质水解的结果。一般白酒中甲醇含量不得超过 0.04 g/100 mL(薯干酒 0.12 g/100 mL)。

(7) 铅。白酒中含铅会使人引起积累性中毒，因此白酒中含铅量不得超过 1 ppm。

2. 白酒的香型及其风味特点

(1) 酱香型：其风味特点是酱香突出，幽雅细致，酒体醇厚，柔和绵长，回味悠长。优质的酱香型白酒的特点是：倒入杯中久放，香气不消失；敞着杯子不饮，香气扑鼻；饮后空杯，留香不绝。酱香的主体香成分比较复杂，我国酱香型白酒的种类不多。

(2) 浓香型：其风味特点是窖香浓郁、绵柔甘洌，香味协调、尾净余长，可以概括为“香”“甜”“浓”“净”四个字。浓香型白酒可以稍带一点酱香，但不出头。这类酒的主体呈香成分是乙酸乙酯和适量的丁酸乙酯。

(3) 清香型：其风味特点是清香纯正，诸味协调，微甜绵长，余味爽净。其主体香气成分是乙酸乙酯和乳酸乙酯相互搭配协调。

(4) 米香型：其风味特点是蜜香清雅纯正，入口柔绵，落口甘洌，回味怡畅。其主体香成分是乳酸乙酯为主，乙酸乙酯稍低。小曲酒多数属于米香型。

(5) 其他香型：其特点是闻香、口香和回味香各有不同香气，具有一酒多香的风格，所以又称为兼香型，有的带有药香。

3. 白酒的感官要求

(1) 色。白酒的颜色应是无色、透明、无悬浮物和沉淀。将白酒注入杯中，杯壁上不得出现环状污物，置于光线中观察是否有悬浮物和沉淀。

(2) 香。将白酒注入杯中用鼻子闻，以区别香型和香气的高低。普通白酒应有醇香，具备本品种固有风格，无任何外来的杂香；优质白酒应芳香浓郁，具备本品种特有风格。酒的香气分溢香、喷香、留香三种。

酒的溢香是指酒的芳香成分溢散杯口附近的空气中，用嗅觉可直接辨别香气高低及其特点，又称闻香。一般白酒有溢香，名白酒则有较高和持久的溢香。

酒的喷香是指酒中低沸点地芳香成分，入口后受到口腔温度的影响，使香气充满口腔。普通白酒很少有喷香，名白酒具有较好的喷香。

酒的留香是指白酒中较高沸点的芳香成分较多时，酒虽已咽下，口中仍留有余香。

(3) 味。白酒的滋味要求纯正，无强烈的刺激性，各味协调。品尝酒滋味的醇厚，应用舌尖和喉部仔细品尝，以区别白酒滋味的优劣。名白酒还要五味俱全，各味不出头，即要求甜而不腻，酸而不涩，辣不呛喉，苦不刺舌，涩而不沾。

白酒的滋味与香气有密切的联系，香气较好的白酒，其滋味也较好。品评酒的滋味的醇厚，应用舌尖和喉部仔细品尝，以区别白酒滋味的优劣。

(4) 体。白酒的体是指香气和滋味的综合反映，是指其风格的典型性。

(二) 啤酒

啤酒是酒类中含酒精最少的低度酒，并含有充沛的二氧化碳和大量的营养成分，如蛋白质、碳水化合物、多种 B 族维生素等，发热量高，营养成分易被人体消化吸收，故有“液体面包”之称。经常适量饮用，可以帮助消化，健脾开胃，增进食欲。所以啤酒是一种有益的低度酒。生产啤酒的原料有大麦、酒花、水、淀粉辅助原料和啤酒酵母。

1. 啤酒的种类

(1) 根据是否杀菌可分为鲜啤酒和熟啤酒。

① 鲜啤酒：没有经过杀菌，酒中存在活酵母，一般发酵时间较短，稳定性差，如存放温度稍高或时间稍长，酒中活酵母仍会繁殖而出现致使啤酒浑浊，所以其保存期短。鲜啤酒味鲜美而爽口，是夏天畅销的清凉饮料，它只适宜地产地销。

② 熟啤酒：啤酒装瓶或装罐后，经过杀菌工序即为熟啤酒。这种酒的稳定性好，保存期可达 60 天以上，有利于远运外销。

(2) 根据麦汁浓度不同可分为低浓度、中浓度和高浓度三种。

10

① 低浓度啤酒：在发酵之前麦汁的浓度为 6～8 度(巴林糖度计)，酒精含量约为 2%(重量计)，适合于夏天作为清凉饮料，它的稳定性差，要控制保管期和保管条件。

② 中浓度啤酒：在发酵之前原麦汁浓度在10～12度之间，以12度啤酒为最普遍，酒精含量为3.1%～3.4%。

③ 高浓度啤酒：在发酵之前原麦汁浓度一般在14～20度，酒精含量为4.9%～5%，这种啤酒稳定性较好，适宜贮存和远销。很多高级啤酒和黑啤酒均属这一类。

(3) 根据颜色的深浅可分为黄啤酒和黑啤酒。

① 黄啤酒：又称浅色啤酒，呈浅黄色。因用短麦芽作为原料，口味较鲜爽，是啤酒中最主要的品种。

② 黑啤酒：又称深色啤酒，呈咖啡色而有光泽，是用焦香麦芽为原料，麦汁浓度较高，固形物含量高，口味比较醇厚。黑啤酒在我国消费尚不普遍。

2. 啤酒的感官要求和主要成分

(1) 啤酒的感官指标。主要有：

① 透明度：要求啤酒酒液透明，不能有悬浮的颗粒，更不能有沉淀。啤酒出现失光(即不透明)现象，则质量不符合要求，不允许供应市场。

② 色泽：啤酒的色泽决定于麦芽的颜色。啤酒的颜色分浅色和深色两种，浅色啤酒呈淡黄色，深色啤酒呈咖啡色。

③ 泡沫：啤酒的泡沫对其质量具有特殊的意义，有清凉爽口和解暑散热的作用。要求啤酒倒入杯中，泡沫能升起较高，细腻洁白，消失较慢，并能挂杯。啤酒泡沫的这些特征与啤酒中含的二氧化碳多少有关，也与啤酒中存在的蛋白质、酒花、酒精等有关。

④ 啤酒的香气和滋味：正常的啤酒应具有酒花的香气和麦芽香，黄啤酒要求酒花清香突出，而黑啤酒则要求有明显的麦芽香。啤酒的滋味应具有爽口愉快的感觉，不得有酸味或其他异味。

(2) 啤酒的主要成分及与品质的关系。

① 酒精。啤酒酒精含量的高低与啤酒的保存期有一定关系。一般原麦汁浓度高和发酵度强的啤酒，酒精含量较高，稳定性较好，保存期较长。啤酒的酒精含量通常为2%～5%。

② 二氧化碳。啤酒中的二氧化碳是发酵期间积聚而溶解在酒液中的，它使啤酒具有清凉爽口的口味，饭后帮助体内散发热量。啤酒若缺少二氧化碳，喝到口里感到平淡无味，不杀口，但含量也不宜过高。

③ 浸出物。啤酒中浸出物的主要成分有糖分、蛋白质、矿物质等，其含量多少与啤酒口味的醇厚、泡沫的持久性有关。啤酒中浸出物是用啤酒的实际浓度来表示的。

(三) 黄酒

黄酒是我国最古老而富有营养的低度酒。黄酒含有多种氨基酸、糖分、维生素等，发热量高，具有滋补健身的作用，也可用作烹调作料。

1. 黄酒的原料

黄酒的主要原料有糯米、粳米、籼米和黍米等。黄酒的辅料主要是小麦，它是制曲的原料，酿造黄酒的水直接组成黄酒的主要成分，所以对水质要求严格，水的硬度小，不能有有机物或有害微生物存在。

有的黄酒除用酒曲外，还要加入酒药小曲，促使淀粉糖化及酵母繁殖，提高黄酒质量。

2. 黄酒的种类

(1) 根据主要原料、酒曲药和酿酒方法不同，黄酒大致可划分为四种。

① 用糯米或大米作为主要原料，以酒药和麦曲为糖化发酵剂，主要代表为绍兴酒。绍兴酒酒质醇厚，色、香、味都高于一般黄酒，存放时间越长越好。绍兴酒由于原料以及酿造工艺不同，形成了具有不同品质和风味的品种，主要有元红酒、加饭酒、善酿酒等。

② 用糯米或大米作为主要原料，以红曲、白曲为糖化发酵剂，以福建黄酒为代表。这类酒气味芬芳，酒味醇和柔润，是东南各省闻名黄酒。它以风格独特的福州老酒和龙岩沉缸酒最为著名。

③ 用大米作为主要原料，以纯种米曲霉和清酒酵母为糖化发酵剂，主要代表是吉林清酒。

④ 用黍米作为主要原料，以天然发酵的块状麦曲为糖化发酵剂，主要代表是山东黄酒，东北黄酒也属此类。

(2) 根据酒的含糖量，黄酒大体分为四类，即干型黄酒、半干型黄酒、半甜型黄酒、甜型黄酒，其含糖量(葡萄糖克/100 mL 酒)分别为 0.5 以下、0.5～3.0、3.1～10 和 10 以上。

(四) 葡萄酒、果酒类

葡萄酒、果酒是将果实直接发酵制成的低度原汁酒，具有果实天然的色泽和香甜的滋味，含有较多的糖分和其他营养物质，是一种有益于人体健康的酒。

1. 葡萄酒的分类

(1) 按照酒的色泽不同分类。按照酒的色泽不同，葡萄酒可分为红葡萄酒、白葡萄酒。红葡萄酒是用红色或紫红色葡萄为原料，采用皮肉混合发酵方法制成。酒液中溶有葡萄的色素，经氧化而呈红色或暗红色。白葡萄酒是用黄绿色葡萄或用红皮白肉的葡萄汁为原料，一般采用皮肉分离发酵而成，酒的色泽多为麦秆黄色。

(2) 按含糖量的不同分类。按含糖量的不同，葡萄酒可分为干葡萄酒(每百毫升低于 0.4 g)、半干葡萄酒(每百毫升 0.4～1.2 g)、半甜葡萄酒(每百毫升 1.2～5.0 g)、甜葡萄酒(每百毫升 5.0 g 以上)。

(3) 按酒精含量的不同分类。按酒精含量的不同，葡萄酒可分为低度葡萄酒(酒度在 10 度以下)、高度葡萄酒(酒度在 10～18 度之间)。

(4) 按加工方法的不同分类。按加工方法的不同，葡萄酒可分为原汁葡萄酒、半汁葡萄酒、加工葡萄酒、蒸馏葡萄酒。原汁葡萄酒是指全部由葡萄发酵的产品；半汁葡萄酒是指用一半原汁葡萄酒，其他是添加食用酒精、糖分和配料混合而成；加工葡萄酒是指在原汁葡萄酒中加入药料、香料、糖分等，如丁香葡萄酒、桂花陈酒、人参葡萄酒等；蒸馏葡萄酒是指用葡萄酒或果汁发酵后蒸馏成原白兰地，经过陈酿调配为白兰地，酒度 40 度左右。

(5) 按是否含有 CO_2 分类。按是否含有 CO_2，葡萄酒可分为葡萄汽酒和香槟酒。

葡萄汽酒是指葡萄酒加糖和 CO_2 的清凉饮料，夏季适宜饮用，又称小香槟。酒度约为 4，糖约含 8%，压力约 1.5～2.5 kg/cm^2。

10 香槟酒是指葡萄酒经初步发酵后，加入香槟酵母和白砂糖，发酵、贮存两年以上，利用其产生的 CO_2 或压入的 CO_2 装入耐压酒瓶中。香槟酒酒液金黄透明，富含营养，CO_2 充沛，微甜酸，爽口舒适，有特殊香气。香槟酒酒度 12～13，糖约含 6%，压力较大，约 3.5～5.1 kg/cm^2。

2. 果酒的分类

果酒是指以其他水果或野生果实为原料酿造的酒，酿造方法与葡萄酒基本相似。果酒都以果实名称命名。我国的果酒都属于甜酒型，主要有山楂酒、橘子酒、苹果酒、海棠酒、葡萄酒、杨梅酒、桑葚酒等。

（五）配制酒

配制酒是以食用酒精或白酒为原料，加入一定比例的色素、糖料、香料、药料等配制而成的饮料酒。其生产过程简单，成本低，不受原料限制，各地均能生产。配制酒根据加入的香料和药料分为露酒和药酒两大类。

1. 露酒

露酒是用白酒、食用酒精、葡萄酒或黄酒为酒基，与一定比例的香料、糖料、食用色素等配制而成。如果配料好、酒基好、配制方法好，可以配制成与发酵原酒相媲美的露酒。酒精含量多在 20～40 度之间，糖分也较高（15%以上，多的可达 30%），因此，露酒的口味浓甜。最常见的有：青梅酒、玫瑰酒、橘子酒、红果酒、樱桃酒等。

2. 药酒

药酒是用白酒、葡萄酒或黄酒为酒基，再配合中药材和糖料等制成。药酒有两类：一类是滋补，配用的中药材多属于滋补性的；另一类主要是以酒精提取药物中的有效成分，以提高药物的疗效，所配合的药物具有防治某种疾病的功效，是由医药商店经销的商品。

（六）其他外来酒酒类

1. 威士忌

英文名："Whisky"，原产于英国英格兰。是用粮谷为主要原料，以大麦芽为糖化剂经糖化、发酵、蒸馏而制成，在橡木桶内经数年贮存陈酿。酒度 40 度左右，酒色呈琥珀色。威士忌是世界名酒之一。许多国家和地区都有生产威士忌的酒厂，生产的威士忌酒更是种类齐全、花样繁多，最著名最具代表性的威士忌分别是苏格兰威士忌、爱尔兰威士忌、美国威士忌和加拿大威士忌四大类。

2. 白兰地

英文名"Brandy"，原产于法国。是由葡萄酒经过蒸馏和陈酿（橡木桶中）而制成的蒸馏酒，或用葡萄皮渣经过发酵和蒸馏工艺而制成的酒，统称为白兰地。白兰地酒度一般 40 度左右，其外观澄清透明、色泽金黄或赤金黄色；具有和谐的葡萄品种香、陈酿橡木香及醇和的酒香，幽雅、浓郁；滋味醇和、甘冽、沁润、细腻丰满、绵延。用其他果实为原料则冠以果实名称，如苹果白兰地、樱桃白兰地等。

【做中学 10－1】 白兰地酒标上的英文缩写

E——Especial——特别的

F——Fine——好

V——Very——很好

O——Old——老的
S——Superior——上好的
P——Pale——淡色
X——Extra——格外的
如X·O——是格外老的;V·S·O·P——是非常优质的陈年淡色白兰地。

3. 金酒

金酒又名杜松子酒,英文名“Gin”,原产于荷兰。它是以大麦、玉米为主要原料,经发酵蒸馏制成原酒。杜松子的加工方法有许多种,一般是将其包于纱布中,挂在蒸馏器出口部位。蒸酒时,其气味串于酒中,或者将杜松子浸于绝对中性的酒精中,一周后再回流复蒸,将其味蒸于酒中。有时还可以将杜松子压碎成小片状,加入酿酒原料中,进行糖化、发酵、蒸馏,以得其味。杜松子酒酒液无色透明,酒度40度左右,有杜松子香气。

4. 伏特加

英文名“Vodka”,是苏联/俄罗斯传统的蒸馏酒。它是以马铃薯或玉米为原料,经发酵和蒸馏成食用酒精,再将酒精精制提纯(用活性炭处理等),用这样精制的食用酒精,按照酒度不同进行兑制。这种酒生产简便,成本低,酒质晶莹澄澈,无色且清淡爽口,使人感到不甜、不苦、不涩,只有烈焰般的刺激,形成伏特加酒独具一格的特色。但其缺乏一般白酒浓郁的香气和醇厚绵甜的滋味。它可以以任何浓度与其他饮料混合饮用,所以经常用于做鸡尾酒的基酒。酒度一般在40～60度之间。

5. 朗姆酒

英文名“Rum”,它是用甘蔗制糖的废蜜经发酵蒸馏成食用酒精,在橡木桶中陈酿,再加香料兑制而成。酒液为浅金黄色,其主要特征是具有甘蔗独特的香气,酒度45～55度之间。

6. 清酒

英文名“Sake”,是日本的特产,俗称“日本酒”。以大米为原料,经发酵压榨而得,酒精度为16～18度左右。清酒的历史很悠久,可称为日本的国酒。历史上清酒的制作方法与我国黄酒生产方法基本相同。

7. 鸡尾酒

英文名“Cocktail”,是鸡尾酒会专用饮料酒。鸡尾酒是一种以蒸馏酒为酒基,再配以果汁、汽水、矿泉水、甜酒等辅料,由两种或两种以上的酒水调制而成的色香味形俱佳的艺术酒品,因其丰富多彩的味道、缤纷梦幻的色彩而历久不衰。

鸡尾酒是一种极具个性的饮料,可以根据个人喜好,自由搭配。调酒非常讲究,要掌握要领,配好的鸡尾酒在分量、外观、浓度以及味道均达到平衡,否则,就不是鸡尾酒,而是混合酒。鸡尾酒是一种量少而冰镇的酒(也有热饮),可以增进食欲,使人兴奋,创造热烈气氛。

三、酒类商品的保管与养护

(一) 酒在贮存中的变质现象

10

1. 挥发

酒因外界因素的影响,易产生汽化现象,使其所含的酒精以不同的速度变为气体散发,这种现象称为挥发，俗称“跑度”。在一般情况下，温度愈高，挥发速度愈快。酒的包装是否严密，与酒的挥发有密切的关系。

2．渗漏

由于酒精的渗透性强，如果包装容器质量较差，有砂眼，或是内壁糊封不严，接口不牢，包装破裂等，均会造成酒的大量渗漏。特别是在装卸搬运过程中，如操作不注意，均易使包装破损、裂口、造成酒的渗漏和外溢。

3．混浊沉淀

白酒产生混浊沉淀的原因，主要由于加浆前对酒和水的质量检验不够，如杂醇油含量过多，加浆后就容易出现乳白色混浊沉淀，或者加浆用水硬度过大，也会出现同样现象。

黄酒、啤酒、果酒等低度酒，在温度较高的条件下，酒中含有的固形物容易凝固析出，形成沉淀；在过低的温度条件下，低度酒中的胶体物质也容易凝固而析出，形成粉末状的混浊沉淀；污染微生物产生再发酵，也会出现混浊现象。此外，过多震动也会使固形物析出，使酒液混浊。

4．变色变味

白酒变色主要和容器质量有关，如用未经挂蜡的铁桶包装，铁质遇到酒内的酸类即氧化成化合物，就会使酒的颜色变成黄褐色；使用的铝桶含锌量过高，锌与酒中的酸类作用，使酒的颜色变成粉红色。葡萄酒、果酒、配制酒在强烈日光照射下或在高温下保管，也会促使酒的色素析出，或是酒中含有的单宁氧化，使酒变色。

酒类变味的原因，一方面是来自原料，如用糖化酶制酒就有一种苦涩臭味；另一方面是用异味的容器装酒，造成酒味不正。啤酒、黄酒、果酒等保管时温度过高，会引起再发酵而使酒变味。

（二）酒的保管

1．酒的包装容器的选择

选择合适的包装容器、保证包装容器的质量，是做好酒的保管工作的前提。常用的包装容器有陶瓷容器、金属容器、水泥贮酒池、玻璃瓶类容器等。使用时应因酒的种类不同选择。

2．仓库条件

贮存白酒的库房不宜太干燥或过于潮湿。温度过高，挥发过快增加损耗，一般不宜超过30℃。最好贮存在地下室。

保管黄酒、果酒最适宜温度20℃左右，不要使温度骤高骤低。特别是北方，冬季要做好防寒工作。

贮酒库要远离火源，并且要有消防设施，库内电灯开关要安在库外。

3．入库验收

入库前，应详细检查包装情况，发现渗漏或封口不严等情况，应采取更换包装或修补等办法解决。

做好在库管理工作。酒类在库内应分不同品种、容量、生产日期，实行分区分类堆码。在保管期间要定期检查和抽检。

任务引例解析

酒可根据酿酒方法、酒精含量和商品经营习惯分类。

【任务设计——酒类商品质量属性的识别与鉴别实验】

工作实例：

不同种类的酒具有不同的特征，通过观察酒的外观特征和品尝酒的气味、滋味等感官特征，以鉴别酒的种类和质量。感官识别与鉴别白酒、啤酒、葡萄酒、黄酒，分析各种酒的品质。

主要仪器和样品：酒杯、漱口杯，多种酒类。

【操作步骤】

第一步：在学校附近选择一家商场，分别选购：① 酱香、浓香、清香、米香、兼香型白酒各一瓶；② 红、白葡萄酒各一瓶；③ 黄、黑啤酒各一瓶；④ 绍兴、黍米黄酒（即墨老酒）各一瓶。

第二步：比较识别白酒、葡萄酒、啤酒、黄酒的外观特征。

第三步：将一定量的样酒倒入酒杯，先观察酒体的颜色、透明度等外观特征，然后闻其香气，品其滋味。比较识别酱香、浓香、清香、米香及兼香型五种白酒之间，红、白葡萄酒之间，黄、黑啤酒之间，绍兴、黍米黄酒之间的感官属性特征。

第四步：结合所学理论，比较分析酱香、浓香、清香、米香及兼香型五种白酒之间，红、白葡萄酒之间，黄、黑啤酒之间，绍兴、黍米黄酒之间的相同点和不同点。

第五步：撰写《酒类商品质量属性的识别与鉴别实验报告》。

任务二 茶叶商品的认知

任务引例

小张是一家食品企业客服部的新进员工，主管让她去买几种茶叶回来，以备待客之用。小张来到一家茶叶店铺，看到形状各异、价格不等、颜色不同的茶叶有数十种，一时竟不知买哪几种好了，只好请店员帮忙。在店员的推荐下，她在四个大类的茶叶中，选购了六个品种的中、高档茶叶各500克。事后主管很满意，并夸她事情做得好。

请问：茶叶有哪些种类？

【知识准备与任务分析】

茶叶、咖啡、可可是世界性的三大饮料，而饮茶的历史最久，饮用地区最广，消费数量最大。我国生产茶叶的历史悠久，产茶地区分布广阔。

一、茶叶的采摘与加工

(一) 茶叶的采摘

采茶主要采新长出的梢上的幼芽、嫩叶。不同茶类对鲜叶的采摘标准要求不同。生产高级茶，如我国的一些名茶要求鲜叶细嫩，一般采一芽一叶或一芽二叶，而内外销的大多数红、绿茶一般采一芽二三叶或一芽三四叶。乌龙茶采摘不宜太嫩，过嫩的鲜叶制成的乌龙茶，不能显出乌龙茶的特色。

(二) 茶叶的初制加工

1. 绿茶

初制过程：鲜叶⟶杀青(炒或蒸)⟶揉捻⟶干燥(炒干、烘干或晒干)⟶绿毛茶

杀青的目的是破坏鲜叶中酶的活性，防止茶多酚氧化和叶绿素分解，保持鲜叶原有的绿色，同时蒸发部分水分，便于揉捻成型，散发鲜叶的青草气味，使茶叶特有的香气和滋味显露出来。

揉捻是使叶片成型的过程。

干燥的目的是蒸发水分，增进茶叶的色、香、味，使条索紧缩，便于储运。

2. 红茶

初制过程：鲜叶⟶萎凋⟶揉捻⟶发酵⟶烘干⟶红毛茶

萎凋是将鲜叶均匀摊开晾晒，蒸发适量水分，叶质变软，便于揉捻成型。

揉捻是将萎凋的叶片用揉捻机或手工揉捻成的细紧的条索，其目的是形成整齐美观的外形，同时使叶细胞破裂，茶汁外流，茶多酚氧化，使成品茶容易冲泡，增加茶汤浓度。

发酵是将揉捻后的叶子，按一定厚度放在发酵盘内进行发酵。其目的是增强酶的活性，促进茶多酚充分氧化，叶色转红，苦涩味减小，增加香气，形成红茶特有的色、香、味品质。

烘干是将发酵好的叶子用高温破坏酶的活性，制止发酵，同时蒸发水分，有利于贮存。

3. 乌龙茶

其制法介于绿茶和红茶之间，属于半发酵茶。

初制过程：鲜叶⟶萎凋(晾或晒)⟶摇青⟶炒青⟶揉捻⟶干燥

摇青是制造乌龙茶的关键环节。它是将萎凋叶放在竹筛内摇动，叶边缘相互摩擦，使细胞破裂，叶汁流出，茶多酚氧化变红，然后适时地进行杀青，使其形成“绿叶红镶边”的特点。

4. 花茶

花茶是用干燥的茶坯加上鲜花的窨制而成的再制茶。其茶坯多为精制绿茶，鲜花有茉莉花、玉兰花、珠兰花、柚子花等。

花茶的窨制原理是利用茶叶里含有的高分子棕榈酸和烯萜类化合物具有吸收异味的特点，通过窨制能使茶胚充分吸收鲜花的香气，以提高茶叶品质。

5. 紧压茶

紧压茶是用黑茶、红茶末、绿茶做原料，经蒸软后压制形成的茶(砖茶、碗茶、沱茶等)。

(三) 茶叶的精制加工

初制成的毛茶(如红茶、绿茶、乌龙茶)比较混杂，外形不整齐，有杂物，内质也不完全相同，需经过精制加工制成统一规格的商品茶。各类茶的精制过程大同小异，主要有下列几个步骤：

筛分⟶碎切⟶风选⟶拣剔⟶干燥⟶拼配匀堆

筛分是毛茶经回转筛、飘筛等分离机械按长短、粗细、轻重等进行分离。

碎切是通过切轧机将粗大的茶条切成合乎规格的细小茶条，使外形整齐，以提高正茶出品率。

风选是茶叶分离轻重的过程。茶身的轻重是定级的主要依据之一。

拣剔是用人工或机器将筛分和风选不能除净的杂物剔去。

干燥，即使茶叶含水量减少到规定要求。增进茶叶的色香味品质，便于包装和贮存。

拼配匀堆，是按照出厂品质要求，将各种大小、长短、粗细、轻重不同的茶叶按适当比例拼配，经过匀堆机均匀混合。其目的在于统一质量，使各级茶叶保持固定的品质。

二、茶叶的主要化学成分及其与品质的关系

茶叶鲜叶中存在的化学成分很多，主要有水分、矿物质、茶多酚、咖啡碱、芳香油、色素、碳水化合物、蛋白质、氨基酸、类脂、维生素等。其中水分、矿物质、碳水化合物、蛋白质、氨基酸、维生素等是人体健康不可缺少的营养物质；茶多酚、咖啡碱、芳香油与茶叶的质量及功效关系最为密切，称为茶叶的药效成分。

（一）茶叶的主要药效成分

茶叶中的茶多酚（最重要的一种为茶单宁）、咖啡碱和芳香油等是形成茶叶质量的重要因素，也是饮之有益的成分。

1. 茶单宁

茶单宁是一种多酚类的混合物，又名儿茶素。它不仅和茶叶的色香味质量密切相关，而且饮茶的许多功效也与茶单宁有关。它能杀菌消炎，强心降压，增强人体血管的抗压能力，促进人体维生素的积累。茶单宁略呈酸性，具有收敛性的涩味。

茶单宁在氧化酶的作用下容易氧化。在酶的作用下引起氧化，制茶的术语称为“发酵”。经过“发酵”的茶叶茶多酚含量相应地有所降低。

2. 咖啡碱

咖啡碱是茶叶中的生物碱，有可可碱、茶叶碱、黄嘌呤等。咖啡碱有生理功效，具有兴奋中枢神经，消除疲劳，强心利尿等功能。咖啡碱是白色针状结晶，120℃开始升华，在冷水中微溶，随水温增高，其溶解度逐渐增加。在茶叶中咖啡碱多与部分茶多酚结合成络合物。这种络合物只能溶于热水，当茶汤冷却后，往往出现乳浊现象，这叫茶汤的“冷浑浊”。一般幼芽嫩叶中咖啡碱的含量多，老叶含量少。

3. 芳香油

它是形成茶叶香气的最主要的成分，是一种很复杂的混合物，包括醇类、脂类、醛类、酸类、酚类、酮类等。芳香油在茶叶中含量虽然很少，但它决定茶叶的香气。嫩茶、高山茶含芳香油量多，品质好，香气高。

（二）茶叶的主要化学成分与成品茶质量的关系

茶叶的色、香、味、形是决定茶叶质量的主要因素，这些因素都与其成分有密切的关系，是各种成分的综合反映。

茶叶的色泽（干茶的色泽、叶底的色泽、茶汤的色泽）是由不同的化学成分决定的。红茶

干茶和叶底的色泽主要是茶单宁的氧化产物。而茶汤色泽主要是由水溶性的茶红素、茶黄素和少量的茶褐素所形成的。而绿茶干茶和叶底的色泽主要是叶绿素和干燥中的美拉德反应所产生的类黑素。而绿茶的汤色主要是由茶多酚中的黄酮类产生的黄绿色的色素形成的。

与茶叶香气有关的成分，主要取决于芳香油的含量和组成。鲜叶中的芳香油以醇类、醛类为主，还有部分酸类，其气味特征以青草气味占主导地位，经过初制后，这些芳香油的含量和组成都发生了变化，不同的茶具香气不同。

与茶叶滋味有关的化学成分主要是茶单宁，其含量决定着茶汤的滋味和涩味。蛋白质分解产物氨基酸的存在，使茶汤滋味鲜爽。在制茶过程中淀粉水解后，产生的糖使茶汤味甜。茶汤的滋味是多种成分的综合反映。

对茶叶外形的质量要求，虽然不同的茶类有所区别，但是茶叶的外形与内质有密切的关系。一般来说，外形较粗松的茶叶，其色、香、味的质量较差；相反，外形紧细的茶叶具有较好的色、香、味。

三、茶叶的分类及质量特点

目前我国的商品茶可分为红茶、绿茶、乌龙茶、花茶、紧压茶五大类。

(一) 红茶类

红茶的质量特点是：干茶色泽乌润，汤色红亮，具有红茶特有的香气和滋味。

红茶开始创制时称为“乌茶”。红茶在加工过程中发生了茶多酚氧化的化学反应，鲜叶中的化学成分变化较大，茶多酚大量减少，产生了茶黄素、茶红素等新的成分。香气物质增多，一部分咖啡碱、茶单宁和茶黄素络合成滋味鲜美的络合物，从而形成了红茶、红汤、红叶和香甜味醇的品质特征。红茶类的商品茶有功夫红茶、碎红茶和小种红茶。

1. 功夫红茶

功夫红茶是我国特有的红茶品种，也是我国传统出口商品。功夫红茶以做工精细而得名，其特点是：条索紧细，滋味醇厚，香气浓郁纯正，汤色红亮。其著名品种有祁红、滇红、川红等。

我国功夫红茶品类多、产地广。按地区命名的有滇红功夫、祁门功夫、宁红功夫、湘江功夫、闽红功夫、台湾功夫、江苏功夫及粤红功夫等。按品种又分为大叶功夫和小叶功夫。大叶功夫茶是以乔木或半乔木茶树鲜叶制成；小叶功夫茶是以灌木型小叶种茶树鲜叶为原料制成的功夫茶。

2. 碎红茶

碎红茶的初制过程与功夫红茶基本相同，但具体操作技术有较大的差异。在揉捻中先把鲜叶切碎然后经过发酵、干燥而成。产品分叶茶、碎茶、片茶、末茶四种，以碎茶为主，故称为碎红茶。特点是色泽红艳明亮，香高，味“强、浓、鲜”，经一次冲泡能将大部分有效成分浸出。

以不同机械设备制成的碎红茶，共分为四个花色。

(1) 叶茶。传统碎红茶的一种花色，条索紧结匀齐，色泽乌润，内质香气芬芳，汤色红亮，滋味醇厚，叶底红亮多嫩茎。

(2) 碎茶。外形颗粒重实匀齐,色泽乌润或泛棕,内质香气馥郁,汤色红艳,滋味浓强鲜爽,叶底红匀。

(3) 片茶。外形全部为木耳形的屑片或皱褶角片,色泽乌褐,内质香气尚纯,汤色尚红,滋味尚浓略涩,叶底红匀。

(4) 末茶。外形全部为砂粒状末,色泽乌黑或灰褐,内质汤色深暗,香低,味粗涩,叶底暗红。

3. 小种红茶

小种红茶是福建省的特产。外形比功夫红茶松散粗大,味烈爽口。初制基本与功夫红茶相同,因烘干采用松木烟熏,所以它带有松木烟的香气。

(二) 绿茶类

绿茶为我国产量最大的茶类,绿茶又称不发酵茶。以适宜茶树新梢为原料,经杀青、揉捻、干燥等典型工艺过程制成的茶叶。其干茶色泽和冲泡后的茶汤、叶底以绿色为主调,故名绿茶。

绿茶较多地保留了鲜叶内的天然物质。其中茶多酚咖啡碱保留鲜叶的85%以上,叶绿素保留50%左右,维生素损失也较少,从而形成了绿茶"清汤绿叶,滋味收敛性强"的特点。中国绿茶中,名品最多,不但香高味长,品质优异,而且造型独特,具有较高的艺术欣赏价值,绿茶按其干燥和杀青方法的不同,一般分为炒青、烘青、晒青绿茶等。

1. 炒青绿茶

凡是用锅炒干的均称炒青。其特点是条索紧结,汤色叶底翠绿,香气鲜锐,滋味醇厚,收敛性强,耐冲泡。由于炒制方法不同,成品茶形成了长条形、圆珠形、扇形、针形、螺形等不同的形状,故又分为长炒青、圆炒青、扁炒青等。属炒青绿茶的主要品种有:珍眉、龙井、旗枪、大方、碧螺春、珠茶等。

2. 烘青绿茶

烘青绿茶是用烘笼进行烘干的,烘青毛茶经再加工精制后大部分作为熏制花茶的茶坯,香气一般不及炒青高,少数烘青名茶品质特优。

烘青绿茶以其外形亦可分为条形茶、尖形茶、片形茶、针形茶等。烘青绿茶的特点是:条索尚紧结,色泽翠绿油润,汤色叶底黄绿明亮,香气不及炒青鲜锐,滋味较浓醇厚。

3. 晒青绿茶

用太阳晒干或先晒后烘干或炒干的均称晒青。品质比炒青和烘青差,一般香气低闷,汤色和叶底乌暗。多作为紧压茶的原料。

(三) 乌龙茶(又名青茶)

乌龙茶是半发酵茶,综合了绿茶和红茶的制法,其品质介于绿茶和红茶之间,香气滋味兼有绿茶的鲜浓和红茶的甘醇。品尝后齿颊留香,回味甘鲜。

乌龙茶外形松散粗壮,茶汤棕红明净,叶底"绿叶红镶边"。乌龙茶的品种很多,主要品种有武夷岩茶、安溪铁观音、凤凰水仙等。

(四) 花茶类

花茶,是我国主要茶产品之一,因其香气芬芳幽雅,持久耐贮而深受消费者青睐。花茶是我国特有的茶类,属再制茶,它是在成品茶的基础上,加入鲜花窨制而成。茶叶经花窨后,不仅香气增加，并且茶叶吸收鲜花的香桂油，有助消化和兴奋作用。花茶主要产于福建、浙江、江苏、安徽等省。

窨花茶、香片茶等窨花用的原料茶叶称为茶胚，以绿茶数量最多，少数也用红茶和乌龙茶。绿茶中以烘青绿茶窨制花茶品质最好。花茶因为窨制时所用的花不同而分为茉莉花茶、白兰花茶、珠兰花茶、柚子花茶、桂花花茶、玫瑰花茶、金银花茶、米兰花茶等。

（五）紧压茶

各种散毛茶经过加工成半成品，再经过高温气蒸，压制而成的茶饼、茶砖、茶团等均称为紧压茶。紧压茶的原料主要有红茶、绿茶、乌龙茶、黑茶、普洱茶。其特点是保持原茶类的品质，便于携带、运输和储存。

四、茶叶质量的感官审评

茶叶的鉴定习惯上称为审评。对茶叶质量采用感官审评，是目前国内外普遍采用的方法。茶叶质量的感官审评分为外形审评和内质审评两方面。

（一）茶叶的外形审评

外形审评包括外形、嫩度、色泽和净度四项指标，主要反映了原料鲜叶的老嫩的程度和制茶工艺是否恰当。审评所采用的方法是将茶叶放入审茶盘中，双手转动审茶盘，由于茶叶的轻重程度不同，形成上、中、下不同层次的茶叶，一般粗大的茶叶多浮于上层，重实较细小的茶叶或碎末多分布在下层，而中层多为比较均整的茶叶。这种方法可以检查下脚茶、粗老茶所占的比例，便于观察茶叶外形匀度。

（二）茶叶的内质审评

内质审评包括香气、汤色、滋味和叶底四项指标。

1. 茶叶香气的审评

闻香时不要把杯盖完全掀开，只需稍稍掀开杯盖，把它接近鼻子，闻后仍盖好。茶叶的香气在热、冷时差别很大，一般热时香气高，区别比较明显，但冷时闻香，可以闻其特殊的香气和香气的持久性。每次闻香不能过久。香气的审评主要区别香气的高低、持续时间的长短，是否纯正、有无异味等。高山茶的香气高而持久，春茶的香气高于夏、秋茶。

2. 茶叶汤色的审评

审评汤色应趁热进行，茶汤冷却后，不仅色泽转深，而且还会出现“冷浑浊”。红茶的汤色以红艳明亮者优，绿茶的汤色以碧绿清澈者优，乌龙茶以橙黄或金黄明亮者优，花茶以浅黄明亮者优。

3. 茶叶滋味的审评

茶叶的滋味是由多种成分形成的，其中最主要的是茶单宁和咖啡碱，氨基酸、糖分也起着一定的作用。另外，茶叶的香气也与滋味密切相关。品尝茶汤的滋味，不要直接咽下，用舌头在口腔内打转2～3次后，再吐出来。质量好的茶叶，其滋味入口后稍有苦涩之感，但很快就有回甜清爽的感觉。

4. 茶叶叶底的审评

从叶底的色泽和软硬，可以反映鲜叶原料的老嫩，茶叶的叶底柔软者说明鲜叶比较细嫩，粗老的鲜叶，其叶底较硬。

【做中学 10－2】茶叶的冲泡方法及品饮

（一）名优绿茶的冲泡法及品饮

绿茶是中国产茶区域出产最广泛的茶类，全国各产茶省均有生产。正因为如此，在中国，无论是城镇，还是乡村，饮用绿茶最为普遍。

高档细嫩名优绿茶，一般选用玻璃杯或白瓷杯饮茶，而且无须用盖，这样一是便于人们赏茶观姿；二是防嫩茶泡熟，失去鲜嫩色泽和清鲜滋味。至于普通绿茶，因不注重欣赏茶的外形和汤色，而在于品尝滋味，或佐食，也可选用茶壶泡茶，这叫作“嫩茶杯泡，老茶壶泡”。

泡饮之前，先欣赏干茶的色、香、形。名茶的造型或条、或扁、或螺、或针等，名茶的色泽或碧绿、或深绿、或黄绿等，名茶香气或奶油香、或板栗香、或清香等，充分领略各种名茶的天然风韵，称为“赏茶”。

采用透明玻璃杯泡饮细嫩名茶，便于观察茶在水中的缓慢舒展、游动、变幻的过程，称为“茶舞”。然后，视茶叶的嫩度及茶条的松紧程度，分别采用“上投法”“下投法”。“上投法”即先冲水后投茶，适用于特别细嫩的茶，如碧螺春、蒙顶甘露、径山茶、庐山云雾、涌溪火青等。先将 75～85℃的沸水冲入杯中，然后取茶投入，茶叶便会徐徐下沉。“下投法”即先投茶后注水，适合于茶条松展的茶，如六安瓜片、太平猴魁等。

在冲泡茶的过程中，品饮者可以看茶的展姿，茶汤的变化，茶烟的弥散，以及最终茶与汤的形态，汤面水气夹着茶香缕缕上升，如云蒸霞蔚，趁热嗅闻茶香，令人心旷神怡。

品尝茶汤滋味，宜小口品啜，让茶汤与舌头味蕾充分接触，此时舌与鼻并用，边品味边品香，顿觉沁人心脾。此谓头泡茶，着重品尝茶的鲜味和香气，饮至杯中茶汤尚余三分之一水量时，再续加水，谓之二泡茶，此时茶味正浓，饮后齿颊留香，身心愉悦。至三泡，茶味已淡。

（二）乌龙茶的冲泡法及品饮

乌龙茶，即青茶，属半发酵茶类，是介于绿茶和红茶之间的一类茶叶。按产区可分为闽北乌龙、闽南乌龙、广东乌龙和台湾乌龙。乌龙茶的特点是“绿叶红镶边”，滋味醇厚回甘，既没有绿茶之苦涩，又没有红茶之浓烈，却兼取绿茶之清香，红茶之甘醇。品饮乌龙茶有“喉韵”之特殊感受，武夷岩茶有“岩韵”，安溪铁观音有“音韵”。人们常说的“功夫茶”并非茶之种类，而是指一种品茗的方法，其“功夫”意在讲究“水为友，火为师”。

品尝乌龙茶讲究环境、心境、茶具、冲泡技巧和品尝艺术。

1. 福建泡法及品饮

福建是乌龙茶的故乡，花色品种丰富，主要有武夷岩茶、铁观音、水仙、肉桂、包种、黄金桂等。品尝乌龙茶有一套独特的茶具，讲究冲泡法，故被人称为“功夫茶”。如果细分起来可有近 20 道流程，主要有倾茶入则、鉴赏侍茗、孟臣淋霖、乌龙八宫、悬壶高冲、推泡抽眉、春风拂面、重洗仙颜、若琛出浴、玉液回壶、游山玩水、关公巡城、韩信点兵、三龙护鼎、细品佳茗等。

冲泡乌龙茶宜用沸开的水，煮至“水面若孔珠，春声若松涛，此正汤也”。按茶水 1∶30 的量投茶。接着，将沸水冲入，满壶为止，然后用壶盖刮去泡沫。盖好后，用开水浇淋茶壶，喻为“孟臣淋霖”，既提高壶温，又洗净壶的外表。经过两分钟，均匀巡回斟茶，喻为“关公巡城”。茶水剩少许后，则各杯点斟，喻为“韩信点兵”，以免淡浓不一。冲水要高，让壶中茶叶流动促进出味，低斟则防止茶香散发，称为“高冲低斟”。端茶杯时，宜用拇指和食指扶住杯身，中指托住杯底，喻为“三龙护鼎”。品饮乌龙，味以“香、清、甘、活”者为上，讲究“喉韵”，宜小口细啜。初品者体会是一杯苦，二杯甜，三杯味无穷，嗜茶客更有“两腋清风起，飘然欲成仙”之感。品尝乌龙时，可备茶点，一般以咸味为佳，不会掩盖茶味。

2. 广东潮汕泡法及品饮

在广东的潮州、汕头一带，几乎家家户户，男女老少，钟情于用小杯细啜乌龙。与之配套的茶具，诸如风炉、烧水壶、茶壶、茶杯，人称“烹茶四宝”，即潮汕炉、玉书煨、孟臣罐、若琛瓯。潮汕炉是一只粗陶炭炉，专作加热之用。玉书煨是一把瓦陶壶，高柄长嘴，架在风炉之上，专做烧水之用。孟臣罐是一把比普通茶壶小一些的紫砂壶，专做泡茶之用。若琛瓯是个只有半个乒乓球大小的杯子，通常3～5只不等，专供饮茶之用。

泡茶用水应选择甘冽的山泉水，而且必须做到沸水现冲。经温壶、置茶、冲泡、斟茶入杯，便可品饮，啜茶的方式更为奇特，先要举杯将茶汤送入鼻端闻香，只觉浓香透鼻。接着用拇指和食指按住杯沿，中指托住杯底，举杯倾茶汤入口，含汤在口中回旋品味，顿觉口有余甘。一旦茶汤入肚，口中回味，鼻口生香，咽喉生津，“两腋生风”，回味无穷。这种饮茶方式，其目的并不在于解渴，主要是在于鉴赏乌龙茶的香气和滋味，重在精神的享受。

3. 台湾泡法及品饮

台湾泡法与闽南和广东潮汕地区的乌龙茶冲泡方法相比，突出了闻香这一程序，还专门制作了一种与茶杯相配套的长筒形闻香杯。另外，为使各杯茶汤浓度均等，还增加了一个公道杯相协调。

台湾冲泡法，温具、赏茶、置茶、闻香、冲点等程序与福建相似，斟茶时，先将茶汤倒入闻香杯中，并用品茗杯盖在闻香杯上。茶汤在闻香杯中逗留15～30秒后，用拇指压住品茗杯杯底，食指和中指夹住闻香杯杯底，向内倒转，使品茗杯与闻香杯上下倒转。此时，用拇指、食指和中指撮住闻香杯，慢慢转动，使茶汤倾入品茗杯中。将闻香杯送近鼻端闻香，并将闻香杯在双手的手心间，一边闻香，一边来回搓动。这样可利用手中热量，使留在闻香杯中的香气得到最充分的挥发。然后，观其色，细细品饮乌龙之滋味。如此经二至三道茶后，可不再用闻香杯，而将茶汤全部倒入公道杯中，再分斟到品茗杯中。

（三）红茶冲泡法及品饮

相对于绿茶（不发酵茶）的清汤绿叶，红茶（发酵茶）的特点是红汤红叶。鉴别红茶优劣的两个重要感官指标是“金圈”和“冷后浑”。茶汤贴茶碗一圈金黄发光，称“金圈”。“金圈”越厚，颜色越金黄越亮，红茶的品质就越好。所谓“冷后浑”是指红茶经热水冲泡后茶汤清澈，待冷却后出现浑浊现象。“冷后浑”是茶汤内物质丰富的标志。

红茶既适于杯饮，也适于壶饮法。红茶品饮有清饮和调饮之分。清饮，即不加任何调味品，使茶叶发挥应有的香味。清饮法适合于品饮功夫红茶，重在享受它的清香和醇味。

先准备好茶具，如煮水的壶，盛茶的杯或盏等。同时，还需用洁净的水一一加以清洁。如果是高档红茶，以选用白瓷杯为宜，以便观察颜色。

将3克红茶放入白瓷杯中。若用壶泡，则按1∶50的茶水比例，确定投茶量。然后就冲入沸水，通常冲水至八分满为止。红茶经冲泡后，通常经3分钟后，即可先闻其香，再观察红茶的汤色。这种做法，在品饮高档红茶时尤为时尚。至于低档茶，一般很少有闻香观色的。待茶汤冷热适口时，即可举杯品味。尤其是饮高档红茶，饮茶人需在品字上下工夫，缓缓啜饮，细细品味，在徐徐体察和欣赏之中，品出红茶的醇味，领会饮红茶的真趣，获得精神的升华。

调饮法是在茶汤中加调料，以佐汤味的一种方法。较常见的是在红茶茶汤中加入糖、牛奶、柠檬片、咖啡、蜂蜜或香槟酒等，也有的在茶汤中同时加入糖、柠檬、蜂蜜和酒同饮，或置冰箱中制作出不同滋味的清凉饮料，都别有风味。

如果品饮的红茶属条形茶，一般可冲泡2～3次。如果是红碎茶，通常只冲泡一次；第二次再冲泡，滋味就显得淡薄了。

（四）花茶冲泡法及品饮

花茶，在国际市场上泛指添加香料的茶，不管其香源来自鲜花抑或是化学合成的添加香料。但在我国，花茶窨制都采用新鲜花朵，尤以茉莉花为多。有人说，花茶融茶味之美、鲜花之香于一体，是诗一般的茶。

品饮花茶先看茶胚质地，好茶才有适口的茶味；其次看蕴含香气如何。这有三项质量指标：一是香气的鲜灵度（香气的新鲜灵活程度，与香气的陈、闷、不爽相对）；二是香气浓度；三是香气的纯度。

一般品饮花茶的茶具选用的是白色的有盖杯，或盖碗（配有茶碗、碗盖和茶托），如冲泡茶胚是特别细嫩的花茶，为提高艺术欣赏价值，也有采用透明玻璃杯的。

泡饮花茶，首先欣赏花茶外观，花茶有一些显眼的花干，那是为了“锦上添花”。人为加入的花干没有香气，因此不能看花干多少而论花茶香气、质量的高低。

花茶泡饮，以维护香气不致无效散失和显示茶胚特质美为原则。对于冲泡茶胚细嫩的高级花茶，宜用玻璃茶杯，水温在85℃左右，加盖，观察茶在水中漂舞、沉浮，以及茶叶徐徐开展，复原叶形，渗出茶汁，汤色的变化过程，称之为“目品”。3分钟后，揭开杯盖，顿觉芬芳扑鼻而来，精神为之一振，称为“鼻品”。茶汤在舌面上往返流动一两次，品尝茶味和汤中香气后再咽下，此味令人神醉，此谓“口品”。

冲泡中低档花茶，不强调观赏茶胚形态，宜用白瓷杯或茶壶，100℃沸水加盖。

（五）普洱茶冲泡法及品饮

云南普洱茶，泛指云南原思普区用云南大叶种茶树的鲜叶，经杀青、揉捻、晒干而制成的晒青茶，以及用晒青压制成各种规格的紧压茶，如普洱沱茶、普洱方茶、七子饼茶、藏销紧茶、团茶、竹筒茶等。

普洱散茶外形条索肥硕，色泽褐红，呈猪肝色或带灰白色。普洱沱茶，外形呈碗状。普洱方茶呈长方形。七子饼茶形似圆月，七子为“多子、多孙、多富贵”之意。

九道茶主要流行于中国西南地区，以云南昆明一带最为时尚。泡九道茶一般以普洱茶最为常见，多用于家庭接待宾客，所以，又称迎客茶，温文尔雅是饮九道茶的基本方式。因饮茶有九道程序，故名“九道茶”。

一是赏茶。将珍品普洱茶置于小盘，请宾客观形、察色、闻香，并简述普洱茶的文化特点，激发宾客的饮茶情趣。

二是洁具。迎客茶以选用紫砂茶具为上，通常茶壶茶杯、茶盘一色配套。多用开水冲洗，这样既可提高茶具温度，以利茶汁浸出，又可清洁茶具。

三是置茶。一般视壶大小，按 1 g 茶泡 50～60 mL 开水比例将普洱茶投入壶中待泡。

四是泡茶。用刚沸的开水迅速冲入壶内，至三四分满。

五是浸茶。冲泡后，立即加盖，稍加摇动，再静置 5 分钟左右，使茶中可溶物溶解于水。

六是匀茶。启盖后，再向壶内冲入开水，待茶汤浓淡相宜为止。

七是斟茶。将壶中茶汤分别斟入半圆形排列的茶杯中，从左到右，来回斟茶，使各杯茶汤浓淡一致，至八分满为止。

八是敬茶由主人手捧茶盘，按长幼辈分，依次敬茶示礼。

九是品茶。一般是先闻茶香清心，继而将茶汤徐徐送入口中，细细品味，以享饮茶之乐。

五、茶叶的保管与养护

（一）茶叶的特性

茶叶具有较强的吸湿性、陈化性和吸收异味性。

1. 吸湿性

茶叶中含的主要是有机成分，如糖类、蛋白质、茶多酚、果胶质等都是一些亲水性的成分，以及干燥后形成的多孔性组织结构，因此具有很强的吸湿性。贮存时如果湿度过高，吸收空气中的水分超过 10%，就会影响茶叶的质量，水分超过 12%以上时，茶叶就会发软长毛，茶叶的色香味降低，严重时会发生潮霉变质甚至失去饮用价值。

2. 陈化性

茶叶在存放过程中，新茶的香气会慢慢消失，色泽变暗，变深，茶味淡薄，收敛性降低，这种现象叫茶叶陈化。存期越长，陈化的程度越厉害。陈化会使茶叶的品质不断降低。影响茶叶陈化的因素是温度、相对湿度和包装条件。

3. 吸收异味性

茶叶的多孔性组织结构，以及含有吸附性的高分子化合物，使茶叶具有吸收其他异味的特性。茶叶吸收异味后，香气和滋味大大减退，严重时还会失去饮用价值。

（二）茶叶的保管与养护

第一，贮存茶叶的仓库要求清洁、干燥、阴凉、无虫无鼠、门窗要严密，防止日光直接照射。茶叶最好专库存放。防止与其他商品串味和水分转移。库房相对湿度应控制在 70%以下，温度不应超过 30℃。

第二，茶叶入库时要严格检查，如有包装不完善，或受潮霉变、串味、含水量过大的茶叶，均不得入库。茶叶搬运和入库码垛，要特别注意包装不受损坏，并注意卫生防止污染。

第三，掌握先进先出的原则，不要积压时间过长，以防止茶叶陈化。

第四，对贮存的茶叶必须定期抽样检查，一般每月检查一次，雨季要增加检查次数，发现受潮霉变时，要及时处理。

任务引例解析

茶叶可分为红茶类、绿茶类、乌龙茶、花茶类和紧压茶。

【任务设计——茶叶商品质量属性的识别与鉴别实验】

工作实例：

感官识别与鉴别绿茶、红茶、青茶、花茶、紧压茶，分析各种茶叶的品质。

由于茶叶的加工工艺不同，不同种类的茶叶具有不同的特征，通过比较茶叶的干叶，茶汤的气味、滋味、颜色，叶底的香气、外观、颜色，鉴别不同茶叶的种类和质量。

主要仪器和样品：审茶盘、审茶碗、审茶杯、漱口杯；绿茶、红茶、青茶、花茶、紧压茶各若干；开水。

【操作步骤】

第一步：选择绿茶、红茶、青茶、花茶、紧压茶 5 类茶叶中各 3～5 个品种，每个品种选择中档和低档茶叶各一定数量(可根据实际学生人数而定)作为实验样品；

第二步：比较识别绿茶、红茶、青茶、花茶、紧压茶的感观特征；

第三步：比较识别同品种中档和低档茶叶的外观特征，鉴别质量差异；

第四步：结合所学理论，比较分析各品种之间、各档次之间茶叶的相同点和不同点；

第五步：撰写《茶叶商品质量属性的识别与鉴别实验报告》。

任务三　纺织品和服装使用说明的认知

任务引例

服装穿于人体起蔽体、保暖和装饰作用，其同义词有“衣服”和“衣裳”。中国古代称“上衣下裳”。最广义的衣物除了躯干与四肢的遮蔽物之外，还包含了手部(手套)、脚部(鞋子、凉鞋、靴子)与头部(帽子)的遮蔽物。服装又是一种带有工艺性的生活必需品，而且在一定程度上，反映着国家、民族和时代的政治、经济、科学、文化、教育水平以及社会风尚面貌的重要标志。

请问：纺织品和服装都有哪些使用说明？

【知识准备与任务分析】

一、纺织品和服装使用说明概念

国家标准 GB 5296.4 规定了以下概念。

(一) 纺织品

纺织品是指经过纺织、印染或复制等加工、可供直接使用或需进一步加工的纺织工业产品的总称，如纱、线、绳、织物、毛巾、被单、毯子、袜子、台布等。

(二) 服装

服装是指穿于人体起保护和装饰作用的制品。

(三) 使用说明

使用说明是指向使用者传达如何正确、安全使用产品的信息工具。通常以书、标签、标志等形式表达。

(四) 耐久性标签

耐久性标签是指一直附着在产品本身上，并能承受该产品使用说明中规定的使用过程，保持字迹清楚易读的标签。

二、纺织品和服装使用说明的内容

国家标准 GB 5296.4 对纺织品和服装使用说明的内容规定为：制造者的名称和地址、产品名称、产品号型和规格、采用原料的成分和含量、洗涤方法、使用和贮藏条件的注意事项、产品使用期限、产品执行的标准编号、产品质量等级及产品质量检验合格证。下面对几项重要内容进行介绍。

(一) 制造者的名称、地址和产品名称

标准规定了制造者的名称和地址，应标明纺织品和服装制造者经依法登记注册的名称和地址。进口纺织品和服装应用中文标明该产品的原产地(国家或地区)以及代理商或者进口商或者销售商在中国依法登记注册的名称和地址。

产品名称应当标明产品的真实属性，国家标准、行业标准对产品名称有规定的，应采用国家标准、行业标准规定的名称；国家标准、行业标准对产品名称没有规定的，应当使用不会引起消费者误解和混淆的常用名称或者俗名等。

(二) 服装号型

标准规定纺织品的号型或规格的标注应符合国家有关标准、行业标准的规定。服装产品应按 GB/T 1335 的要求。

1. 服装号型的概念。

(1) 号。指人体的身高，以厘米为单位表示，是设计和选购服装长度的依据。

(2) 型。指人体的上体胸围或下体腰围，以厘米为单位表示，是设计和选购服装肥瘦的依据。

(3) 体型。指以人体的上体胸围或下体腰围的差数为依据来划分体型，并将体型分为

四类，体型分类代号分别为 Y、A、B、C，如表 10－1 所示。

表 10－1　　体型分类代号

体　　型	男　　子	女　　子
Y	17～22 cm	19～24 cm
A	12～16 cm	14～18 cm
B	7～11 cm	9～13 cm
C	2～6 cm	4～8 cm

2. 服装号型系列与标志

（1）号型系列。号型系列以各体型中间体为中心，向两边依次递增或递减组成。

身高以 5 cm 分档组成系列，女子 145←160→175，男子 155←170→185；胸围以 4 cm 分档组成系列，女子 72←84→96，男子 76←88→100；腰围以 4 cm、2 cm 分档组成系列，女子 50(52)←62(64)→74(76)，男子 56(58)←68(70)→80(82)。

身高与胸围搭配成 5.4 号型系列；身高与腰围搭配成 5.4、5.2 号型系列。

儿童号型系列，身高 52～80 cm 婴儿，身高以 7 cm 分档，胸围以 4 cm 分档，腰围以 3 cm 分档，分别组成 7.4 和 7.3 系列；身高 80～130 cm 儿童，身高以 10 cm 分档，胸围以 4 cm 分档，腰围以 3 cm 分档，分别组成 10.4 和 10.3 系列；身高 135～155 cm 女童，135～160 cm 男童，身高以 5 cm 分档，胸围以 4 cm 分档，腰围以 3 cm 分档，分别组成 5.4 和 5.3 系列。

（2）服装号型标志。服装上、下分别标明号型。号型表示方法，号与型之间用斜线分开，后接体型分类代号。例如上装 160/84A，其中，160 代表号，84 代表型，A 代表体型类别；下装 160/68A，其中，160 代表号，68 代表型，A 代表体型类别。

（三）采用原料的成分和含量

标准要求应表明产品采用原料的成分名称及其含量。纺织纤维含量的标注应符合 FZ/T 01053 的规定，皮革服装应标明皮革的种类名称，种类名称应符合产品的真实属性，有标准规定的应符合有关国家、行业或企业标准。

由一种类型纤维加工制成的纺织品和服装应符合相应产品标准（国家标准、行业标准）的规定。例如，“100％棉”或“纯棉”，如例 10－1 所示。

例 10－1　100％　棉　或　纯棉

由两种及两种以上的纤维加工制成的纺织品和服装，一般情况下，可按照含量比例递减的顺序，列出每种纤维的通用名称，并在每种纤维名称前，列出该种纤维占产品总体含量的百分率，如例 10－2、例 10－3 所示。

例 10－2
85％　锦纶
15％　粘纤

例 10－3
55％　涤纶
35％　锦纶
10％　粘纤

如果有一种或一种以上纤维的含量不足5%，则按下列方法之一标明其纤维含量：列出该纤维的名称和含量；集中标明为“其他纤维”字样和这些纤维含量的总量；若这些纤维的总量不超过5%，则可不提及，如例10-4、例10-5所示。

例10-4

50%	粘纤
46%	涤纶
4%	羊毛

例10-5

90%	羊毛
10%	其他纤维

由底组织和绒毛组成的纺织品和服装，应标明产品所有纤维含量的百分率，或分别标明绒毛和基布的纤维含量，如例10-6所示。

例10-6

92%	醋纤
4%	氨纶
4%	粘纤

或

96%	醋纤
4%	其他纤维

有衬里的纺织品和服装含有衬里的产品应标明衬里的纤维含量，如例10-7、例10-8、例10-9所示。

例10-7

60%	棉
30%	涤纶
10%	锦纶

例10-8

绒毛	90%	棉
	10%	锦纶
基布	100%	涤纶

例10-9

面料	纯毛	
里料	100%	涤纶

含有填充物的纺织品和服装。含有填充物的产品，应标明填充物的种类和含量。羽绒填充物应标明含绒量和充绒量，如例10-10、例10-11所示。

例10-10

套	65%	涤纶
	35%	棉
填充物	100%	木棉

例10-11

面料	65%	棉
	35%	涤纶
里料	100%	涤纶
填充物	100%	灰鸭绒
含绒量	80%	
充绒量	200 g	

由两种或两种以上不同质地的面料构成单件纺织品和服装，应分别标明每部分面料的纤维名称及含量。如例10-12所示。

例10-12

身	100%	丙纶
袖	100%	锦纶

(四) 纺织品和服装使用说明图形符号

在用GB 8685规定图形符号时，可同时加注与图形符号相对应的简单说明性文字，当图形符号满足不了需要时，可用简练文字予以说明，但不得与图形符号含义的注解并列。纺织品和服装使用说明图形符号以及含义如表10-2所示。

表 10－2　　纺织品和服装使用说明的基本图形符号

序号	名称		图形符号	说明
	中文	英文		
1	水洗	washing	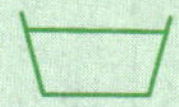	用洗涤槽表示，包括机洗和手洗
2	氯漂	chlonne-based bleaching	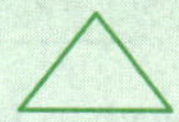	用等边三角形表示
3	熨烫	ironing and pressing		用熨斗表示
4	干洗	dry cleaning		用圆形表示
5	水洗后干燥	drying after washing		用正方形或悬挂的衣服表示

符号应依次按水洗、氯漂、熨烫、干洗、水洗后干燥的顺序排列。

1. 水洗

可水洗（包括手洗、机洗）、手洗（不可机洗）、不可水洗（只可干洗）、不可拧干，如表 10－3 所示。

表 10－3　　使用说明水洗图形符号

编号	图形符号	说明
101		最高水温：95℃ 机械运转：常规 甩干或拧干：常规
102	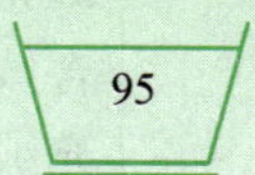	最高水温：95℃ 机械运转：缓和 甩干或拧干：小心
103	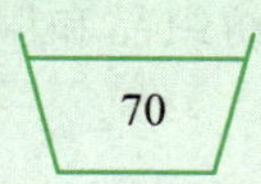	最高水温：70℃ 机械运转：常规 甩干或拧干：常规
104	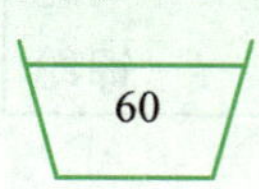	最高水温：60℃ 机械运转：常规 甩干或拧干：常规
105	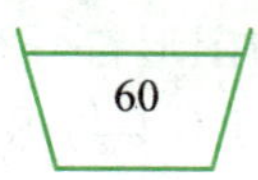	最高水温：60℃ 机械运转：缓和 甩干或拧干：小心

续 表

编　号	图　形　符　号	说　　明
106	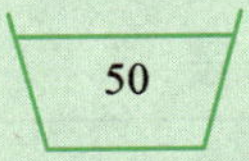	最高水温：50℃ 机械运转：常规 甩干或拧干：常规
107	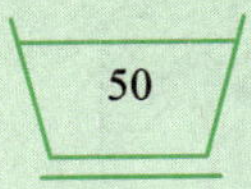	最高水温：50℃ 机械运转：缓和 甩干或拧干：小心
108		最高水温：40℃ 机械运转：常规 甩干或拧干：常规
109	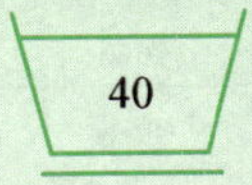	最高水温：40℃ 机械运转：缓和 甩干或拧干：小心
110		最高水温：30℃ 机械运转：常规 甩干或拧干：常规
111		最高水温：30℃ 机械运转：缓和 甩干或拧干：小心
112	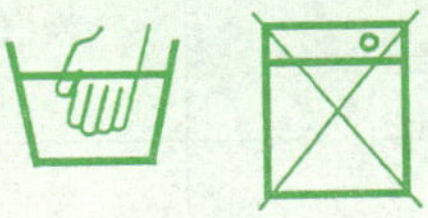	手洗，不可机洗，用手轻轻揉搓、冲洗 最高水温：40℃ 洗涤时间：短
113		不可拧干
114		不可水洗

2. 可氯漂、不可氯漂

可氯漂、不可氯漂的图形符号如表 10－4 所示。

表 10－4　　氯漂图形符号

编　号	图　形　符　号	说　　明
201	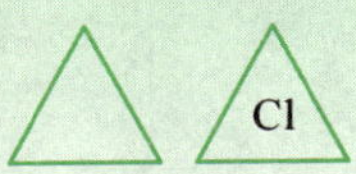	可以氯漂
202	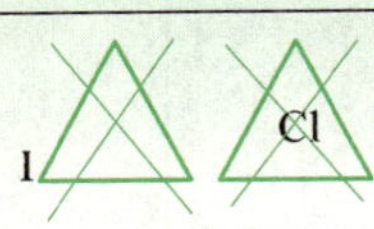	不可氯漂

3. 熨烫

高温烫(200℃)、中温烫(150℃)、低温烫(110℃)、垫布烫、蒸气熨烫、不可熨烫，如表10－5所示。

表10－5　　熨烫图形符号

编　号	图　形　符　号	说　　明
301	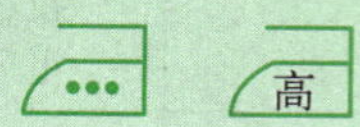	熨斗底板最高温度：200℃
302		熨斗底板最高温度：150℃
303	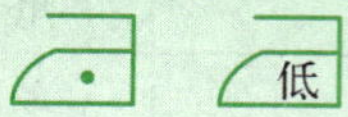	熨斗底板最高温度：110℃
304		垫布熨烫
305		蒸汽熨烫
306		不可熨烫

4. 干洗

可干洗、不可干洗，如表10－6所示。干洗可使用的干洗剂符号A、P、F的关系为：A：三氯乙烯，三氯乙烷；P：四氯乙烯，一氟三氯乙烯；F：三氟三氯乙烷、白酒精。

表10－6　　干洗图形符号

编　号	图　形　符　号	说　　明
401	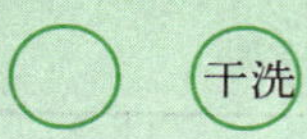	常规干洗
402	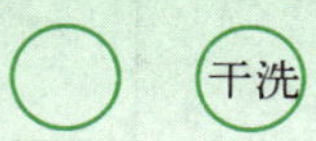	缓和干洗
403		不可干洗

5. 干燥

转笼翻转干燥、不可转笼翻转干燥、悬挂晾干、滴干、平摊干燥、阴干，如为干洗则可省略，如表 10－7 所示。

表 10－7　　水洗后干燥图形符号

编　号	图 形 符 号	说　　明
501		以正方形和内切圆表示转筒翻转干燥
502	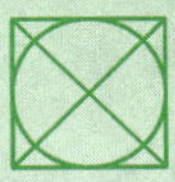	不可转筒翻转干燥
503		悬挂晾干
504		滴干
505		平摊干燥
506		阴干

【做中学 10－3】 各类服装的洗涤标志和标志说明

洗涤标志和标志说明使用，按纺织品性能和要求，选用必需的图形符号。

(1) 棉织物类服装洗涤标志。棉型织物是指以棉纱或棉与棉型化纤混纺纱线织成的织品。棉织物类服装洗涤标志如图 10－1 所示。

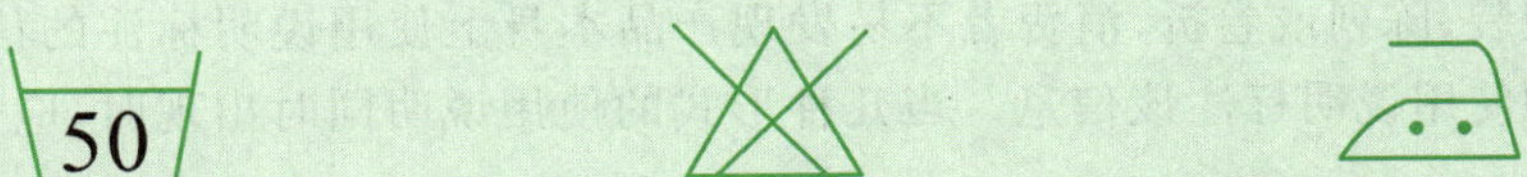

最高水温50℃常规洗涤　　不可氯漂　　底板最高温度150℃反面熨烫

图 10－1　棉织物类服装洗涤标志

(2) 麻织物类服装洗涤标志。麻型织物是指麻纤维（包括苎麻和亚麻）纯纺织物及其混纺或交织物。麻织物类服装洗涤标志如图 10－2 所示。

(3) 丝绸类服装洗涤标志。丝绸是以蚕丝为原料纺织而成的各种丝织物的统称。与棉布一样，它的品种很多，个性各异。它可被用来制作各种服装，尤其适合用来制作女士服装。丝绸类服装洗涤标志如图 10－3 所示。

图 10-2 麻织物类服装洗涤标志

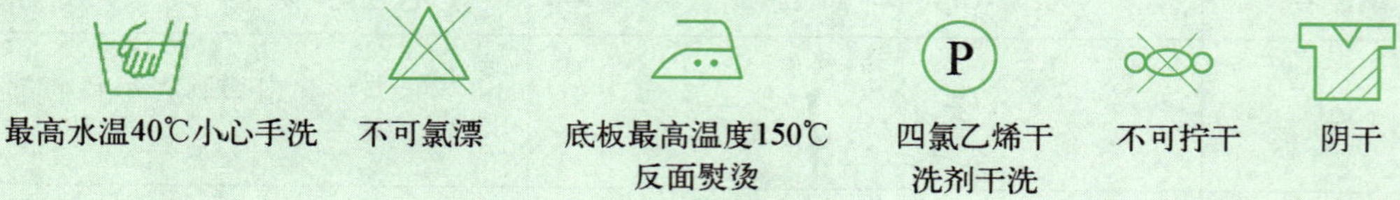

图 10-3 丝绸类服装洗涤标志

（4）毛呢类服装洗涤标志。毛呢俗称呢绒，又叫毛料，它是对用各类羊毛、羊绒织成的织物的泛称。它通常适用于制作礼服、西装、大衣等正规、高档的服装。毛呢类服装洗涤标志如图 10-4 所示。

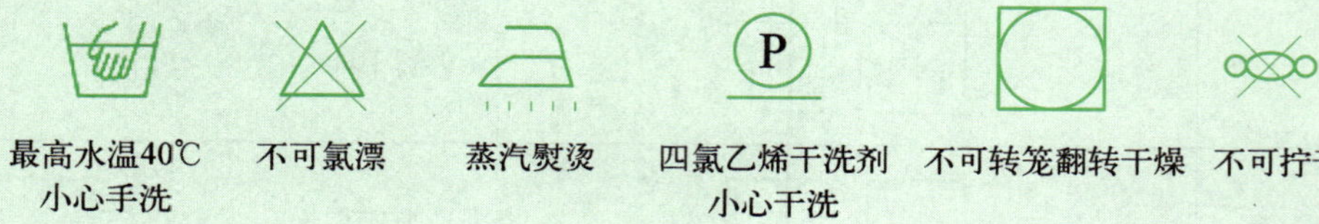

图 10-4 毛呢类服装洗涤标志

（五）使用说明的形式与安放位置

1. 使用说明的形式

使用说明的形式要根据产品的特点采用以下形式：直接印刷或制造在产品本身上；缝合、粘贴或悬挂在产品本身上；直接印刷或粘贴在产品包装上；随同产品提供的资料中。

产品的号型或规格、采用原料的成分和含量、洗涤方法等内容应使用耐久性标签。其中采用原料的成分和含量、洗涤方法易组合标注在一张标签上。如有使用上的限制，如布匹、绒线和缝纫线、袜子等产品，则可不使用耐久性标签。

如产品被袋装、陈列或卷折，消费者不易发现产品本身上使用说明标注的信息，则还应附加其他形式的使用说明标注该信息。当几种形式的使用说明同时出现时，应保证其内容的一致性。

2. 使用说明的安放位置

纺织品和服装的使用说明应附在产品上或包装上的明显部位或相关部位，使用说明应以单件产品或销售单元为单位。耐久性标签应永久性地附在产品本身上，且位置要适宜。

【做中学 10-4】 举例说明纺织品和服装使用说明的安放位置

（1）服装产品的标签位置。服装产品的号型标志或规格等标签一般可缝在后衣领居中。其中大衣、西装等也可缝在门襟的里袋上沿或下沿；裤子、裙子可缝在腰头的里子下沿。

衣衫类产品的原料成分和含量、洗涤方法等标签一般可缝在左摆中下部。裙、裤类产品可缝在腰头的里子下沿或左边裙缝、裤缝上部。

(2) 其他产品的标签位置。围巾、披巾类产品的标签可缝在边角处;领带的标签可缝在背面宽头接缝或窄头接缝处;家用纺织品(桌布、床单、毯子等)上的标签可缝在边角处;布匹的使用说明可将标签或吊牌附着在织物卷包末端上或印刷或织在布匹上;线和缝纫线可标注在吊牌上或线卷、线球和线束的箍带上;袜子可标注在封口签上;特殊工艺产品可根据需要设置。

(六) 基本要求

纺织品和服装使用说明的内容应清晰、简要、醒目。图形、符号应直观、规范。文字、图形、符号的颜色与背景或底色应为对比色。

使用说明所用文字应为国家规定的规范文字。可同时使用相应的汉语拼音、外文或少数民族文字,但汉语拼音和外文的字体大小应不大于相应的汉字。

使用说明应由适当材料和方式制作,在产品使用寿命期内保持清晰易读。

缝制在产品上的标签,所用材料应具有与基础物接近的缩水性。

(七) 其他要求

纺织品和服装使用及贮藏条件的注意事项有因使用不当,容易造成产品本省损坏的产品,应标明使用注意事项。有贮藏要求的产品应简要标明贮藏方法。

需限期使用的产品,应标明生产日期和有效使用期(按年、月、日顺序日期)。

应标明产品执行的国家标准、行业标准或企业标准的编号;产品标准中明确规定质量(品质)登记的产品,应按有关产品标准的规定标明产品质量等级;国内生产的合格产品,每单件产品(销售单元)应有产品出厂质量检验合格证明。

任务引例解析

纺织品和服装的使用说明包括:制造者的名称、地址,产品名称,产品号型和规格,采用原料的成分和含量,洗涤方法,使用和贮藏条件的注意事项,产品使用期限,产品执行的标准编号,产品质量等级及产品质量检验合格证。

【任务设计——纺织品和服装使用说明分析】

工作实例:

选择学校附近的某一服装店,调查分析店内不同品牌、不同款式、不同材料的服装上有关使用说明的名称、类别、表达形式、放置的位置等属性。

【操作步骤】

第一步:选择服装店,选择外衣、内衣各 3～5 品牌的不同款式、不同材料的服装,观察这些服装上有关使用说明的名称、类别、放置的位置等,并做好记录;

第二步:比较识别不同品牌、不同款式、不同材料的服装上有关使用说明的名称、类别、表达形式、放置的位置；

第三步：结合所学理论，比较分析不同品牌、不同款式、不同材料的服装上有关使用说明的名称、类别、表达形式、放置的位置的相同点和不同点；

第四步：撰写《纺织品和服装使用说明分析报告》。

任务四 日用化妆品的认知

任务引例

化妆品既是一个产业也是一种文化，在如今的经济环境下，化妆品是市场上的朝阳产品定位不可撼动。

被称为"美丽经济"的中国化妆品市场，已经取得了前所未有的成就。中国的化妆品市场已成为全世界最大的新兴市场，在短短的几十年里，中国化妆品行业从小到大，由弱到强，从简单粗放到科技领先、集团化经营，全行业形成了一个初具规模、极富生机的产业大军。化妆品企业如雨后春笋般越来越多，名目繁多的化妆品品牌层出不穷，市场竞争愈演愈烈。

请问：化妆品有哪些质量要求？

【知识准备与任务分析】

一、化妆品概述

根据化妆品通用标签(GB 5296.3)中的规定，化妆品是："以涂抹、喷洒或其他类似方法，施于人体表面(如表皮、毛发、指甲、口唇等)起到清洁、保养、美化或消除不良气味作用的产品，该产品对使用部位可以有缓和作用。"

(一) 化妆品的功能

一般来讲，化妆品有以下五种功能。

1. 清洁功能

清洁类用品具有表面活性，易于清除皮肤表面及毛发上的分泌物和污垢，促进皮肤新陈代谢和皮肤膜的更新，维护毛发的正常生长。用后易冲洗，且对皮肤的刺激性极弱，能适用于各种肤质。主要有清洁霜、清洁水、洗面奶、洗发膏、洗发香波、沐浴露等。

2. 保护功能

化妆品可以保护面部、皮肤以及毛发的柔软光滑，抵御风寒、日晒。护肤(发)性化妆品具有比较强的渗透性，容易被皮肤吸收，从而滋润保护皮肤，使皮肤富有弹性。即使留在皮肤表面的一层脂肪性薄膜，可以防止皮肤水分过量地挥发，抑制皮肤的粗糙皲裂。防晒性化妆品还能防止紫外线对皮肤的直接伤害，抑制黑色素形成，保持皮肤白嫩红润。护发性化妆品除能使头发光亮油润而不脆断外，还具有使头发蓬松飘逸和保持发型优美等作用。根据其组成可分为两类：

(1) 油基性：油基性化妆品由于油脂含量高，搽用后皮肤(头发)油润而光洁，宜于秋冬季使用，适用于干性皮肤和中老年人。主要有冷霜、香脂、美容霜、柠檬霜、润面油、防裂膏、防晒膏、凡士林及发乳、发油、发蜡等发用化妆品。

(2) 水基性：水基性化妆品因其含水量高，搽用后水分蒸发，皮肤表面留有极薄的脂肪物，滋润而不黏腻，宜于春夏季使用，尤其适于油性皮肤和青年人。主要有雪花膏、奶液、香粉蜜、柠檬蜜、粉底霜、润肤霜、面油、美容水等。

3. 营养功能

含有营养物质的化妆品可以增加皮肤组织活力，保持角质层含水量，促进毛发生机。营养性化妆品含有易于被皮肤吸收的氨基素、维生素等多种营养成分。除具有保护皮肤作用外，还可供营养素和酸性物质，能促进皮肤细胞的分裂，保持旺盛的新陈代谢，延缓皮肤衰老，使皮肤洁白细嫩而富有弹性。主要有人参霜、珍珠霜、蜂皇霜、营养面膜、胎盘霜等。

4. 美化功能

化妆品都具有令人愉快的芳香气味，能修饰人体，给人以容貌整洁、卫生的好感，并有益于身体健康。修饰性化妆品主要利用其遮盖力、染色力而修饰人的五官及面部；利用其杀菌、抑制不良气味的作用而增加人体的芳香气味；利用其促进人体脂肪分解与合成而美化人的面形和体形等。主要有香水、粉饼、香粉、香粉纸、胭脂、唇膏、睫毛油、眼影膏、眼线膏、发胶、染发剂、卷发剂、指甲油、亮甲油、洗甲水、眉笔等。

5. 治疗功能

含有药物的化妆品可以促进皮、毛的新陈代谢，对某些影响美容的皮肤缺陷有改进作用。药用、卫生类化妆品是在一般化妆品的基质中，加入一定量的能治疗皮肤病和增进皮肤美感的药物而制成的。它具有护肤、治疗皮肤病和增进皮肤美感的多重作用，其药理作用是通过皮肤对药物的吸收及药剂的渗透性，与皮下组织结合而调节皮肤生理机能，可以抑制过多体液分泌，并利用药物的疗效，达到治疗皮肤病和美容皮肤的目的。包括防皱霜、祛斑霜、粉刺霜、花露水、爽身粉、香雾、痱子粉、痱子水、止痒水、祛狐臭剂等。

(二) 化妆品的分类与主要成分

1. 化妆品的分类

(1) 按使用目的分类。按使用目的分为清洁类化妆品、护肤(发)品、营养性化妆品、美容化妆品、疗效化妆品。

(2) 按使用部位分类。按使用的部位分为皮肤用化妆品、美容化妆品、发用化妆品、特殊用途化妆品。

(3) 按剂型分类。按剂型分为液体化妆品、乳液、膏霜类、粉类、块状、棒状、疗效类。

(4) 按年龄分类。按年龄分为婴儿用化妆品、少年用化妆品、成人用化妆品。

(5) 按生产过程结合产品特点分类。按生产过程结合产品特点可分为：乳剂类、粉类、美容类、香水类、香波类、美发类。

2. 化妆品的主要成分

化妆品是由基质加上其他如抗氧化剂、防腐剂、乳化剂、保湿剂、皮肤渗透剂等组成。

(1) 基质原料主要是油性原料，包括油脂类、蜡类、碳氢化合物以及组成这些成分的高级脂肪酸、高级醇类。

(2) 为了防止化妆品的油脂、蜡、烃类等油性成分接触空气中的氧,发生氧化作用,产生过氧化物、醛、酸等,使化妆品变色、酸败、质量下降,需要在化妆品中添加抗氧化剂和防腐剂。

(3) 化妆品中常用的乳化剂,主要是离子型和非离子型两种活性物,既有亲水性,又有亲油性。

(4) 保湿剂有甘油、丙二醇、山梨醇、乳酸钠等。

(5) 此外可适量加用皮肤渗透剂,如氮酮,可帮助皮肤吸收。

二、化妆品的种类及特点

(一) 发用类化妆品

1. 洗发香波

洗发香波就是通常所说的洗发液,也有标注洗发水或洗发露。香波是外来语“shampoo”的音译,它一方面能清洁人的头皮和头发上的污垢,另一方面由于引入护发的功效,而使头发易梳理,起到调理、护理、保持头发美观的作用。

常见的香波主要有外观为透明均匀、有一定黏度的透明洗发香波和外观为乳白色或其他不同色泽带珠光的珠光香波。香波主要是由洗涤剂、辅助洗涤剂和添加剂组成。

对洗发香波的要求是: ① 无毒性,安全性高,既能起到洗涤清洁作用,又不能使头皮过分脱脂,性质温和,对眼睛、头发、头皮无刺激(儿童使用香波更应具有温和的去污作用,不刺激眼睛、头发和头皮),使洗后的头发蓬松、爽洁、光亮、柔软。② 泡沫丰富、细腻、持久。③ 易于清洗,无黏腻感,能减少毛发上的静电,使头发柔顺易于梳理。④ 产品的 pH 适中,对头发和头皮不造成损伤。⑤ 如果是特殊作用的香波还应具有特定的功效。⑥ 有令人愉快的香味。

2. 护发素

护发素一般与香波成对使用,洗发后将适量护发素均匀涂抹在头发上,轻揉 1 分钟左右,再用清水漂洗干净,故也有人称其为漂洗护发剂,属于发用化妆品。

护发素从外观形态上分为透明型和乳液型两种。洗发香波是以阴离子、非离子表面活性剂为主要原料提供去污和泡沫作用,而护发素的主要原料是阳离子表面活性剂。香波洗净头发后,再使用护发素,它可以中和残留在头发表面带阴离子的分子,形成单分子膜,而使缠结的头发顺服,易于梳理。

3. 发乳

发乳是一种乳状液,它的主要成分是油脂、水和乳化剂等。使用发乳可使头发柔软、润湿、光泽自然,易于梳理成型。为了减少头皮屑和防止脱发,可以在发乳中加入药物,就成为药物性发乳。

发乳根据不同工艺可以分为两种类型: 一种是水包油型发乳;另一种是油包水型发乳。水包油型发乳,水含量多,它使头发光亮而不油腻,可保持头发水分,增加头发光亮效果,定型性好;油包水型发乳,油含量高,施于头发上光亮持久,略有油腻感,头发成型效果差,这种发乳如果制作不当,发乳易分相,渗出水或油。

4. 发型定型凝胶

凝胶常见的有啫喱膏和啫喱水。

啫喱膏也叫定型凝胶，外观为透明非流动性或半流动性凝胶体。使用时，直接涂抹在湿发或干发上，在头发上形成一层透明胶膜，直接梳理成型或用电吹风辅助梳理成型，具有一定的定型固发作用，使头发湿润，有光泽。

啫喱水也称发用定型凝胶水或发用啫喱水定型液。这类产品的组成与发用凝胶相似，主要有成膜剂、调理剂、稀释剂及其他添加剂等，根据产品黏度的需要，在使用量上有所不同。啫喱水的外观是透明流动的液体，使用气压泵将瓶中的液体泵喷雾到头发上，或挤压于手上，涂在头发所需部位，成膜，起到定型、保湿、调理并赋予头发光泽的作用，如果使用电吹风还可以加快定型。

5. 染发剂

染发剂是指能够改变头发颜色的化妆品，可将头发染成色彩各异深浅不同的颜色。我国染发产品被定义为特殊用途化妆品。所谓特殊用途就是其作用介于药品和化妆品之间，在我国将其纳入化妆品法规管理。

染发产品依据其染发色泽持续时间的长短、牢固度可分为暂时性染发剂、半持久性染发剂和持久性染发剂。

持久性染发剂还包括天然植物染发剂和金属盐类染发剂。

天然植物染发剂的染发原料主要是从植物中提取的有机物质，毒性低，虽然染发效果有一定的局限性，但由于刺激性较小也受到一些人的欢迎。

金属盐类染发剂是一种渐进式的染发产品，常用的金属染发原料是醋酸铅。该类产品染发时不能即时见效，要经多次使用才可使头发着色逐步变深，达到需要的颜色后，色调保持与持久性染发相近。

染发产品的安全性极为重要，染发剂中一些染料的使用有可能对皮肤产生过敏作用。我国颁发的化妆品卫生标准和卫生规范中已明确规定了使用范围、要求及必要的说明等。

6. 烫发剂

头发是由角蛋白组成，其中胱氨酸二硫键有两种形态，一般情况下为α-角朊，头发呈直发，若将α-角朊转变成β-角朊，则头发卷曲，烫发用品就是将直发变为卷发的日用化学品。

烫发剂用品还可加入调理剂和营养剂，以提高烫发剂的档次。

(二) 皮肤用类化妆品

1. 洁面乳、霜

清洁面部的日用化学品是极为重要的化妆品，它的主要作用是清洁面部的尘垢、油污、皮肤代谢物等。从外观状态来看，它有液状洗面奶、膏状清洁霜、粉状洗面粉等。

洁肤产品的作用机理：一是利用其有效成分除掉水洗不干净的、附在皮肤表面上的皮脂及老化的角质细胞以及汗液和化妆品留下的残脂余粉及污垢等；二是利用摩擦或溶解方式祛除死亡的角质细胞以及不溶于水的油脂物质。

2. 面膜

面膜为一种新型的面部化妆品，它的主要作用有四个方面：一是清洁作用，面膜可黏附皮肤毛孔中的尘土、油垢等；二是减轻皮肤皱纹，由于面膜在面部干燥时，有一股紧绷的力将皱纹拉平；三是营养作用，面膜中加入水解蛋白及其他营养物质，营养物质慢慢渗入皮肤中；四是对皮肤有漂白和治疗作用，面膜中加入药物使其渗入皮肤中发挥其治疗作用。根据面膜外观形态不同分为乳状、液状、胶状和粉状，不同的面膜材料也不同。

所有各种类型面膜都要注意不要碰到眼睛，以防面膜材料对眼睛的刺激。

3. 润肤霜

润肤霜大致可分为水分及油分配方(部分产品更同时具有两种配方)。前者在水分配方中包含很多细小的油分粒子，所以性质较为清爽；后者的水分粒子则锁在油分之内，涂抹后皮肤感觉更滋润。水分可为皮肤保湿，而油分则可帮助锁紧皮肤水分。

一般的润肤霜都可发挥保湿、防止皮肤老化等作用，而在润肤霜中加入营养滋补物质之后，不仅有益于皮肤的某些功能，还进一步增加和加速了所含营养物质的吸收。人的皮肤除了干性、油性及中性外，还会随着年龄的增长以及环境的不同有所变化。因此，在选择营养型润肤霜时，必须考虑皮肤的性质和特点。

润肤霜是用于皮肤的化妆品。主要原材料是油、脂、蜡、保湿剂、润肤剂、水和阴离子、非离子表面活性剂。在此基础上，还可以添加多种营养物，派生出多姿多彩的润肤护肤化妆品。

4. 防晒护肤品

防晒护肤品是指具有吸收紫外线作用，减轻因日晒而引起皮肤损伤的化妆品。防晒化妆品有液状、膏状、棒状，气溶胶状。它的主要成分是防晒剂、油脂、蜡和表面活性剂，最主要的是防晒剂。紫外光吸收剂作为防晒剂，它的作用是吸收一定波长的紫外光把它转化为无害的辐射热。要求紫外光吸收剂的稳定性好，无色无臭，低毒或无毒，对皮肤无刺激。除了加入紫外光吸收剂外，有的配方中加入二氧化钛、油脂和蜡，它们在皮肤上形成防晒膜，可以防止紫外线的伤害。

5. 美白护肤品

通常的美白护肤品有两种：一种是在油/水(O/W)型乳膏基质中加入表面看起来具有显著美白作用的原料成分，如钛白粉、氧化锌等，膏体的特点是粉料多、甘油多，使用后可以遮盖皮肤表面瑕疵，在原有肤色表面上暂时增白而收到立竿见影的效果，如市场上直接称为“增白”的遮盖型产品。

另一种美白护肤品是根据体内黑色素形成的机制，影响因素等添加各种不同美白功效成分如维生素及其衍生物、曲酸及其衍生物、中草药及其提取物、果酸等，以降低细胞中黑色素的形成能力，抑制酪氨酸酶的活性、促进表皮细胞更新，使新生的色素细胞变淡。这种美白产品使用后不是立即见效，而是逐渐通过其内在的活性成分持续发挥作用而使皮肤色斑淡化，达到自然的美白，也称“美白祛斑”，是用于减轻或祛除面部皮肤表皮色素沉着的化妆品。属于特殊用途化妆品的管理范畴。

(三) 美化类化妆品

1. 粉

它包括香粉、粉饼、爽身粉等。它们的主要原料是高岭土、滑石粉、碳酸盐、硬脂酸盐、二氧化钛、色素和香精等。

粉类化妆品具有共同的特性，一是滑爽性，为了保证滑爽，一般使滑石粉用量在配方中超过50%；二是黏附性，采用硬脂酸盐作为黏附剂用量是5%～15%；三是吸收性，采用吸油、吸水性好的碳酸镁、碳酸钙，在配方中用量不超过15%；四是粉类制品都具有遮盖性，它可以遮盖黄褐斑和瑕疵，遮盖剂用氧化锌，用量为15%～25%，但氧化锌对防止皮肤干燥及对皮肤的遮盖性不如二氧化钛，因此遮盖要求高时，与二氧化钛复配使用。

2. 唇膏

唇膏是用来点敷嘴唇，使其具有健康、美丽色彩的化妆品，颜色有多种，有明快及暗色色调。根据不同肤色、年龄、时间（早或晚）等条件进行选用。

制作唇膏的主要原料有油、脂、蜡和着色剂、防腐剂、抗氧剂、香精等。其中油、脂、蜡是唇膏的基体原料，使唇膏具有不同的特性，如对染料的溶解性、成锭状膏的硬度、触变性、成膜性、熔点等。使唇膏经受住温度的变化，天热膏体不软不熔，天寒不硬不断，涂敷在唇上能成均匀的薄膜，润滑而有光泽。另一主要原料是着色剂，由于唇膏涂敷于口唇，和口腔密切接触，因此唇膏中应用的着色剂应按我国化妆品卫生规范关于可用色素的规定执行。

唇膏中使用的香精其香气要能遮盖口红膏体的油蜡味，不可对嘴唇皮肤有刺激性，一般选用食品级香精。

3. 香水

香水是重要的化妆品，包括普通香水、科隆（古龙）香水、花露水等，这类化妆品是以香精为主要原料，以乙醇溶液作为基质的透明液体。

香水的主要原料是香精、酒精、蒸馏水及极少量的螯合剂、表面活性剂、色素等添加剂。

香水中的香精用量较高，一般为15%～25%，留香时间为6～8 h或更长一些，大多数的高档香水即属这一范围，其特点是香味醇和、韵味悠长；淡香水香精用量可为7%～10%，留香时间为5～6 h，其特点是清淡明快。酒精是香精的溶剂，其浓度在90%～95%。香水的香气是靠人体的温度来散发的，一般香水的使用方法是直接点状涂抹或雾状喷洒方式进行。

科隆香水又称古龙水，是男性所用的香水类化妆品。古龙水含香精较少，传统的古龙水香精含量仅为1%～3%，与一般香水比较香味较淡，留香时间短，3小时左右。一般古龙水的香精中含有香柠檬油、甜橙油、薰衣草油、橙花油、迷迭香油等，流行较多的是柑橘、柠檬、迷迭香等香型，具有清新、爽快的香气。

花露水是一般家庭必备的夏令卫生用品，其主要成分仍是酒精、蒸馏水（或去离子水）和香精，添加极少量的螯合剂、抗氧化剂、色素等，一些产品还辅以微量中药成分，如金银花、麝香、牛黄等，使其具有特定的功效作用。花露水的香精用量一般为2%～5%，酒精浓度为70%～75%，此浓度下的酒精极易渗入细菌的细胞膜而达到杀菌的目的。

以上几种香水类化妆品都用乙醇作为溶剂，乙醇闪点低（12.78℃），使用和存放要注意安全。

4. 指甲油

指甲化妆品的作用有美化指甲、促进指甲生长、指甲抛光、指甲的接长等功能。根据上述功能它的品种有指甲油、指甲调理剂、指甲生长促进剂、指甲抛光剂、指甲接长剂。常见的品种为指甲油。

指甲油主要成分是成膜物质和颜料，常用树脂为天然乳胶、聚乙烯醇、丙烯酸树脂等，溶剂主要是乙酸丁酯、甲苯等。指甲油去除剂是有机溶剂和高级脂肪酸和脂肪醇的混合物。

三、化妆品的质量要求

(一) 感官质量要求

化妆品的感官质量要求主要是对其色泽、组织形态、气味和包装装潢的具体要求，也是人们日常经营和消费者挑选化妆品时进行感官检验的主要指标。

色泽：无色固状、粉状、膏乳状化妆品应洁白有光泽，液状应清澈透明；有色化妆品应色泽纯正均匀，无变色、无杂色。

组织形态：固态状的化妆品的软硬度要求适宜；粉状化妆品应粉质细腻、滑爽，无粗粒或硬块；膏乳状化妆品应稠度适当，质地细腻，不得有发稀、结块、剧烈干缩和分离出水等现象；液状化妆品应清澈、均匀，无沉淀、颗粒等。

气味：化妆品必须具有幽雅芬芳的香气，可根据品种、档次不同呈不同的香型，但必须郁香持久，不得有强烈的刺激性和异味。

包装装潢：化妆品的包装应整洁、美观，封口严密，商标、装饰图案、文字说明应清晰，色泽鲜艳，配色协调。

(二) 理化及微生物的质量要求

化妆品的理化及微生物质量要求主要是对其物理性能、主要成分，着色剂的限定，有害成分限量和微生物含量的限定。这也是评价化妆品质量优劣的重要指标。

1. 耐温性、干缩度

耐温性是指化妆品经受高温、低温变化后，能保持原组织状态的性能。

干缩度是指化妆品经存放后，因水分蒸发所失去的重量与原重量的百分比。

2. 化妆品所用原料的限定

所用的原料必须保证不对人体造成严重伤害。对不同类型的化妆品所禁止使用的原料及限定使用的着色剂《中国化妆品卫生管理条例》都作了详细规定。

3. 化妆品一般卫生要求

化妆品卫生标准 GB 7916 规定：化妆品必须外观良好，不得有异臭；化妆品不得对皮肤和黏膜产生刺激和损伤作用；化妆品必须无感染性，使用安全。

4. 化妆品的微生物学质量要求

化妆品的微生物学质量应符合下述规定：眼部、口唇、口腔黏膜用化妆品以及婴儿和儿童用化妆品细菌总数不得大于 500 个/mL 或 500 个/g；其他化妆品细菌总数不得大于 1 000 个/mL 或 1 000 个/g；每克或每毫升的产品中不得检出大肠菌群、绿脓杆菌和金黄色葡萄球菌。

5. 化妆品中所含有毒物质

化妆品中汞、铅、砷、甲醇的重量限定为：汞$\leqslant 70\times10^{-6}$；铅$\leqslant 40\times10^{-6}$；砷$\leqslant 10\times10^{-6}$；甲醇$\leqslant$0.2%。

四、化妆品的保管养护

化妆品属于易变质、易损耗商品，因而在保管运输中应注意以下几点，以保证其质量。

第一，在保管时，应控制好库房温、湿度，要求库房阴凉、干爽、通风，适宜温度为 5～30℃，相对湿度以不超过 80%为宜。

第二，在堆放时，码垛不宜过高，切勿倒置或斜放，并远离热源、火源。

第三，库存时，应经常检查有无干缩、结冻、渗油、污染、发霉和破损等现象，一经发现应及时采取补救措施。

第四，在运输时，应注意防淋、防压、防震，必须轻装轻卸。易结冻的品种，严冬季节不宜调运。

任务引例解析

化妆品的质量要求包括感官质量要求和理化及微生物的质量要求。

【任务设计——日用化妆品的识别与分析】

工作实例：

选择学校附近的某一百货店，调查分析店内不同品牌、不同功能的化妆品的包装上有关化妆品的名称、功能、成分、使用方法、注意事项、贮存方法、执行标准等属性。

【操作步骤】

第一步：选择百货店，选择 3～5 个品牌的清洁、保护、营养、美化类化妆品若干，观察这些化妆品的包装上有关化妆品的名称、功能、成分、使用方法、注意事项、贮存方法、执行标准等，并做好记录；

第二步：比较识别不同品牌、不同功能的化妆品的包装上有关化妆品的名称、功能、成分、使用方法、注意事项、贮存方法、执行标准等；

第三步：结合所学理论，比较分析不同品牌、不同功能的化妆品的包装上有关化妆品的名称、功能、成分、使用方法、注意事项、贮存方法、执行标准等的相同点和不同点。

第四步：撰写《日用化妆品分析报告》。

任务五 宝玉石及首饰的认知

任务引例

福建省宝玉石协会进行 2013 年珠宝玉石首饰消费维权活动。福州市民如果怀疑手中的珠宝首饰有质量问题，可在 3 月 15 日当天到福州 4 个鉴定机构进行免费检测。若首饰有质量问题且在福建省宝玉石协会会员单位购买、单笔 3 万元以下的，将由福建省宝玉石协会先行赔付。超过 3 万元的，由协会派专人全程协助投诉和索赔。

“先行赔付”不仅可以有效维护消费者合法权益，更重要的是它能够警示珠宝行业企业严格把好质量关，确保福建省珠宝商家出厂或上柜珠宝首饰质量符合国家相关标准。

从往年在“3·15”期间举行的珠宝玉石免费鉴定活动看，每年都发现有消费者花大价钱购买的珠宝首饰实际上是假货，存在钯金充当铂金、B货翡翠冒充A货翡翠、钻石鉴定书证是假的、印记不规范等问题。其中，多数消费者手中的问题珠宝首饰并不是在省内金店购买，而是在省外、国外或是一些旅游景点及购物网站购买的。

（资料来源：www.jewelchina.com，《福建将进行珠宝玉石首饰消费维权活动》，引文有删减）

请问：首饰如何分类？

【知识准备与任务分析】

一、宝玉石概述

随着人类社会的不断进步，对宝石和玉石的认识也在不断的深入，无论宝玉石的内涵还是外延都有了更多的扩展。

（一）宝石和玉石

宝石的广义概念是泛指所有经过琢磨、雕刻后可以成为首饰或工艺品的材料，它包括了天然宝玉石与人工宝石等。宝石的狭义概念是指那些自然界产出的、具有美观、耐久、稀少且可琢磨、雕刻成首饰或工艺品的矿物单晶体。

玉石主要指的是那些自然界产出的、具有美观、耐久、稀少和工艺价值的单矿物或多矿物集合体。

（二）宝玉石的分类

宝玉石分类是在揭示宝玉石固有的自然属性、物理化学特征及演变规律的基础上，用科学、合理的方法制定出来的。国家标准《珠宝玉石名称》(GB/T 16552)规定了我国目前使用的宝玉石分类方案，具体划分如图10-5所示。

- 珠宝玉石（宝石）
  - 天然珠宝玉石
    - 天然宝石
    - 天然玉石
    - 天然有机宝石
  - 人工宝石
    - 合成宝石
    - 人造宝石
    - 拼合宝石
    - 再造宝石

图10-5 宝玉石分类

这一分类方法主要是以宝玉石的成因类型来划分的。宝玉石的分类还可按其价值与价格分为高档宝玉石、中档宝玉石和低档宝玉石；按其产出量可分为常见宝玉石、少见宝玉石和罕见宝玉石。

（三）宝玉石的命名

1. 宝玉石的命名方法

宝玉石的命名方法及考虑因素是多种多样的，一般是根据宝玉石的颜色、特殊光学效应、产地、矿物岩石名称、传统名称、人名、译音、生产方法及生产工艺等来加以命名。

（1）根据颜色命名。如红宝石、蓝宝石、祖母绿、羊脂白玉等。

（2）根据特殊光学效应命名。如猫眼、星光红宝石、星光蓝宝石等。

(3) 根据产地命名。如岫岩玉、坦桑石、贵翠等。

(4) 根据矿物或岩石的名称命名。如尖晶石、绿柱石、石榴子石、青金岩等。

(5) 根据传统名称命名。如翡翠、琥珀等。

(6) 根据人名命名。如亚历山大石(变石)等。

(7) 根据译音命名。如欧泊、托帕石等。

2. 宝玉石的命名原则

根据国家珠宝玉石名称标准的有关规定及国际珠宝界的惯例,天然宝玉石材料在命名时,以矿物、岩石名称及部分传统名称作为定名的基本名称。在天然宝玉石基本名称前无须加“天然”二字,如金绿宝石、红宝石、翡翠等。对具特殊光学效应的宝玉石,在定名时直接将某种特殊光学效应置于宝玉石种属名称前后,如星光红宝石、星光石榴子石、石英猫眼等。

人工宝玉石在定名时,应在相应的宝玉石材料前后加以“合成”“人造”“再造”“拼合石”等字样,以示与天然宝玉石的区别,如合成红宝石、人造钇铝榴石、再造琥珀、玻璃石榴子石拼合石等。

对优化处理的宝玉石,其定名原则为:① 经优化的宝玉石,定名时直接使用珠宝玉石原名称,优化方法可不附注说明;② 经处理的宝玉石,定名时则要求在珠宝玉石基本名称后用括号标出“处理”二字,如经扩散处理而使颜色变蓝的蓝宝石,应定名为“蓝宝石(处理)”。

二、宝石的种类及特点

(一) 钻石及其特点

钻石是珍贵宝石中唯一以明亮展现其魅力的宝石。通常,我们把钻石以外的其他宝石称为有色宝石。在我国,钻石的矿物名称为“金刚石”。

1. 钻石的化学成分

钻石是元素 C 在高温高压下形成的高品质晶体。在钻石晶体中,多少都带有一些不纯的物质,其中 N、B、Al 的含量与钻石的性质关系很大,是钻石分类的依据。

另外,在钻石晶体中往往还存在一些包裹体,常见的包裹体有:石墨、硫化物、橄榄石、斜方辉石、单斜辉石、石榴子石、铬铁矿、蓝晶石、刚玉、红柱石、柯石英、云母、长石、角闪石、钛铁矿、锆石、磁铁矿以及钻石等。

2. 钻石的品质评价

流通领域的钻石主要是已镶嵌的钻石,镶嵌钻石的品质评价方法与未镶嵌钻石的品质评价方法相似,由于戒圈对净度和颜色的影响,得到的应是一种参考级别。

钻石的品质评价遵循 4C 原则。所谓 4C 是指颜色(color)、净度(clarity)、切工(cut)、质量(carat weight)。4C 法则对钻石的品质、稀有性进行了准确的评定,同时 4C 原则也是判断钻石价值的最好的依据。钻石品质上的分毫之差往往会造成价格上的极大不同。

(1) 质量(克拉)。镶嵌钻石中裸钻质量的大小大多被直接标在金属托架上。珠宝界习惯用“ct”(克拉),来表示钻石的质量。

1 ct=0.2 g=0.000 2 kg,1 ct 还被分为 100 份,每份以“分”(point)来计算。

“分”相当于 1 ct 的 1/100,大约是 1 盎司的 1/14 000,1 kg 的 1/50 万,实际称重时要求天平精确度为 0.000 1 g。

(2) 镶嵌钻石的颜色分级。镶嵌钻石的颜色级别与裸钻相同,即对无色-微黄系列的钻石进行颜色分级,分 D、E、F、G、H、I、J、K、L、M、N、＜N 共 12 个级别。

准确的颜色级别须在实验室条件下才能确定。一般来讲 D 色钻石给人清澈透亮如冰的感觉,有时甚至可有一些蓝莹莹的色彩;而 E、F 两色的钻石仅给人如冰的感觉,但已无 D 色的透彻之感;G、H、I、J 色钻石在冠部观察,一般给人无色的感觉,而从亭部观察时已可感到稍带浅黄色;K、L、M 色钻石,不管从冠部还是从亭部都已能感到淡淡的黄色;N 级以后的钻石可感到明显的黄色。

(3) 镶嵌钻石的净度级别。镶嵌钻石通常只能从冠部来观察它的净度特征,钻石边缘部位的瑕疵有可能被金属托架所掩盖,因此镶嵌钻石的净度只分 LC、VVS、VS、SI、P 五个大级,每个大级不再细分小级。

LC:无瑕级。专业分级师在 10× 放大镜下观察不到内外部瑕疵,国内市场中的镶嵌钻石很少见到 LC 级。

VVS:极微瑕级。钻石有极微小的瑕疵,专业分级师在 10× 放大镜下很难发现。比较典型的瑕疵(或称内含物)可有像针尖一样大小的浅色点状物,犹如玻璃表面的一个灰尘点。

VS:微瑕级。钻石有少量微小的瑕疵,专业分级师在 10× 放大镜下,较易看到直至难以看到,而对于没经过训练的人,或眼睛视力不太好的人则很难观察到。比较典型的瑕疵为一群针点状物、比针点稍大些的包裹体、少量云状物等。

SI:有瑕级。钻石有较明显的瑕疵,专业分级师在 10× 放大镜下比较容易看到,一些未经训练的视力较好者稍经点拨也有可能在 10× 放大镜下观察到,如一些细小的晶体包裹体、黑色包裹体、细小的羽裂纹等。但这些瑕疵对钻石的透明度、美观等都无明显影响。

P:重瑕级。钻石有明显的瑕疵,肉眼可见。典型的瑕疵可有大的羽状纹或深色包裹体等,这些瑕疵或多或少影响了钻石的美观,严重者将影响到钻石的耐久性。

(4) 镶嵌钻石的切工测量。镶嵌钻石的切工测量仅强调台宽比和亭深比两项,具体的测量方法与裸钻相同,须在实验室中完成。

人们也可以凭经验肉眼估测钻石的切工质量,具体观察时将钻石台面向上,并转动钻石,观察钻石表面的亮度及火彩。一般来讲,切工比例好的钻石表面明亮,火彩适中,光芒耀眼。

(二) 常见彩色宝石的种类及其特点

珠宝界习惯将钻石以外的所有宝石称为彩色宝石,其中包括各种有色的宝石,也包括白色、黑色的宝石。

1. 彩色宝石的属性

彩色宝石的属性是指颜色、透明度、光泽、特殊光学效应等。

(1) 颜色。彩色宝石有丰富的颜色,这些纯正、艳丽、多姿多彩的颜色本身就会给人以美感。而宝石的颜色美更在于色彩给予购买者的思维联想及情感触动。一粒小小的祖母绿可以使人想起青翠欲滴的嫩叶,一粒小小的紫水晶可以使人联想到秋天的葡萄,籽粒饱满,晶莹剔透。这些丰富的联想会给人一种精神上的享受。

(2) 透明度。彩色宝石一般情况下不可能达到完全透明,如果太透明了其颜色就会变浅;而完全不透明颜色就会显得呆板。当彩色宝石具有一定的透明度时,其色彩就会变得亮丽鲜活，光通过不同的刻面将宝石的颜色反射上来，使本来单一的色彩产生一种色调浓淡的变化。

(3) 光泽。光泽是宝石表面反光的能力，对于不透明的彩色宝石来讲，其表面的强光泽将变得十分重要。完全不透明的彩色宝石给人一种沉闷、无生气的感觉，但是当宝石具有较高的折射率并且抛光良好时，其表面就会有较强的光泽，光泽会使宝石的颜色显得明亮而生动。

(4) 特殊光学效应。特殊的光学效应给彩色宝石增加一种神秘色彩。如游弋摆动的眼线和转动自如的六射星光等。

2. *红宝石和蓝宝石*(Ruby and Sapphire)

红宝石和蓝宝石是人们非常珍爱的宝石品种，它们均被列入世界五大名贵宝石之内。红宝石和蓝宝石是矿物—刚玉的两个不同宝石品种。红宝石是指所有红色色调的刚玉宝石，而蓝宝石则是指除了红色系列以外的所有颜色的刚玉宝石。

(1) 红、蓝宝石的主要特征。红宝石和蓝宝石的化学成分为铝的氧化物，分子式为 Al_2O_3，可含有 Fe、Ti、Cr、Mn、V 等微量元素。

红宝石、蓝宝石的颜色十分丰富，有各种红色色调(红、粉红、橙红、紫红、褐红等)，各种蓝色色调(蓝、天蓝、蓝绿等)以及绿、黄、橙、褐、灰、黑、无色等；透明至不透明，玻璃光泽至亚金刚光泽；摩氏硬度为 9；具有多色性，转动红宝石或蓝宝石时常可感到颜色的变化，用二色镜观察时可以清楚地看到窗口处的两种颜色；红宝石具荧光效应，在强太阳光下红宝石的颜色会更加明亮艳丽；红宝石、蓝宝石都可具六射星光，偶见十二射星光，部分蓝宝石有变色效应。

(2) 红宝石、蓝宝石的品质评价。红宝石、蓝宝石的品质主要取决于颜色、净度、切工、质量四个方面，而其中颜色质量在价值中占有重要地位。优质红宝石应为鲜艳纯正的红色，随着褐色、黄色、灰色等杂色的不断加入，颜色质量将明显下降。优质蓝宝石应为浓烈的蓝紫色，高质量的红宝石、蓝宝石还要求颜色均匀、无明显色带，正面观察时，不显示多色性。

高质量的红宝石、蓝宝石应相对纯净，无明显裂隙、包裹体等杂质，刻面具一定的透明度，刻面宝石表现出一定的内反射作用。

高质量的红宝石、蓝宝石应切工比例合适、对称性好，表面抛光平整、无麻点。同质量的红宝石、蓝宝石其重量越大，价值越高。

3. *祖母绿与绿柱石族*(Emerald and Beryl)

绿柱石是矿物中的一个种类，由于其存在广泛的类质同象，故绿柱石有众多的品种。祖母绿、海蓝宝石和绿柱石是常见的宝石品种。祖母绿因其晶体结构中含有铬元素而呈现美丽、纯正的绿色，为世界五大名贵宝石之一。

(1) 祖母绿与绿柱石族主要特征。绿柱石的化学成分为铍铝硅酸盐，其分子式为 $Be_3Al_2Si_6O_8$，可含有 Cr、V、Fe、Ti、Ce、Mn 等微量元素。常见有深绿色、蓝绿色、黄绿色。在同为绿色的单晶宝石中，祖母绿的绿色明亮、纯正、柔和；具有较高的透明度；祖母绿多色性强度随颜色的深浅而变化，深色祖母绿在二色镜中可以看到较明显的颜色变化，两种颜色一般为蓝绿—黄绿，浅绿，深绿；摩氏硬度为 7～8。

(2) 祖母绿的品质评价。祖母绿的品质主要取决于颜色、纯净度、质量大小等。

优质的祖母绿应为鲜艳纯正的翠绿色，不同程度的黄色、蓝色、灰色、褐色等杂色色调都会降低祖母绿的颜色质量，并要求颜色均匀。高纯净度和大颗粒的祖母绿尤其可贵，价值也将明显增高。

4. 金绿宝石（Chrysoberyl）

金绿宝石是世界上重要的珍贵宝石，其最主要的品种是猫眼和变石。由于猫眼具有漂亮的底色、灵活的眼线，被列入世界五大名贵宝石行列。而变石则是由于它在阳光下呈绿色，而在烛光或白炽灯下呈红色，这种奇异的变色效应被诗人誉为“白昼里的祖母绿，黑夜里的红宝石”。

（1）金绿宝石的主要特征。金绿宝石的化学成分为铍铝氧化物，其分子式为 $BeAl_2O_4$，常含有 Fe、Cr、Ti 等微量元素，不同的微量元素可使金绿宝石产生不同的颜色。

金绿宝石的颜色以黄、黄绿色调为主，主要有浅至中等的黄、黄绿、灰绿、褐、褐黄及无色，有时还罕见有浅蓝色。多为透明至半透明，少量不透明，玻璃光泽至亚金刚光泽；摩氏硬度为8～9；金绿宝石可呈现弱到明显的多色性，其强弱取决于体色的深浅。多色性常呈绿色、褐色和黄色色调，猫眼一般不见多色性，而变石则呈强多色性，颜色为紫红色、绿色和橙色。

（2）金绿宝石的品质评价。不具特殊光学效应的金绿宝石，其品质受颜色、透明度、净度、切工等方面因素的影响，其中高透明度、纯净的黄色、绿色品种最受欢迎，价格也较高。

猫眼宝石的品质由颜色、眼线、质量等几个方面决定。优质猫眼的颜色为蜜黄色，其次为黄绿色、褐绿色、黄褐色、褐色、灰白色。优质猫眼的眼线为金黄色、银白色，并要求眼线清晰、完整，摆动灵活。

高品质的变石，应该是颜色变化明显，变化的两种颜色鲜艳漂亮。

5. 碧玺（Tourmaline）

碧玺因其有受热生电及受压生电的性质，故矿物名为“电气石”。

（1）碧玺的主要特征。碧玺的颜色是多种多样的，几乎各种颜色都可出现，其颜色类型随成分而异。富含 Fe 的碧玺是暗绿色、深蓝色、暗褐或黑色，富含 Mg 的碧玺则为褐黄色或褐色，富含 Li 和 Mn 的碧玺呈玫瑰红色或淡蓝色，富含铬（Cr）的碧玺呈深绿色；碧玺大多是透明的，具有猫眼效应的则为半透明的，呈玻璃光泽；摩氏硬度为7～8。

（2）碧玺的品质评价。优质碧玺的颜色为玫瑰红色、紫红色，价格也相对昂贵，粉红色碧玺价格较低。绿色碧玺以鲜艳的绿色为上品，黄绿色次之。纯蓝色和中等程度的蓝色碧玺由于产出较少，也具有较高的价值。

6. 锆石（Zircon）

锆石是天然宝石中折射率仅次于钻石、色散值很高的宝石，无色透明的锆石酷似钻石，常作为钻石很好的代用品。

（1）锆石的主要特征。常见颜色有无色、黄色、绿色、褐色、橙色、红色、紫色、天蓝色等；透明至半透明，玻璃光泽至亚金刚光泽；摩氏硬度为6～7。

（2）锆石的品质评价。锆石中最流行的颜色是无色和蓝色，其中蓝色锆石价值最高。对于蓝色锆石的质量要求是颜色鲜艳纯正；而对于无色锆石的要求则是纯净、透明度高。另外，在品质评价中，锆石的切工也占有很重要的地位，要求刻面宝石的台面垂直光轴，以使人们在台面方向观察时看不到后刻面重影及多色性。

7. 尖晶石（Spinel）

在尖晶石大类中，用作宝石材料的是镁尖晶石，由于红色的尖晶石酷似红宝石，很久以前就被人们所接受，作为迷人的装饰品，有时也被错误地当作红宝石。

(1) 尖晶石的主要特征。由于尖晶石的类质同象现象及所含不同微量元素，尖晶石的颜色多样，有红、橙红、粉红、紫红、无色、黄、橙黄、褐、蓝、灰蓝、绿蓝、绿、紫色等；透明至半透明，玻璃光泽至亚金刚光泽；摩氏硬度为8。

(2) 尖晶石的品质评价。尖晶石的品质评价中，颜色占有重要地位，以半透明深红色为最佳，价值最高，其次为紫红、橙红、浅红及蓝色。

8. 托帕石(Topaz)

托帕石是当前流行的中低档宝石。它透明洁净、硬度高，反光效果好，由于托帕石的颜色种类丰富多彩，尤其经过改色后，几乎包含了人们可以想象到的颜色。

(1) 托帕石的特征。托帕石常见的颜色为无色、淡蓝、蓝、黄、粉红、红、褐色、绿等；呈透明，玻璃光泽；摩氏硬度为8，韧性大。

(2) 托帕石的品质评价。酒红色托帕石的颜色品质最高，质优者价值昂贵，其次是粉红色、蓝色和浅黄色，无色者价值最低。

9. 橄榄石(Peridot)

橄榄石是一种常见的中低档宝石，也是一种重要的造岩矿物，因其颜色酷似橄榄而得名。

(1) 橄榄石的主要特征。橄榄石的颜色为中到深的草绿色，略带黄色，少量为浅褐绿色至绿褐色。橄榄石的色调主要随含铁量多少而变化，含铁量越多，颜色越深。呈透明至半透明，玻璃光泽；摩氏硬度为6～7。

(2) 橄榄石的品质评价。优质橄榄石应为中—深绿色，且色泽均匀。另外由于橄榄石裂隙发育，其成品大颗粒者稀少，因此3～10 ct的成品就应有较高的价值，而大于10 ct的成品橄榄石则属少见。

10. 石榴子石(Garnet)

石榴子石(国标中称为石榴石)的形态和颜色很像石榴的“籽”，故得名，它生动形象地描绘出石榴子石的外表特征。石榴子石是一个大家族，根据其化学成分可划分为多个品种。折射率高，玻璃光泽强。

(1) 石榴子石的主要特征。石榴子石的颜色非常多，但大致应为三个系列。红色系列包括红色、粉红、紫红、橙红；黄色系列包括黄色、橘黄、蜜黄、褐黄；绿色系列包括翠绿、橄榄绿，黄绿。呈透明至半透明，玻璃光泽至亚金刚光泽；摩氏硬度为7～8。

(2) 石榴子石的品质评价。颜色是决定石榴子石价值的重要因素，绿色系列的石榴子石价值上高于其他颜色的石榴子石，除绿色外，橙黄色的锰铝榴石、红色的镁铝榴石和暗红色的铁铝榴石价值依次降低。

11. 石英(Quartz)

在自然界中石英是最常见、最主要的造岩矿物之一，石英有多种结晶形态。单晶、透明、结晶较好的石英即可称为水晶。

(1) 石英的主要特征。石英的颜色常有无色、紫色、黄色、粉红色以及不同程度的褐色；呈透明至半透明；玻璃光泽；摩氏硬度为7。

(2) 石英的主要品种。根据颜色可划分为：无色水晶、紫晶、黄晶、烟晶、芙蓉石等。根据特殊光学效应还有星光水晶及石英猫眼两个品种。

(3) 水晶的品质评价。对于水晶的品质要求是颜色鲜艳、内部纯净、切工标准。水晶是一种常见宝石，在自然界产出丰富，相比之下价格较低，只有天然水晶球、大件的水晶雕刻品才有可能有较高的价值。

12. 长石(Feldspar)

长石在自然界中分布非常广泛，种类也很多，但用来做宝石的主要有月光石、日光石、拉长石、天河石等。月光石是长石类宝石中非常有价值的品种。

(1) 长石的主要特征。长石常呈无色、白色、淡褐色、绿色和蓝绿色等；呈透明至半透明，抛光面玻璃光泽，断口呈玻璃至珍珠光泽；摩氏硬度为 6～7。

(2) 长石的品质评价。长石本身是一种中低档宝石，价格较便宜，当长石的特殊光学效应表现得十分明显时，价值可有一定的提高。

三、常见玉石

与宝石和钻石不同，玉石不是单晶体矿物，它是由无数个细小的晶体集合而成，这些小晶体小到用肉眼甚至显微镜都无法分辨，所以玉石饰品给人以细腻、温柔的感觉，而另一方面玉石的结构又决定了玉石是坚韧的，玉石的韧性是很强的，与宝石相比它不易破碎。

(一) 翡翠(Jadeite)

翡翠是一种多矿物组成的集合体，是以硬玉矿物为主和其他矿石类矿物及少量闪石、长石类矿物组成的，其颜色、质地、光泽等都达到工艺要求的岩石。在欧美翡翠被称为硬玉，其英文名称为 Jadeite。

翡翠的主要矿物是硬玉为主的辉石类矿物，次要矿物有闪石和长石类矿物，此外还有绿泥石、高岭石、蛇纹石、褐铁矿等蚀变和次生风化矿物。

1. 翡翠的原石品种

翡翠的原石在翡翠商贸中占有很大的比例，一般根据产出状态分为新坑料和老坑料两大类。

(1) 新坑料。指一般没有经过任何搬运作用，由人工从矿山开采出来的原生矿石。新坑料表面新鲜，无风化皮壳，呈致密块状，带棱角，块体大小悬殊，最大可达数十吨，透明度往往较差，水头短，颜色比较鲜嫩，商贸中也常称为山料或新厂玉。

(2) 老坑料。又称籽料或老厂玉。一般指的是在外力作用下，原生翡翠矿石机械风化破碎，搬运至山坡、河谷、河漫滩和河流阶地中异地堆积的翡翠砾石。形状一般呈浑圆状至鹅卵石，表面有厚薄不一的风化皮壳，大块体较少，一般多为几千克到几十千克，少数达到数百千克。这些矿石在漫长的地质历史中，饱经水浸氧化作用，透明度较好，水头长，颜色鲜明，质地温润，饰品在市场上深受人们喜爱。

2. 成品翡翠

成品翡翠在商贸上按加工及处理工艺分为三类，即天然翡翠、改善翡翠、合成翡翠。

(1) 天然翡翠。天然翡翠在国际上简称为翡翠，其颜色、结构、材质均保持天然本色，是除切磨、雕刻外未经任何人工处理的真品。商贸上也俗称为 A 货翡翠。色高质好的 A 货翡翠具有极高的增值及收藏价值。

(2) 改善翡翠。改善翡翠是通过对翡翠的表面、质地、颜色等进行人工改善，使其更美观，售价更高。按改善的程度和工艺分为优化翡翠和处理翡翠。

优化翡翠即翡翠的优化，是指在加工过程中，对翡翠的结构及坚固性没有明显的破坏、损伤和对颜色无影响的工艺流程。如打蜡可使翡翠光泽更温润、透明、少裂、美观；漂白可改善翡翠的透明度及色感。通过这类工艺改善的翡翠称之为优化翡翠。

处理翡翠即翡翠的处理，一般需经去杂漂白、注胶处理或增色处理来实现。漂白且充填处理翡翠往往以破坏翡翠的质地、结构为代价，极大地改善翡翠的透明度和色感，可使翡翠保持短暂美丽的外观，这类翡翠俗称为B货翡翠。翡翠的增色是目前十分常见的类型，往往有染色、浸色、镀膜和辐射加色等手段，具有极大的欺骗性，在市场上所有经过着色的翡翠均俗称为C货翡翠。这些B货翡翠和C货翡翠均称为处理翡翠。

(3) 合成翡翠。合成翡翠是人们在实验室通过配料在一定的温压环境下形成的与天然翡翠的化学成分、矿物成分十分相近的品种。但在结构、颜色分布等方面仍有别于天然翡翠。

(二) 软玉(Nephrite)

软玉是一个大家族，而中国和田玉是软玉中品质较好的一种，新石器时期就开始把它当作玉器使用，软玉的使用在清朝达到鼎盛时期，并制成了各种雕件等，它浓缩了中国玉文化的艺术精髓。

1. 软玉的特征

软玉的硬度约为6.5，不同产地的软玉硬度略有差别；光泽为玻璃—油脂光泽；呈半透明至不透明；颜色变化大，有白、青白、青、黄、绿、黑等，并由此决定其亚种；加工性能好，是极好的玉雕材料，也可加工成弧面形宝石和圆珠。

2. 主要品种

软玉品种的进一步划分主要依据颜色，常见品种有以下几类。

(1) 白玉。呈白色的软玉，透闪石含量达90%以上，最高可达99%。市场上常称为羊脂白、梨花白、雪花白、象牙白等。白玉是软玉中高档的玉石，块度一般不大，比较珍贵，白玉籽料是白玉中的上等材料，色越白越好，光滑如卵的仔玉叫光白子，质量特别好。有的白玉籽料经氧化表面带有一定颜色的皮壳，如秋梨色称秋梨子；虎皮色叫虎皮子等，这些都是和田玉中的名贵品种。

(2) 羊脂玉。白玉中以莹洁细润的羊脂白为最佳，又称羊脂玉，它白如凝脂，特别光滑温润，给人一种刚中带柔的感觉，历史上有“白玉之精”“玉英”等称呼。目前世界上仅我国新疆有羊脂玉产出，十分稀少，极其名贵。

(3) 青白玉和青玉。青玉是色呈青色的软玉。介于青玉和白玉之间者，则称青白玉，两者之间没有明显的界限，都是凭肉眼和感觉而定，青白玉和青玉产量较大，中国古代和现代的软玉制品大多以青白玉和青玉为主。

(4) 碧玉。绿色至暗绿色的软玉，其颜色由含一定的阳起石和含铁较多的透闪石所致。优质的碧玉很名贵，但不及羊脂白玉。碧玉与青玉之间的界限虽说也有过渡性，但不像青玉与白玉之间那样模糊，较易区别。在中国历代的软玉制品中，碧玉也占一席之地，至少仍是一个不可缺少的品种。

(5) 墨玉。是指黑色和灰黑色的软玉，其黑色如漆者是上等的玉玺用料，价格较高，但在大多数情况下，黑色并不均匀，既有浸染黑点状、又有云状和纯墨型。墨玉之所以呈黑色，系由青玉中含杂质所致。因此常见青玉上出现墨玉或在墨玉上出现青玉的现象。

(6) 黄玉。呈黄色、米黄色的软玉。其名有蜜蜡黄、栗色黄、秋葵黄、黄花黄、鸡蛋黄、米色黄和黄杨黄等。其中以栗色黄和蜜蜡黄者为上品。黄玉的黄色越浓则越珍贵，其珍贵程度不在羊脂白玉之下，且比羊脂玉更稀罕。

(7) 糖玉。是色似红糖的软玉，其色是由软玉经氧化而受铁浸染所致，真正血红色者极为少见，多为紫红色或褐红色。

(8) 其他品种。除上述常见品种外，尚有其他一些不常见的品种，如虎皮石，即其外观花似虎皮；花斑玉，即呈现花斑色的软玉；巧色玉，即具有巧色的软玉。

(三) 其他玉石

1. 欧泊(Opal)

欧泊是英文 Opal 的译音，欧泊的变彩效应是众多宝玉石中最神秘的品种之一。优质的欧泊集七彩于一身，以其丰富而变幻、耀眼而闪光的色彩牵动着人们的心灵，在东南亚列入名贵宝石行列。

欧泊是非晶质、胶态，通常是呈葡萄状、钟乳状和皮壳状等；摩氏硬度为 5～6；呈半透明—微透明状；有半玻璃—蜡状光泽。

2. 青金岩(Lapis)

青金岩的英文名称为 Lapis Lazuli，意为“蓝色的宝石”。青金岩之所以贵重，亦受历代统治者的青睐，其原因就是它那纯正而深沉的天蓝色，即所谓的“天青”和“帝青色”。古罗马称青金岩为“蓝宝石”，说它含有金子般的斑点。中国清代《清会典图考》载有：“皇帝朝珠杂饰”。青金岩不但用作工艺饰品材料，也用作珍贵颜料。从古希腊和古罗马至文艺复兴时代，人们把青金岩磨成粉末，用来绘制世界名图；在中国甘肃省敦煌莫高窟千佛洞的彩绘全用青金岩作为颜料，其珍贵和庄重可见一斑。

3. 绿松石(Turquoise)

绿松石为中国的四大名玉之一，是深受世人喜爱的传统玉料，也是土耳其国石，故又有土耳其石之称。绿松石具有特征的天蓝色、蓝紫色，蜡状光泽，含形态各异的特征铁线。这些特征明显区别于其他天然玉石。

绿松石的品质评价取决于颜色、质地、块度、铁线的有无。国际宝石界在商业销售中常把绿松石分为四个等级：

一级品(伊朗)：最佳的绿松石，呈强—中等的天蓝色，颜色均一，光泽柔和，微透明，表面有玻璃感，无铁线。当绿松石表面有一种诱人的蜘蛛网花纹时，属一级品中的第二类。当绿松石含有不同形式的铁线时，属一级品中的第三类。

二级品(美洲)：浅蓝色，不透明，光泽稍暗，颜色不鲜艳，没有铁线，属二级品中的第一类；表面有细的铁线、蜘蛛网者为二级品中的第二类；表面有不同数量和形状的铁线为二级品中的第三类。

三级品(埃及)：呈绿蓝色或蓝绿色，在淡色的底子上有深蓝色斑点，质地较细或疏松多孔，铁线多的为下等品。

四级品(阿富汗)：呈浅或暗的黄绿色，铁线多的无宝石价值。

4. 独山玉(Dushan Jade)

独山玉因产在中国河南南阳市郊独山而得名，又名“南阳玉”。独山玉是一种黝帘石化斜长岩，属多色玉石类。独山玉也是中国的四大名玉之一。

独山玉的品质评价主要依据颜色、裂纹、杂质及块度大小。优质独山玉的颜色为白色和绿色，微透明，质地细腻，无裂纹，无杂质为上等品；反之，颜色杂，色调暗，光泽为玻璃光泽，不透明，有裂纹，有杂质的独山玉为下等品。

5. 孔雀石(Malachite)

孔雀石的颜色色调变化较大，常见颜色浅绿、艳绿、孔雀绿、深绿和墨绿，以孔雀绿为佳(孔雀石因此而得名)，孔雀石以其特殊的孔雀绿色和内部放射纤维状及同心层状结构，可与其他宝石相区别。

孔雀石的品质以颜色呈鲜艳的孔雀绿、翠绿，花纹为同心环或条带，清晰美观，结构致密，质地细腻，无裂少瑕的为优质石。孔雀石一般被用来加工成戒面、珠链等各类首饰及用于装饰材料。

6. 鸡血石(Bloodstone)

鸡血石是中国特有的珍贵玉石，它的使用至今已有600多年的历史，是上等的雕刻材料，珍贵的鸡血石通常用于印章石。因其中的辰砂色泽艳丽，红色如鸡血，因而得名。鸡血石主要产于浙江昌化和内蒙古巴林，故按产地不同又可分为昌化石和巴林石。

四、首饰

人们所说的“首饰”，其定义有两种，即狭义概念的首饰和广义概念的首饰。

狭义概念的首饰指用贵金属材料、天然珠宝玉石材料制作的工艺精良并以个人装饰为主要目的的饰品。

广义概念的首饰指用各种材料，其中包括金属材料、天然珠宝玉石材料、人工宝石材料，甚至包括塑料、木材、皮革等材料制作的用于个人装饰及其相关环境装饰的饰品。广义首饰包含了狭义首饰、摆件等。

(一) 首饰的分类及品种

1. 首饰的分类

目前，首饰分类的标准很多，并不统一。不同的分类原则产生不同的分类方案，归纳起来主要有以下几种。

(1) 按材料分类。按材料首饰分金属首饰和非金属首饰。

① 金属首饰：用各种金属材料制造的首饰。有贵金属和常见金属。贵金属有：金[千足金、足金、金合金(K金)]；铂(不同纯度的铂金)；银(纯银、普通首饰银)。常见金属有铁(多为不锈钢)，镍合金，铜及其合金，铝及其合金，锡合金。

② 非金属首饰：用各种非金属材料制造的首饰，包括：宝玉石材料；玻璃、陶瓷；皮革、绳索、丝绢类；塑料、橡胶类；木料、植物果实类。

(2) 按工艺手段分类。按工艺手段分镶嵌宝石首饰和纯金属首饰。

① 镶嵌宝石首饰：即利用各种工艺手段将宝玉石材料镶嵌于金属材料中制成的首饰，其金属材料主要指贵金属。

② 纯金属首饰：即指用金属材料直接制造的首饰，此类首饰常用贵金属直接制作，故又称贵金属首饰。

（3）根据设计师的设计理念、首饰消费对象、市场等因素分类。可分为商业首饰和艺术首饰。

① 商业首饰。即一种价格适中、适应市场消费需求及流行趋势、可批量生产的珠宝首饰。

② 艺术首饰。即一种使用材料无限制、带有设计师浓重的主观文化色彩和创意，有更多的艺术性和欣赏性的首饰。

（4）按佩戴者性别分类。可分为男性首饰和女性首饰。

① 男性首饰。即男性专用首饰，又有广义、狭义之分。广义男性首饰包括除服装之外，男性生活中的一切装饰用品：眼镜、金笔、佩刀、名片盒、烟盒、戒指、项链等；狭义男性首饰仅包括男性人体艺术的装饰品：项链、手链、领带夹、胸针、皮带扣、袖扣等。

② 女性首饰。即女性专用首饰。

（5）按佩戴位置分类。装饰人体眼睛以上部位的头饰；装饰人体眉部以下、下颌以上的脸部的面饰；装饰人体颈部的项饰；以服装为依托的佩戴于人体胸前的胸饰；装饰人体腰部的腰饰；装饰人体脚部的脚饰。

2. 首饰品种

（1）男性首饰的主要品种。领带夹、袖扣、男装项链、男士项链的挂件、男戒等。

（2）女性首饰的主要品种。女性首饰小巧、细致、优雅。数量和品种都占绝对优势。女性首饰主要品种如下。

① 头饰。中国古代的头饰有冠饰、簪、钗、步摇等，而现代头饰主要指发梳、发夹等。

② 耳饰。用于耳部的装饰物。根据结构，耳饰可分为有坠型和无坠型两大类。而无坠型主要包括耳环、耳钳、耳钉三个品种。有坠型则称为耳坠。

③ 项饰。即装饰人体颈部的饰物。用于制造项饰的材料十分丰富，各种宝石、金属以至木材、皮革都可制造出美丽新颖的项饰。项饰可以分为项链、项圈、项坠、孩儿锁等几种类型。

④ 胸饰。胸饰主要有胸针。即用于佩戴在上衣胸前或领口的饰物。

⑤ 戒指。即戴在手指上的环状饰物。

⑥ 手镯与臂镯。手镯包括手链，即用于装饰人体手腕的环形饰物。臂镯，即戴在手臂上的环状饰物。

（二）首饰用贵金属

由于贵金属稀少、名贵，性能稳定，不易腐蚀，又有光彩夺目的金属光泽，且柔软有韧性，易加工成各种形状。因而，自古以来就被用来制作装饰品。

首饰以其主要成分分类，分为金饰品、银饰品和铂饰品。

1. 金

金，元素符号 Au，密度 19.32 g/cm^3（20℃），熔点高达 1 064.43℃，摩氏硬度为 2.5，与人的指甲硬度相近，延展性极强，1 克纯金可拉成长到 3 420 m 的细丝。金的化学性质稳定，不溶于酸和碱，不易与其他物质发生化学反应。金在空气中加热到熔化也不会发生氧化反应。首饰用金有千足金、足金、金合金（K 金）、彩色金合金（K 金）。

（1）千足金。千足金含金量，千分数不小于 999 的金称为千足金。千足金在首饰成色命名中是最高值。千足金在首饰上的印记为“千足金”“金 999”“G999”“Au999”。

（2）足金。足金含金量千分数不小于 990 的金称为足金。足金在首饰上的印记为“足金”“金 990”“G990”“Au990”。

千足金和足金含金量高，色泽金黄，性质稳定，但是质地柔软，易断、易磨损、易变形，所以极少用来镶嵌各种珍贵精美的宝石，其款式也不易翻新，花色品种较少。

（3）金合金（K 金）。为了克服足金与千足金硬度低、颜色单一、易磨损、花纹不细巧的缺点，通常在纯金中加入一些其他的金属元素以增加首饰的硬度，变换其色调和降低其熔点，这样就出现了成色高低有别、含金量明显不同的金合金首饰，再冠以“Karat”一词。K 金制是国际流行的黄金计量标准，K 金的完整表示法为“Karat Gold”，并赋予 K 金以准确的含金量标准，因而形成了一系列 K 金饰品。

K 金的纯度标准：以含金量的千分数为 1 000 规定为 24K 金，因此，K 金可划分为 24 种，由 1K 到 24K，则 1K 金的含金量为 1/24。

24K 金的理论纯度为 100%，因而市场上有人称 24K 金首饰是不符合标准规定的，也是不可能达到的。

2. 银

银质地柔软，颜色洁白，易加工、价格低，自古以来就是首饰中的重要部分。少数民族中银首饰仍占很大比例，如银凤冠、银项圈、银腰带、银镯、银耳环、银餐具、银烟盒等。

银，元素符号 Ag，密度 10.49 g/cm^3，熔点 961℃，银白色，延展性强，能溶于酸碱。首饰用银有：

（1）足银。含银量千分数不小于 990 的称为足银，印记为“足银”。

（2）925 银。含银量千分数不小于 925 的称为 925 银，印记为“银 925”“S925”“Ag925”。

（3）800 银。含银量千分数不小于 800 的称为 800 银，印记为“银 800”“S800”“Ag800”。

足银质地较软，为了增加硬度常在银中加入适量的铜，另外银的化学性质不稳定，表面易氧化，现代的银首饰表面常作镀金、镀铑处理。

3. 铂

铂的饰品是以铂为主要原料，我国民间俗称也叫白金。铂，元素符号 Pt，银白色，密度 21.5 g/cm^3，光泽强，延展性好，硬度为 4.3，熔点高达 1 755℃，化学性质稳定，耐腐蚀。首饰用铂有：

（1）足铂。含铂的量千分数不小于 990 的称足铂，印记为“足铂”“铂 990”“Pt990”。

（2）950 铂。含铂的量千分数不小于 950，印记为“铂 950”“Pt950”。

（3）900 铂。低于 950 的铂，其中钯、铂的总含量不低于 95%，含铂的量千分数不小于 900 的，印记为“铂 900”“Pt900”。

（4）850 铂。含铂的量千分数不小于 850 的，印记为“铂 850”“Pt850”。

900 铂的硬度适中，在首饰中占有较大比重，尤其是镶嵌首饰多用 900 铂，牢固而不易脱落，并有良好的外观。

4. 贵金属覆层首饰

虽然贵金属让人青睐，但是贵金属稀缺而珍贵，价格昂贵，为了满足人们对首饰的普遍需求，产生了贵金属覆层首饰。贵金属覆层首饰，其本身材质有铜、铅、锌、铝及其合金等金属材料，表面覆层为金、银等贵金属。

5. 其他金属首饰

为了弥补贵金属的稀有、昂贵和普通金属的色泽差、材料粗重的缺陷，一些由特殊工艺和新科技结合研制的材料被用做首饰生产，这些经过特殊工艺配制的材料所制成的金属首饰，其主要品种有：稀金首饰、亚金首饰、亚银首饰、轻合金首饰。

（三）首饰的佩戴

首饰佩戴是一门艺术，这门艺术给人们的生活增添了无穷的乐趣与色彩，它可以赋予人们鲜明的时代感，给人们一种精神享受；它可以丰富生活的内容，创造一种和谐的美。

当人们赞美某人佩戴的首饰很美时，这种赞美往往包含了三种含义：首先这件首饰本身很美，它的色彩、款式、设计风格，甚至做工都很精美；其次这件首饰与佩戴者的特点十分吻合，它能掩盖缺点、突出优点，尽显佩戴者的美丽；再者这件首饰能增添佩戴者的美，它在佩戴者的整体形象的塑造中起到画龙点睛的作用，烘托出一种气氛、一种情调、一种风格，这是首饰佩戴的最高境界和要求。

为了恰当地选择与佩戴首饰，人们必须考虑自己的性别、年龄、容貌、职业、场合等众多因素。在首饰与脸形、手形的搭配中，充分应用视觉原理，以使首饰与佩戴者的容貌更加吻合、更加协调。

【做中学 10－5】珠宝首饰的佩戴习俗

（1）生辰石。生辰石是代表人们生日、生月的宝石。古人认为生辰石具有避邪护身的魔力，能给佩戴者带来好运。随着科学的发展，人们已不再相信生辰石的特殊功效，然而却把它作为一种美好的愿望和佩戴习俗继承下来，以表示对生日的纪念和祝福。

不同国家所认可的生辰石不太相同，我国珠宝界普遍接受的生辰石，如表 10－8 所示。

表 10－8　生辰石及其所示意义

月　份	天然宝石	人工合成宝石	代表意义
1	石榴石	合成刚玉	个性开朗，有朝气
2	紫晶	合成刚玉	浪漫温柔，有思想
3	海蓝宝石	合成尖晶石	朝气十足，有干劲
4	钻石	合成尖晶石	气质高贵，有内涵
5	祖母绿	合成祖母绿	沉稳实在，有力练
6	珍珠	珍珠或合成刚玉	高雅婉约，有气质
7	红宝石	合成红宝石	热情活泼，有见地
8	橄榄石	合成尖晶石	处事完美，有条理
9	蓝宝石	合成蓝宝石	冷静清晰，有计划
10	欧泊	合成刚玉	变化多端，有创意
11	黄玉	合成刚玉	思考细密，有胆识
12	绿松石	合成尖晶石	风流有趣，有人缘

(2) 生肖首饰。在中国传统中，习惯用生肖(属相)来表示人的出生年份，即(子)鼠、(丑)牛、(寅)虎、(卯)兔、(辰)龙、(巳)蛇、(午)马、(未)羊、(申)猴、(酉)鸡、(戌)狗、(亥)猪。而人们也喜欢那些刻有自己属相的玉牌、项坠、戒指等，把它们视为护身符以图吉祥平安。

(3) 婚姻首饰。婚姻是人生大事，古今中外都流行着向配偶馈赠珠宝首饰的习俗。结婚周年与相应的首饰如表 10－9 所示。

表 10－9 结婚纪念石

结婚周年	纪念婚名称	纪念物
15 周年	水晶婚	水晶
25 周年	银婚	银饰
30 周年	珊瑚婚	珊瑚
35 周年	珍珠婚	珍珠
40 周年	蓝宝石婚	蓝宝石
45 周年	红宝石婚	红宝石
50 周年	金婚	金饰
55 周年	绿宝石婚	祖母绿
60 年以上	钻石婚	钻石

任务引例解析

首饰按材料分类，分为金属首饰和非金属首饰；按工艺手段分类，分为镶嵌宝石首饰和纯金属首饰；按设计理念、首饰消费对象、市场等分类，分为商业首饰和艺术首饰；按佩戴者性别分类，分为男性首饰和女性首饰；按佩戴位置分类，分为头饰、面饰、项饰、胸饰、腰饰、脚饰。

【任务设计——宝玉石及首饰的识别与分析】

工作实例：

选择学校附近的某一百货店，调查分析店内不同品牌、不同用途的宝玉石及首饰的种类、名称、佩戴、保管等属性。

【操作步骤】

第一步：选择百货店，选择 3～5 品牌、不同用途的宝玉石及首饰若干，调查观察这些宝玉石及首饰的种类、名称、佩戴、保管等属性；

第二步：查阅相关资料，比较识别不同品牌、不同用途的宝玉石及首饰的种类、名称、佩戴、保管等属性；

第三步：结合所学理论，比较分析不同品牌、不同用途的宝玉石及首饰的种类、名称、佩戴、保管等属性的相同点和不同点；

第四步：撰写《宝玉石及首饰分析报告》。

任务六 家用空气调节器的认知

任务引例

市场上的空调品牌较多，有国内的，有国外的，大都有自己独特的广告宣传，让消费者难以抉择。专家建议在选购空调时，除了要选那些企业实力强、品牌知名度高、售后服务完善的产品，还要选择在哪里购买。在买空调时，选择商家尤为重要。因为严格说空调是一种半成品，不是从商店里买回来就能使用，而是要经过专业队伍安装、调试之后，方可使用。如果安装、调试不好，会带来一系列毛病，如空气排不净、管道连接处泄漏、调试中人为造成故障。这些不仅会影响使用效果，更会平添许多烦恼。与此同时，厂家的许多售后服务措施也需要商家去执行、落实。

请问：什么是家用空气调节器？空调器购买使用时，应注意什么事项？

【知识准备与任务分析】

从广义讲，家用空气调节器是指人工调节室内温度、湿度、加速空气循环和净化室内空气的一类装置，包括空气加湿器、去湿机、空气净化器、电风扇、排换气扇、抽油烟机、冷风机、暖风机、负氧离子发生器、恒温恒湿机和房间空气调节器等。

一、空气净化器

空气净化器是一种新型家电产品。它一般采用室内空气自循环的方式，通过对室内空气进行吸附、过滤、催化分解并释放负氧离子等手段，控温调温，消除异味和有害气体，杀灭细菌，释放出新鲜空气，达到净化空气、改善空气质量的目的。

（一）空气净化器的种类及特点

1. 空气净化器的种类

空气净化器一般有壁挂式、台式、落地式和吸顶式等类型。其功能有遥控、自动检测、三挡风速、多向气流、智能定时等。容量从 3～30 m^3/min 不等。

空气净化器的控制方式采用了各种传感器、红外遥控、间歇运转等现代化手段。其过滤器形式有机械式、静电式和机械、静电混合式。目前，更有集空气净化、空气加湿、温度调节于一体的新产品出现，可滤除多种气溶胶粒子及附着其上的病菌、霉菌、清除有害气体及各种异味，清除飘浮在空气中的花粉，补充室内的负粒子。最终将会形成一类具有空气多种处理能力的“微气候调节器”。

目前，国内市场上的空气净化器多为台式，其过滤形式一般采用机械过滤器系统，主要由过滤尘埃粒子的荷电纤维织物、滤除有害气体和异味的活性炭及空气负离子发生器组成。随着国内企业直接采用国外技术进行生产，国内部分产品已可与国外同类产品相媲美，且性价比高于进口产品。

2. 空气净化器的特点

① 重量轻，体积小，功能多，使用方便，可适合各种场合使用。② 耗电省，一天只需运转

3 h左右。净化效率高，只要 20 min 就能使室内的空气变得清新。③ 可根据房间面积选用适合的产品，如立式、手提式、壁挂式等。④ 外壳由塑料制成，既美观又实用，还可作为装饰品。⑤ 采用比较成熟的静电集尘技术和活性炭吸附技术，结构简单，性能可靠。

（二）空气净化器的选购

选用空气净化器应根据不同的场合、室内面积的大小和家庭人口的多少来考虑。目前，国内生产的负离子发生器有封闭式、带鼓风机式和电场开放式几种，应选电场开放式产品。选购要点是：

（1）听噪声大小，选噪声小的。

（2）根据使用场合和面积大小选购。普通家庭用 3 m^3/min 的即可。一般计算方法为：每人 25 m^3/min 的换气量。

（3）一般以选购台式和壁挂式的为好。外观无损伤，控制钮操作自如。

（4）家庭使用，一般选择具备基本功能和烟雾检测、自动开机等功能的产品即可。

（5）表明负离子发生器性能的指标主要有两项：一项是负离子浓度，即每毫升空气中所含的负离子个数；另一项是臭氧含量国家标准规定，负离子发生器距出风口 30 cm 处，负离子的浓度应大于 100 万个/cm^3，在出风口前 5 cm 处，臭氧的浓度不得大于 10^{-8}。选购的产品应不低于这个标准。

（三）空气净化器的使用和维护

1. 使用应注意的事项

① 在家中要经常开动空气净化器清洁空气。若与空调器联合使用效果更佳。离开房间时使用定时开关。② 当清洗信号灯亮时表示集尘已满，要清洗集尘极板。③ 作为保健用，可将净化器放在干燥通风的地方，15 m^2 的房间，每天开机 2 h 即可。④ 使用空气净化器治疗呼吸道疾病时，应在医生指导下进行。出血性疾病患者不宜使用。⑤ 空气净化器使用时，应避免直接接触。因其电压很高，以防触电。⑥ 空气净化器不用时，要拔下电源插头，防止事故。

2. 日常维护

① 空气净化器中的除尘过滤器或集尘极板要经常清洗，一般每周要清洗一次，将泡沫塑料或极板用肥皂液清洗晾干后再使用，以保持气流通畅和卫生。② 风机、电极上集尘较多时，要进行清除，一般每半年保养一次。可用长毛刷刷除电极及风扇叶片上的灰尘。清洁时一定要断开电源。③ 平时应注意防潮，以免因受潮而降低使用效率或损坏。④ 空气净化器不用时，应清洁干净，装入包装盒，存放在通风干燥处。⑤ 每隔一年要给风扇电机的轴承加一次油，以保证风机的正常运转。

二、空气加湿器

空气加湿器是用来增加室内空气湿度的家用电器。室内空气湿度低时，有碍人体健康。空气加湿器调节室内空气湿度，使之稳定在人感到舒适的范围之内。

（一）空气加湿器的类型及工作原理

1. 空气加湿器的类型

目前，市场上销售的空气加湿器主要有：超声波式、离心式、电极式、加热器式、过滤汽化式等数种。

(1) 超声波式和离心式加湿器。利用超声波或离心力的作用,将水变成雾状直接喷向空间,达到加湿室内空气的目的。这种加湿器的优点是耗电量少,缺点是水中溶解的钙化物将随水雾一同喷出。

(2) 电极式和加热器式加湿器。利用电热使水变成水蒸气,以增加室内的空气湿度。其优点是水中的溶解物不易随水雾一同排出,缺点是耗电量较大。

(3) 过滤汽化式加湿器。利用水雾加湿过滤器,然后使干燥的空气流过浸湿的过滤器,提高湿度后,再排入室内。其优点是耗电量少,水中的溶解物不易随水雾一同排出,缺点是加湿器的体积和噪声都较大。目前,在国外市场上,这种加湿器最多,应用最广。

2. 空气加湿器的工作原理

目前常见的加湿器是过滤汽化式加湿器。由涡轮风扇、过滤器、吸水管、水槽、储水筒、电动机等部件组成。它利用多孔的吸水管,在离心力的作用下,完成过滤和洒水。吸水管、涡轮风扇和电动机装在同一轴线上,接通电源,吸水管即转动,就可均匀地加湿过滤器,干燥空气通过浸湿的过滤器,水自然蒸发,使滤湿后的空气从加湿器顶部的栅状板中排出,此时空气的湿度可达到90%~95%。随着风扇的旋转,湿空气不断地吹送到房间内,从而使房间内的空气湿度增加。

(二) 空气加湿器的选购

加湿器品种较多,选购时应注意以下问题:

(1) 地区。北方及干旱地区可选购加湿器。

(2) 自动功能。一般应具备自动恒湿和无水断电功能,否则可能产生室内过潮或空箱运行的结果。

(3) 安全性。由于加湿器带水工作,安全性要求很高,要选择正规厂家产品。

(4) 品质检查。① 电线、电源插座无损伤。② 开机后噪声和震动很小。③ 检查自动功能是否正常:调节喷雾量钮,雾气应有变化;检查恒湿是否有效,可在加湿器上罩一纸箱,一定时间后看加湿器是否自动停机;检查无水自断电功能,可给加湿器加少量水,看水用完时是否停机。

(三) 加湿器的使用与维护

1. 使用方法

① 空气加湿器要放置在0.5~1.5 m高的稳固平面上,要远离热源、腐蚀物和家具等,避免阳光直晒。② 在相对湿度小于80%时使用,调节恒湿钮于40%~75%挡。③ 使用时不要用手摸水面,也不要空水箱使用。放完水再搬动。不能倒置。④ 使用的水温要在40℃以下,不可加入其他种类的化学物品。⑤ 要根据自己对湿度的需求合理调节喷雾量和恒湿值。⑥ 不在冻冰的情况下使用。遇到故障时要立即停机。

2. 日常维护

① 每周要清洗加湿器一次,清洗时不可将机器放入水中。清洗水温不应高于50℃。② 不用洗涤剂、煤油、酒精等清洗机身和部件。不能自行拆卸部件。③ 清洗方法为:换能片用软毛刷刷;水槽用软布擦,每两周擦一次;传感器用软布擦;水箱装水后晃动两三次倒出。

三、空调

家用空调可以进行室内冷暖温度调节,降低室内湿度,变换空气流动速度,滤除空气中对人体有害的少量固体或液体微粒,从而提供一个舒适的生活、工作环境。

(一) 空调的种类

1. 按其部件组成方式分类

空调可分为整体式、组装式、散装式及大型集中式四种。整体式空调是把冷源部分和空气处理部分组成一个整体,它具有结构紧凑,占地面积小,安装和维护方便等优点。组装式空调器由压缩冷凝机组和空调箱组装而成。散装式空调器由制冷压缩机和相应的辅助设备分散组成。

2. 按其制冷剂的冷却方式分类。

空调可分为水冷式和风冷式空调。家庭用空调一般均为风冷式空调。

3. 按其制冷量大小分类

空调可分为柜式空调(一般为 6 000 kcal/h 以上)和房间空调(一般为 1 500~6 000 kcal/h)。

选用空调时,主要考虑夏季使用时的制冷量,其应稍大于房间的制冷负荷。所谓制冷负荷是指空调器送出凉风使室内所有物体(包括墙壁)都得到冷却,被冷却物体在此热交换中被夺走的热量。一般房间按照每平方米室内面积配置 0.17~0.23 kW 制冷量来选用。如要求室内温度始终保持 20℃左右,则以 0.23~0.3 kW 制冷量为宜。

房间空调主要有两种类型,即窗式空调(整体式空调)和分体式空调。窗式空调制冷量一般为 7 000 W 以下,结构紧凑、重量轻、尺寸小,只要将它安装在窗户上或搁置在墙孔里,接上电源即可制冷制热。分体式空调器制冷量一般为 3 000~10 500 W,由室内和室外两部分组成,压缩机和冷凝器放在室外,蒸发器和风扇放在室内,两部分用管子连通成一个封闭的制冷系统,并可分为 1 拖 1 式和 1 拖 2 式等。分体式空调安装比较灵活方便,不影响窗户进光,同时可以明显降低室内噪声。但耗能较多,且易漏气。

4. 按空调的功能分类

空调可分为单冷型空调和冷、热两用型空调。单冷空调只能制冷去湿,不能制热,仅用于夏季降温。冷、热空调器既可以制冷,又可以制热,可适用于夏、冬两季,使用比较方便。冷、热两用型空调器又分为电热冷风型、热泵冷风型和热泵辅助电热冷风型三种。

空调工作时应注意有一定的环境温度适应范围:单冷型空调适应的温度为 21~43℃;电热型空调器为 43℃以下;热泵型、热泵辅助电热型空调器为 5~43℃。

5. 变频空调

变频空调就是在普通空调基础上再增加一个由电脑控制的变频器,从而精确地调整电机,使之始终处于最经济的转速状态。它的特点之一是节电,比普通空调可节省电费 20%~50%。其次启动时所耗电流小,仅为普通空调的 1/7。再次是制冷速度快,与普通空调相比,其制冷速度要快 1~2 倍。

(二) 空调的结构与工作原理

1. 空调的结构

以窗式空调为例,其结构一般由三部分组成。

(1) 制冷循环部分。由封闭式压缩机、节流毛细管、冷凝器和蒸发器等组成封闭系统。

常用的制冷剂为氟利昂－22(二氟二氯甲烷 CCl_2F_2 代号为 R22 或 F22)或氟利昂－12(二氟一氯甲烷 $CHClF_2$ 代号为 R22 或 F22)。

(2) 空气循环部分。由离心风扇、轴流风扇、进风滤网、出风栅等组成。

(3) 电气控制及保护装置部分。由电磁换向阀、热继电器、温度控制器、选择开关和中间继电器等组成。

2. 空调的工作原理

空调的工作原理是指空调的降温、制热和去湿作用的工作原理。

(1) 空调的降温作用。将空调功能选择开关搬至“制冷”位置，打开空调电源，压缩机开始运转，压缩机把制冷剂气体压缩成高压气体输送到冷凝器。轴流风扇吸入的室外空气，迅速通过冷凝器时，将制冷剂的热量带走，并排至室外，使高温高压制冷剂气体冷却液化。液化制冷剂经过干燥过滤器除去杂质和水分后，输送到节流毛细管，毛细管使液化制冷剂减压膨胀，进入蒸发器蒸发气化，吸收周围热量。离心风扇不断地使室内空气穿过过滤器进入空调器箱内，与蒸发器进行热量交换，冷却后的空气以一定速度送至室内。空气如此不断地循环流动，与蒸发器进行热量交换，从而达到室内降温的目的。调整出风栅的方向，可以改变冷风的流向。

(2) 空调的制热作用。电热型的冷热两用空调在制热工作时，压缩机不运转，风扇运转，电热器通电发热，向室内送入热风。热泵型的冷热两用空调器在制热工作时，利用电磁四通换向阀，使制冷剂流动方向改变，蒸发器实际上作为冷凝器使用，向室内放热，冷凝器实际上作为蒸发器使用，从室外空气中吸收热量来加热室内空气。其制热机理决定了其必须在室外温度 5℃ 以上时使用，当室外温度低于此值时，室外吸收的热量不能满足室内的需要，制热效果不佳。此类空调多辅之以电热器，称为热泵辅助电热型空调。

(3) 空调还具备去湿作用。当室内空气相对湿度较大时，在与蒸发器进行热交换时，空气中的潮气因降温而凝结为水，滴在蒸发器下的集中盘中，再用管路输送到室外，这样就降低了室内湿度。

空调通常装有温度控制器，可根据回风温度的高低来控制压缩机的开、停，从而使室内空气温度维持在一个预定的范围内。

(三) 空调的型号

家用空调的型号由下列方式组成：

$$X_1X_2X_3-X_4\ X_5X_6$$

X_1——房间空调，用 K 表示。

X_2——结构形式代号，窗体式用 C 表示，分体式用 F 表示。

X_3——功能代号，热泵型用 R 表示，电热型用 D 表示，热泵辅助电热型用 RD 表示。而冷风型空调的代号可省略。

X_4——名义制冷量，以阿拉伯数字表示，其值取名义制冷量的前两位数字。

X_5——分体式室内机组结构代号，壁挂式用 G 表示，吊顶式用 D 表示，落地式用 L 表示，嵌入式用 Q 表示，台式用 T 表示。

X_6——分体式室外机组结构代号，用 W 表示。

例如，KC－22 表示冷风型窗式空调器，制冷量为 2 250 W；KFR－26GW 表示分体壁挂式热泵型空调器(包括室外机组和室内机组)，制冷量为 2 600 W。

(四) 空调的选购

由于消费者具有不同的消费需求，故在选择空调时应注意以下问题：

1. 空调功能的选择

如果用户只需要夏季制冷降温，可以选择单冷型(冷风型)空调器。如果用户需要夏季降温、冬季取暖，可以选择冷热两用型空调。应注意空调工作时有一定的环境温度适应范围：单冷型空调适应的温度为21～43℃；电热型空调为43℃以下；热泵型、热泵辅助电热型空调为5～43℃。

2. 空调结构形式的选择

在家用空调中，分体式空调的室内机组外形典雅美观，运转时的噪声低，但价格较贵而且容易造成制冷剂泄漏。如果居住房间较宽敞，经济条件较好，可以选择。但需注意要有方便而较宽的位置安装室外机组。对于窗机，则价格便宜，安装维护方便，经济实惠且实用。但其运行噪声较大，如果用户的窗户较大、光线充足，房间较小，经济条件较差，或空调器使用地点较不稳定，可以选择窗式机。

3. 制冷量的选择

选用空调时，主要考虑夏季使用时的制冷量，其国际单位制是瓦(W)或千瓦(kW)，其应稍大于房间的制冷负荷。所谓制冷负荷是指空调器送出凉风使室内所有物体(包括墙壁)都得到冷却，被冷却物体在此热交换中被夺走的热量。一般房间按照每平方米室内面积配置0.17～0.23 kW制冷量来选用。如一间20 m^2的房间，应选用制冷量为3.5～4.7 kW(3 000～4 000 kcal/h)的空调器。如要求室内温度始终保持20℃左右，应适当增大空调器的制冷量，以每平方米0.23～0.3 kW(200～250 kcal/h)制冷量为宜。

对于制冷量目前市场上还存在另一单位“匹”，虽已废止，但仍沿用，主要有：3/4匹(1 700～2 000 W)、1匹(2 200～2 600 W)、1.25匹(2 600～3 000 W)、1.5匹(3 000～3 800 W)、1.7匹(3 800～4 000 W)、2匹(4 000～5 500 W)等。

必须指出，一般空调产品铭牌上、说明书中标明的制冷量和适用房间面积，仅供用户参考。厂家推荐的适用面积是从舒适性空调这一点出发的，若想室温低一些，往往达不到预期效果。如果是顶层或西晒或人多的房间，则降温效果更加不理想。通常空调的实际制冷量低于铭牌上标明的制冷量，根据国家有关规定，低数值应在8%以内。

4. 能效比的选择

能效比即空调制冷量与耗用功率的比值(该值一般在产品说明书中不介绍，用户可自己计算)，其物理意义在于表明每小时消耗1 W的电能所能产生的冷量数。所以能效比高的空调器，产生同等冷量，所消耗电能少。

5. 通电性能运转选择

一般空调商对用户都给予7天的试用期，用户可在安装后，通电试运转，检查空调器的性能：压缩机、风扇应运转正常，制冷(或制热)良好，一般开机运转10 min即应感到有冷风(或热风)吹出；空调器运转应平稳无震动，各部件无松脱与摩擦；运转噪声低，分体式空调室内机组的噪声不应超过40 dB，即距离空调1 m远便基本上听不到运转声；窗式空调运转时噪声稍大，但不能太大，其室内的噪声，制冷量不大于2 500 W的空调，噪声应不大于54 dB，制冷量在2 800～4 000 W的空调，噪声应不大于57 dB，制冷量在4 500 W以上的空调，噪声应不大于 60 dB；应注意，空调在弱风挡或低冷挡时，运转噪声应该小些，因为人们睡眠时一般使空调运转于弱风挡或低冷挡。

任务引例解析

空调购买使用时，必须注意以下事项：

(1) 由于空调功率较大，必须使用专用插座，单独走线。并注意空调使用过程中，尽量少使用其他大功率电器，以防线路超过负荷，发生短路。

(2) 空调在使用前应熟悉阅读使用说明书，掌握其各项功能及正确使用步骤。在使用过程中，空调手控停、开操作时间必须在 3 min 以上，否则可能造成压缩机电机过载而烧毁。

(3) 空调使用过程中为了保温，应门窗紧闭，夏季使用厚窗帘。如空调器长时间运转，但如室内温度始终无明显变化，需停止使用，查明原因，否则空调器长时间高负荷甚至超负荷运转，易发生故障。如在使用中机体发出异常杂声，应关机查看原因，切不可盲目继续使用。

(4) 应定期清洗空调。对于空气过滤网一般应 2～3 星期清洗一次。可用吸尘器吸去上面的灰尘或用自来水直接冲洗，需要时，可用含有中性洗涤剂的 40℃ 以下的温水溶液擦洗，用清水冲干净之后，在阴凉通风处晾干。对于空调面板及机壳，可用软布沾少许洗涤剂擦拭干净，禁止使用汽油或其他腐蚀性强的化学药品擦洗。

(5) 使用过程中，注意保护冷凝器与蒸发器的散热片。它是由 0.15 毫米的铝片套入铜管后胀管而成，经不住碰撞，如损坏，就会影响散热效果使制冷效率减低。

(6) 正确选用熔断丝(保险丝)。按说明书标明的额定电流来选择，过大起不到保险作用，过小则经常会熔断。

(7) 空调停用前，首先应对空调器内部进行干燥。方法是：选择晴朗的天气，接通空调电源，将空调的功能键设定在强风位置，让风扇运转 3～4 h，把内部的水分吹干，驱走内部的潮气，然后关掉风机，断开电源。在下一年再次使用前也需重复以上过程方可投入使用。

(8) 对于窗式空调，在长期停用前，最好将其取下，对其内部进行一次彻底清扫。其方法是：拆下空调器的面板和外壳用软刷刷掉蒸发器、冷凝器、风机和压缩机上的灰尘；再用吸尘器吸去空调底盘内聚集的灰尘和杂物；最后用柔软的干棉布将空调器的零部件、外壳和面板擦拭干净，再重新装上外壳和面板。清扫后的空调可放置在包装箱内待下一年再用。

(9) 对于分体式空调，为了保护好制冷系统，避免制冷剂的无益损耗，不宜将空调从墙上取下。只需在长期使用后对其用长毛刷进行一次彻底清扫，清洗干净过滤网，然后用布或塑料布将室外部分包扎好，室内机用布遮盖，以防灰尘侵入。

(10) 空调长期停用，须将遥控器内的电池取出，以防电池漏液损坏遥控器电路板。

项目小结

商品案例项目的内容结构图如图 10－6 所示。

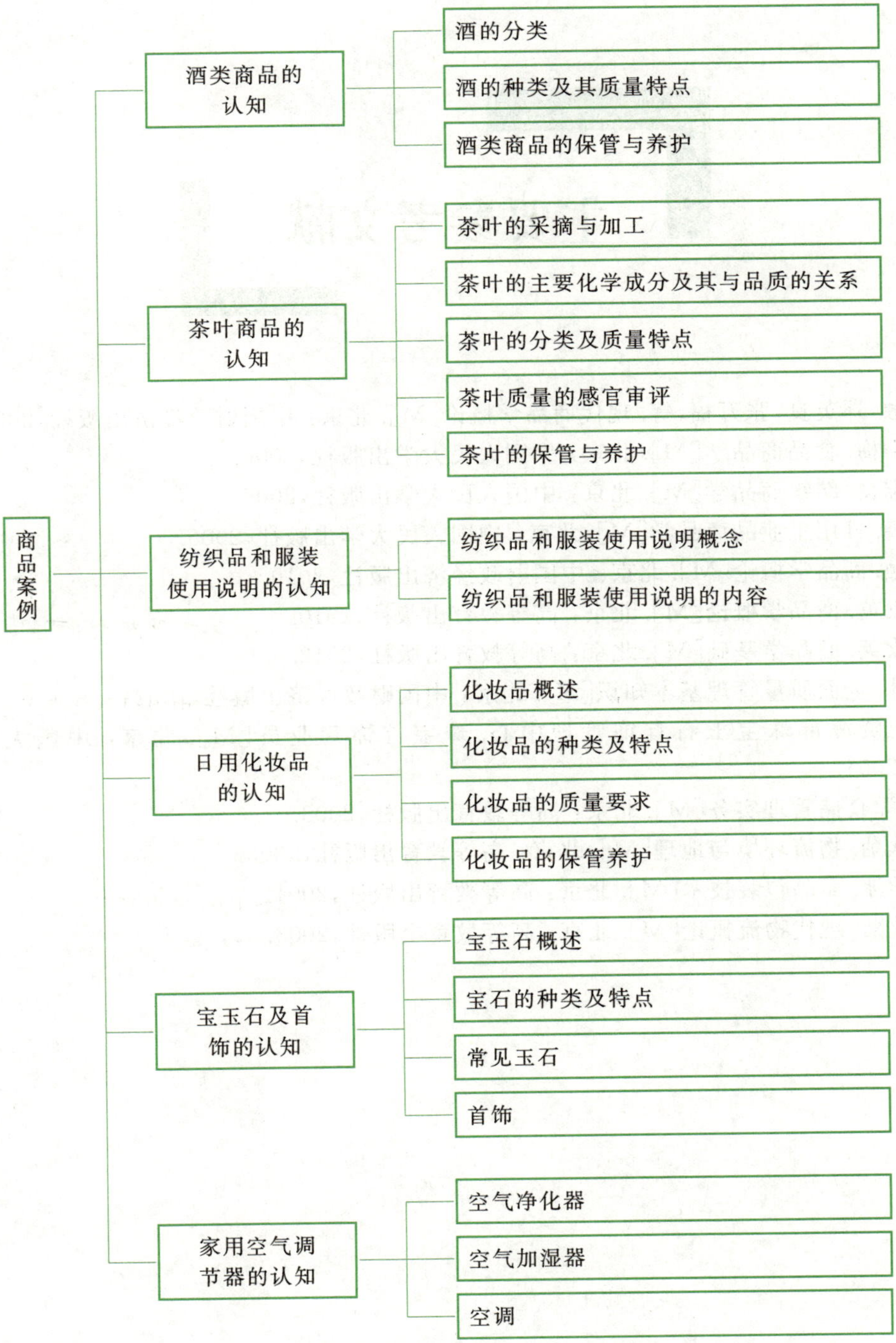

图 10－6　商品案例项目的内容结构图

主要参考文献

1. 万融,郑英良,张万福,等.现代商品学概论[M].北京:中国财政经济出版社,2004.
2. 江小梅.食品商品学[M].北京:中国人民大学出版社,2006.
3. 王志良.纺织商品学[M].北京:中国人民大学出版社,2006.
4. 诸鸿.日用工业品商品学[M].北京:中国人民大学出版社,2006.
5. 万融.商品学概论[M].北京:中国财政经济出版社,2010.
6. 曹汝英.商品学概论[M].北京:高等教育出版社,2010.
7. 曹汝英.商品学基础[M].北京:高等教育出版社,2012.
8. 马林.全面质量管理基本知识[M].北京:中国财政经济出版社,2002.
9. 国土资源部珠宝玉石首饰管理中心.珠宝首饰营业员[M].北京:中国大地出版社,2001.
10. 梁军.仓储管理实务[M].北京:高等教育出版社,2003.
11. 孙秋菊.物流环境与地理[M].北京:高等教育出版社,2003.
12. 叶学泳.商品包装技术[M].北京:高等教育出版社,2001.
13. 孙秋菊.现代物流概论[M].北京:高等教育出版社,2003.

郑重声明

高等教育出版社依法对本书享有专有出版权。任何未经许可的复制、销售行为均违反《中华人民共和国著作权法》，其行为人将承担相应的民事责任和行政责任；构成犯罪的，将被依法追究刑事责任。为了维护市场秩序，保护读者的合法权益，避免读者误用盗版书造成不良后果，我社将配合行政执法部门和司法机关对违法犯罪的单位和个人进行严厉打击。社会各界人士如发现上述侵权行为，希望及时举报，本社将奖励举报有功人员。

反盗版举报电话 (010)58581999 58582371 58582488
反盗版举报传真 (010)82086060
反盗版举报邮箱 dd@hep.com.cn
通信地址 北京市西城区德外大街 4 号 高等教育出版社法律事务与版权管理部
邮政编码 100120

高等教育出版社

教学资源索取单

尊敬的老师：

您好！

感谢您使用曹汝英等编写的《商品学基础》（第四版）。为便于教学，本书另配有课程相关教学资源，如贵校已选用了本书，您只要添加服务 QQ 号 800078148，或者把下表中的相关信息以电子邮件或邮寄方式发至我社即可免费获得。

我们的联系方式：

联系电话：（021）56718921/56718739　　电子邮箱：800078148@b.qq.com

服务 QQ：800078148（教学资源）　　市场营销 QQ 群：177267889

传真：（021）56718517　　地址：上海市虹口区宝山路 848 号　　邮编：200081

姓　名		性别		出生年月		专　业	
学　校				学院、系		教研室	
学校地址						邮　编	
职　务				职　称		办公电话	
E-mail						手　机	
通信地址						邮　编	
本书使用情况	用于＿＿＿学时教学，每学年使用＿＿＿册。						

您对本书有什么意见和建议？

您还希望从我社获得哪些服务？

□ 教师培训　　□ 教学研讨活动

□ 寄送样书　　□ 相关图书出版信息

□ 其他＿＿＿＿＿＿＿＿＿＿＿＿＿＿＿＿